A GNOSE CRISTÃ

C. W. Leadbeater.

A GNOSE CRISTÃ

Revmo. C.W. LEADBEATER
Bispo Presidente da Igreja Católica Liberal
1923 - 1934

Tradução
Ieda Pezzi

Revisão Técnica
Revmo. Bp. Ricardo Lindemann, ICL

3ª Edição

EDITORA TEOSÓFICA
Brasília-DF

Edição em inglês, 1983
The St Alban Press London - Ojai – Sydney

Primeira edição em português, 1994
Segunda edição em português, 2001
Terceira edição em português, 2019

EDITORA TEOSÓFICA
Sig Sul Qd. 06 Lt. 1.235
70.610-460 – Brasília-DF – Brasil
Tel.: (61) 3322-7843
E-mail: editorateosofica@editorateosofica.com.br
Site: www.editorateosofica.com.br

L434 Leadbeater, C. W.

A gnose cristã /C. W. Leadbeater; tradução de Ieda Pezzi, Brasília: Editora Teosófica, 2019.
264 p.

Título original: The christian gnosis

ISBN 978-85-85961-45-9

CDD 230

Revisão Técnica: Revmo. Bp. Ricardo Lindemann
Revisão nova ortografia: Marília Cossermelli
Diagramação: Reginaldo Mesquita – Fone (61) 3341-3272
Capa: Nadja Nogueira
Impressão: Gráfika Papel e Cores (61) 3344-3101
E-mail: comercial@papelecores.com.br

SUMÁRIO

LISTA DE DIAGRAMAS

Nota: Para efeito de **revisão da tradução** foram utilizadas as seguintes edições da Bíblia em Português:

1) A BÍBLIA de Jerusalém.
São Paulo, Ed. Paulinas, 1991.

2) A BÍBLIA Sagrada.
Tradução João Ferreira de Almeida.
Rio de Janeiro, Sociedade Bíblica do Brasil, 1969.

COMO FOI PREPARADA ESTA EDIÇÃO

A consagração de C.W. Leadbeater ao episcopado em 1916, quando contava com 62 anos de idade, resultou, nos dez anos seguintes, em uma produção literária surpreendentemente criativa de sua parte. A Igreja Católica Liberal não se constituiu no único objeto desta atividade; além de trabalhos notáveis tais como *A Ciência dos Sacramentos* e *O Lado Oculto dos Festivais Cristãos*, havia livros sobre assuntos tão diversos como *A Vida Oculta na Maçonaria*, *Os Mestres e a Senda* e *Os Chakras*, publicados durante esse período.

No Prefácio de *A Ciência dos Sacramentos* (primeira edição, 1920) o Bispo Leadbeater escreveu:

> "Deliberadamente não apresentei qualquer afirmação da crença teológica induzido pelo conhecimento mais abrangente obtido através deste desenvolvimento de minhas faculdades, embora seja inevitável que indicações nesse sentido surjam aqui e acolá. Se me for dado tempo, espero mais tarde preparar um segundo volume abordando esse aspecto da questão."

Em outros contextos, ele menciona sua intenção de produzir um volume com uma interpretação da doutrina cristã e a perspectiva teológica da Igreja Católica Liberal.

Em 1924, o Reverendo F.W. Pigott, (que mais tarde seria o terceiro Bispo-Presidente da Igreja Católica Liberal), visitou Sydney, onde foi consagrado Bispo Regional para Grã-Bretanha e Irlanda.

Como o Bispo Leadbeater, o Bispo Pigott tinha sido sacerdote das Ordens Anglicanas. Além disso, conhecia muito bem a Teologia do período. O Bispo Leadbeater entregou-lhe o manuscrito inacabado de seu livro "teológico", para que opinasse.

Após ler alguns capítulos, o Bispo Pigott devolveu-o com o comentário: "não é Teologia". O Bispo Leadbeater, que tinha grande confiança em Pigott, pôs o manuscrito de lado dizendo "então, é melhor esquecer isso". Essa é a história que me foi contada, muitos anos mais tarde, pelo Bispo Lawrence Burt, na época sacerdote e mestre de cerimônias da pró-Catedral de St. Alban, em Sydney. O Bispo Pigott também menciona o incidente em *The Liberal Catholic*, no número de abril de 1954.

"Ele escreveu um livro de Teologia Cristã, na época em que escreveu *The Science of the Sacraments*, *The Hidden Side of Christian Festivals* e um livro maçônico, ou logo depois. Em 1924, quando estive em Sydney, recebi uma cópia datilografada do manuscrito do livro teológico para ler e, presumivelmente, tecer comentários.

Li alguns capítulos e desisti. Em grande parte, era uma arenga muito característica de Leadbeater contra o tipo de Cristianismo que já se tinha tornado obsoleto, pelo menos entre os cristãos educados. Talvez seja o tipo de Cristianismo que sobrevive, possivelmente, entre os professores do Exército de Salvação, mas não entre as congregações mais refinadas e reflexivas. De maneira que o aconselhei a não publicar a obra e, aparentemente, nunca foi encaminhada à impressão."

Entretanto, é evidente que o próprio Bispo Pigott acreditava haver necessidade de um livro sobre Teologia, de forma que escreveu *The Parting of the Ways*, no navio que o levava de volta à Inglaterra. Durante muitos anos, essa obra foi a principal fonte de estudo teológico para os clérigos da Igreja Católica Liberal.

Com as grandes mudanças que ocorreram na Teologia Cristã após a Segunda Guerra Mundial, vários bispos, inclusive eu, sentimos que o livro inédito do Bispo Leadbeater, se fosse encontrado, poderia ainda conter muito material útil. Iniciou-se uma busca do manuscrito. Finalmente, ele foi localizado pelo bispo Charles Shores na Sede da Sociedade Teosófica em Adyar, Madras, onde Leadbeater passara os últimos quatro anos de sua vida. Com a permissão do Presidente da Sociedade foram feitas cópias, uma das quais enviada ao Bispo Presidente na época, Dr. A.G. Vreede, que teve oito capítulos do manuscrito – após um pequeno trabalho de edição – publicados em *The Liberal Catholic,* em diversas edições, de 1961 a 1963.

Uma cópia desse manuscrito forma a base deste livro. Além disso, em data posterior, dentre outros textos, vários capítulos do livro foram entregues a mim. Alguns deles contêm material adicional. Tanto quanto pode ser constatado, o manuscrito original continha vinte e dois capítulos. O manuscrito parece estar inacabado e possui talvez metade ou dois terços do conteúdo originalmente planejado pelo autor. Nenhum nome ainda havia sido atribuído ao trabalho.

Ao revisar os documentos do Bispo Leadbeater, incluindo as cópias de palestras e artigos, cheguei à conclusão que a maioria de seus escritos poderia ser dividida em quatro categorias.

1) Material manuscrito pelo próprio Bispo Leadbeater, a caneta ou a lápis, numa caligrafia pequena e clara, em pedaços de papel e, algumas vezes, no verso de um envelope, parecendo ter sido escrito nos momentos ociosos.
2) Material, em geral taquigrafado, ditado a assistentes ou secretários. Muitas das suas investigações clarividentes foram assim registradas por Ernest Wood e outros, sendo mais tarde revisadas para publicação.
3) Palestras, exposições ou sermões. Durante o período em que o Bispo Leadbeater passou na Austrália (1914-1930), quase sempre havia secretários que faziam o registro taquigráfico de seus sermões. Em geral, Leadbeater falava a partir de anotações. A cópia datilografada da palestra ou do sermão era depois corrigida pelo Bispo Leadbeater, ou por um dos seus assistentes literários, como o Professor Wood ou o Reverendo Herbrand Williams. Algumas dessas obras foram publicadas, em formato de artigo, em diversos períodos, como *The Liberal Catholic* ou *The Theosophist.*

4) Sessões de perguntas e respostas eram muito comuns durante sua permanência em Sydney. Durante certa época, realizavam-se sessões semanais na pró-Catedral de St. Alban, ou na residência de Leadbeater, The Manor, em Mosman. Também foi feito registro taquigráfico desse material para posterior datilografia. Parte dele foi editorado pelos seus assistentes literários, condensado em artigos, ou publicado como "Perguntas e Respostas" em *The Liberal Catholic.*

A maioria das suas obras mais recentes contém material retirado das quatro fontes anteriormente mencionadas. O presente trabalho não é exceção. As palestras e os sermões possuem um estilo mais vigoroso do que as fontes escritas ou ditadas. Um exemplo pode ser encontrado no encantador capítulo "Sobre Deus", que é uma versão sintetizada de uma palestra, na Austrália, no litoral do Oceano Pacífico.

Em 1978, o presente editor, após diversas solicitações, decidiu fazer uma tentativa de completar o manuscrito e prepará-lo para publicação. Isso provou ser bem mais difícil e tomou muito mais tempo do que o previsto, especialmente porque minha única qualificação para a tarefa era uma profunda admiração pelos escritos de C.W. Leadbeater. Também fui de certo modo impedido pela falta de tempo e por meu pouco domínio do idioma inglês. Como editor, tive que tentar imaginar qual teria sido a intenção do autor se ele próprio houvesse completado o trabalho. Alguma orientação foi encontrada nos artigos publicados em *The Liberal Catholic* entre 1924 e 1930. Havia indicações de que alguns deles teriam sido incluídos na obra indicada.

As fontes principais, a partir das quais o livro foi compilado, conforme sua versão atual, são:

1) Dezoito capítulos do manuscrito inacabado;
2) Artigos do *The Liberal Catholic* abrangendo assuntos não tratados no manuscrito original;
3) Alguns sermões e palestras não publicados aos quais o editor teve acesso.

A inclusão de material das duas últimas categorias foi uma tentativa de completar o trabalho, dando-lhe uma cobertura mais integral do ensinamento Católico Liberal, na forma proposta pelo bispo Leadbeater. Isso todavia não foi plenamente alcançado em razão da falta de material adequado sobre alguns assuntos. O produto deste trabalho não é, afinal, um livro sobre Teologia no sentido comum, mas é "teológico" visto que trata de temas tais como Deus, Cristo, o homem e o Universo, e contém interpretações definidas das antigas doutrinas da Igreja.

Dois capítulos do manuscrito original, nos quais o autor refuta as doutrinas de "inferno e danação", sustentadas por muitas Igrejas no século dezenove, foram omitidos. Também um capítulo intitulado "Por que o Cristianismo não é mais bem-sucedido?" e outro, "A atitude de Deus para com o homem", publicado na edição de setembro de 1929 do *The Liberal Catholic*, foram omitidos por não mais serem relevantes. Alguns dos capítulos e artigos sofreram severa edição, principalmente para evitar a duplicidade de temas. Uma parte do material contido em diversos capítulos do manuscrito original também pode ser encontrada em *O Credo cristão* e foi por isso omitida. Mesmo assim, algumas repetições aqui e acolá foram inevitáveis. Tanto quanto possível seguiu-se o roteiro original. Um título teve de ser escolhido para a obra, uma vez que o manuscrito não o possuía.

Ficamos muito agradecidos ao Reverendo Hugh Shearman pela excelente biografia de C.W. Leadbeater que ele nos concedeu, e ao Reverendo John Clarke por seu valioso parecer e assistência na edição final deste trabalho.

Páscoa de 1983.
b Sten von Krusenstierna.
Bispo Presidente

C.W. LEADBEATER

UMA PEQUENA BIOGRAFIA

Charles Webster Leadbeater nasceu em 16 de fevereiro de 1854 em Stockport, Cheshire, Inglaterra. Esses são os dados que constam em sua certidão de nascimento. Por alguma razão desconhecida sua data de nascimento foi mais tarde, frequentemente, dada como sendo 17 de fevereiro de 1847, e essa data aparece em seu passaporte.[1]

Seu pai era caixa e guarda-livros de uma empreiteira de estradas de ferro[2] e sua mãe era filha de um contador. A família mudou-se para o sul e seu pai morreu em Hampstead, Londres, em 1862, na precoce idade de 37 anos, vítima de tuberculose.

É desconhecida a educação que o garoto recebeu, mas ele parece ter obtido diplomas em Grego e Latim e em outras matérias escolares na área de línguas. Sua família era de profissionais qualificados e devem ter tido alguns recursos. Ele e sua mãe provavelmente tiveram alguma ajuda de familiares. O fato de que ele foi trabalhar no Banco Williams Deacon, ao invés de ir para a universidade foi atribuído a um revés financeiro que a família sofreu quando um banco faliu em 1866, enquanto ele era ainda uma criança.

Ele foi um membro dedicado e entusiático da Igreja Anglicana e como um jovem tomou parte ativa nos trabalhos da Igreja de Todos os Santos, na Margaret Street, Londres. Sentindo que tinha vocação para o sacerdócio, pediu a ajuda de seu tio, o Rev. W. W. Capes, membro do Queen's College, Oxford, e professor de História Antiga. Não se sabe que estudos de Teologia ele realizou, mas o influente apoio de seu parente, e seu próprio caráter e dedicação, foram suficientes para garantir a sua ordenação como diácono em 1878, quando ele se tornou um dos clérigos da paróquia do Rev. Capes, em Bramshott, Hampshire. Ordenado sacerdote em 21 de dezembro de 1879, foi morar bem ao lado da vila de Liphook, com sua mãe.

Fotografias antigas mostram Leadbeater como um jovem de aparência compenetrada e marcantemente bem apessoado. Em muitos aspectos ele compartilhava as

---

1 A maioria dos biógrafos, no entanto, adota como válida a data de 17 de fevereiro de 1847. O próprio Leadbeater menciona 1847 como seu ano de nascimento na tabela que confeccionou sobre suas reencarnações na obra *The Lives of Alcyone* (*As Vidas de Alcione*) compilada por C. Jinarajadasa em *Fundamentos de Teosofia*. São Paulo, Pensamento 1978. p. 49. (N.E.)

2 Foi graças a essa atividade profissinal de seu pai, que supervisionou a construção de uma estrada de ferro na Bahia, que Leadbeater conheceu o Brasil aos treze anos de idade, acompanhado de Gerald, seu irmão menor, e seus pais. Segundo consta no *The Theosophical Year Book* de 1937 (p.219), o pai e os dois irmãos foram capturados por revoltosos de uma rebelião local. Gerald foi assassinado, Leadbeater foi torturado, enquanto seu pai conseguiu escapar, voltando com auxílio para resgatá-lo. Maiores detalhes podem ser encontrados em seu livro *Salvo por um Espírito*. (São Paulo, Pensamento, 1991). (N.E.)

lealdades, atitudes e características sociais de um típico clérigo anglicano ortodoxo e conservador. Sob as aparências, entretanto, ele estava muito longe de ser um exemplo de jovem conformista. Leadbeater tinha uma aguçada curiosidade a respeito do propósito e das profundezas da estrutura psicológica da vida humana. Ele também possuía uma determinação e uma franqueza de atitude que eram aspectos fundamentais do seu caráter. Estas qualidades o levariam a estranhos lugares. Seu desejo de conhecimento levou-o a muitas novas e incomuns associações, e sua franqueza de atitude permitiu-lhe considerar cada transição de sua carreira como a coisa mais natural do mundo.

Como seu tio frequentemente estava em Oxford, muito trabalho era deixado para os clérigos, e Leadbeater trabalhou muito na paróquia de Bramshott. Ele dedicou-se especialmente ao trabalho para jovens, organizando várias atividades de grupo nas quais os membros jovens da igreja se comprometiam com a lealdade à igreja, sobriedade, compaixão para com os animais e elevados padrões de moralidade cristã. Ele conduzia os jovens a seus próprios interesses e passatempos, que incluiam música, leitura, natação, *criquet*, caminhadas pela New Forest, ornitologia, astronomia, matemática – todos muito ortodoxamente aceitáveis – e, entre as outras atividades, a pesquisa psíquica.

Naquele período, e por muitas décadas depois, até mesmo nos dias de hoje, poderia ter sido altamente questionável para um clérigo jovem convidar jovens à sua casa ou levá-los até Londres para tomar parte em sessões com William Eglinton e outros médiuns famosos da época. O quanto Leadbeater se tornou alvo de desaprovação na localidade devido a estas atividades, não sabemos. Em sua imperturbável maneira de ser, ele provavelmente mal notaria e poderia ter dado pouca atenção, caso tivesse notado esta reprovação. Sua própria iniciação nestes assuntos veio através da leitura de um artigo no *Daily Telegraph*, e da tentativa de alguns experimentos de levitação de mesas com sua mãe, que parecia compartilhar sua curiosidade.

Ingresso na Sociedade Teosófica

Esta investigação de fenômenos psíquicos levou-o ao contato com o Sr. A.P. Sinnett, Vice-Presidente da Sociedade Teosófica. Em novembro de 1883, com 29 anos de idade, Leadbeater tornou-se membro da Sociedade, ingressando ao mesmo tempo que Sir William Crookes, o famoso cientista. Seu próprio relato de como ele conheceu a Sociedade Teosófica foi publicado em 1930, no pequeno livro *How Theosophy Came to Me* (Como a Teosofia Chegou a Mim).

Naquela época a Sociedade estava num estado de transição. Seus objetivos declarados ainda não haviam chegado à formulação atual, mas em 1881 eram expressos como: (1) Formar o núcleo de uma Fraternidade Universal da Humanidade; (2) Estudar a Literatura, Religião e Ciência Árias; (3) Lutar pelo reconhecimento da importância desta investigação, e corrigir as más interpretações sob as quais foram obscurecidas; (4) Explorar os mistérios ocultos da Natureza e os poderes latentes do homem, os quais os fundadores acreditam que a Filosofia Oriental está em posição de esclarecer.

Isto indica a gama de interesses que a Sociedade propiciava a Leadbeater. Mas ela também exercia uma atração adicional e predominante para ele. Seus fundadores declaravam que a criação da Sociedade Teosófica em 1875 havia sido estimulada por Mestres de Sabedoria, que continuavam interessados nela, e que ocasionalmente se comunicavam com alguns de seus membros.

Estes Mestres formavam uma Fraternidade unida, consistindo de todos aqueles que, tendo completado a experiência como seres humanos através de muitas vidas e tendo entrado num estágio evolutivo além do humano, ainda assim permaneceram no mundo para ajudar a humanidade, ainda que principalmente por meio de sua influência invisível e interior. No Cristianismo eles formam a Comunhão de Santos. Eles são, nas palavras de Emerson "os altos sacerdotes da razão pura, os *Trismegistoi*, os expositores dos princípios do pensamento de época em época ... uma classe de homens, de indivíduos que aparecem em longos intervalos, tão eminentemente dotados com visão interna e virtude que eles têm sido unanimamente saudados como divinos ... aqueles raros caminhantes, dos quais na Natureza somente um ou dois peregrinam ao mesmo tempo, e perante os quais o vulgo parece como espectros e sombras." "O privilégio desta classe" disse Emerson, "é um acesso aos segredos e estrutura da Natureza por algum método superior à experiência."

Carta do Mestre

Profundamente impressionado por este ideal, Leadbeater aspirava ser um discípulo de um tal Mestre e até mesmo escreveu uma carta com este intuito através de um "espírito guia", em março de 1884. Não houve resposta na época; mas em outubro, retornando de uma visita a Londres para se despedir de Madame Blavatsky, uma das fundadoras da Sociedade Teosófica que estava de partida para a Índia, ele encontrou uma carta esperando-o em Liphook. Estava em letra manuscrita, com tinta azul características destas cartas daquele período, e estava assinada "KH". Dizia que o autor havia observado seus pensamentos e lhe explicava o que estava envolvido no discipulado ao qual ele aspirava. Sugeria que ele poderia ser muito útil se visitasse a Índia por alguns meses.

O recebimento daquela carta, em 31 de outubro de 1884, foi um ponto de inflexão decisivo na vida de Leadbeater. Ele decidiu que não poderia romper com seus compromissos existentes por apenas alguns meses, mas que, ao invés disso, os romperia para sempre. Assim, correu de volta para Londres e comunicou sua decisão a Madame Blavatsky. Em Londres, na madrugada de 1° de novembro, ele recebeu mais uma carta de "KH", fenomenicamente produzida, aconselhando-o a encontrar-se com Madame Blavatsky em Alexandria e saudá-la como o novo "chela" ou discípulo do autor.

A mãe de Leadbeater havia morrido em 1882 e ele não tinha laços pessoais. Sua presteza para romper com suas origens inglesas também pode ter sido encorajada por um problema emocional. Ele tinha estado muito atraído por uma jovem, a quem ele se sentia incapaz de propor casamento devido às suas circunstâncias restritivas.[3]

3 Estas restrições deveriam ser de ordem financeira, uma vez que tanto na Igreja Anglicana quanto na Igreja Católica Liberal qualquer membro do clero pode casar-se. (N.E.)

Libertando-se de seus compromissos em Liphook com uma inflexível determinação, ele separou-se de sua família, deixou de lado suas promissoras possibilidades profissionais, e partiu da Inglaterra em 4 de novembro, alcançando Madame Blavatsky e seu grupo em Porto Said.

Durante aquela viagem para a Índia, uma das lições que Madame Blavatsky firmemente lhe transmitiu foi uma fria indiferença com relação ao que outras pessoas poderiam pensar ou dizer a seu respeito, em termos de aprovação ou reprovação. Seus atos já haviam demonstrado que ele tinha em si muito dessa capacidade de placidamente desconsiderar atitudes convencionais. Ratificada e fortalecida por Madame Blavatsky, esta qualidade transformou-o, de maneira silenciosa, em uma pessoa muito marcante, e fez com que em muitas ocasiões ele fosse o centro de uma tempestade de controvérsias.

Chegando ao Ceilão e encontrando membros budistas da Sociedade Teosófica, Leadbeater fez os cinco votos como um budista, uma vez que eles em nenhum aspecto entravam em conflito com sua lealdade moral ao Cristianismo. Ele descobriu-se em cordial simpatia com os esforços do Coronel Olcott, Presidente da Sociedade Teosófica, para reunir os budistas de todos os países e esclarecer os ensinamentos fundamentais do Budismo. Em janeiro de 1885, acompanhou Olcott numa missão a Burma com estes objetivos em vista. Então, de volta à sede da Sociedade Teosófica em Adyar, na periferia de Madras, ele trabalhou intensamente em qualquer tarefa que fosse necessário, tornando-se Secretário da Sociedade Teosófica e diretor do *The Theosophist*, órgão internacional da Sociedade.

Faculdades Psíquicas

Durante um período, no outono de 1885, enquanto estava vivendo sozinho em Adyar, o Instrutor oculto de Leadbeater lhe deu instruções que lhe possibilitaram tornar-se clarividente. Para muitas pessoas, isto foi o que deu significado ao resto de sua carreira, e muitos dos livros e artigos de sua vida posterior registraram a visão de mundo que esta abertura da faculdade psíquica lhe propiciou, que para ele mesmo, representava apenas mais um campo no qual ele podia promover o trabalho do Mestre. Leadbeater não buscou ganhos materiais com esta faculdade e viveu uma vida austera dedicada às causas que ele havia adotado. Ele não parecia ter adquirido aquela auto-importância pessoal que tão frequentemente torna a faculdade psíquica um desastre psicológico para muitos daqueles que adquirem um pouco dela. Para o psíquico habitual o desejo pessoal de satisfazer a curiosidade pela clarividência é um apetite que logo é satisfeito. Muitos daqueles que estiveram em sua presença mais tarde em sua vida, perceberam que ele conhecia muito a respeito deles, mas a maioria deles não se importou e sentiu que ele não usaria este conhecimento de qualquer modo impróprio.

Leadbeater não correspondia, em seu caráter pessoal, à expectativa convencional ou popular do que um psíquico deve ser. Havia pouco nele de sonhador ou imaginativo. Em sua abordagem a todas as coisas atinha-se meticulosamente aos fatos, algumas vezes chegando a ser pedante. Possuía um calmo desapego e uma estabilidade emocional que lhe permitiram ver em grande medida sem tendenciosidades e a relatar diretamente em termos comuns.

TRABALHO CLARIVIDENTE

Embora os desenvolvimentos que nele ocorreram em 1885 fossem apenas o começo de suas capacidades psíquicas em expansão, é apropriado considerar-se aqui a natureza e a qualidade de suas realizações posteriores no trabalho clarividente; pois este aspecto de sua vida e sua visão influenciaram profundamente a atitude de outras pessoas em relação a ele.

As visões de um clarividente sério implicam uma imagem de mundo e, dentro desta, numa visão da natureza humana e do propósito e destino humanos. A este respeito, os escritos de Leadbeater, por quase meio século, vieram a apresentar uma imagem de mundo esplendorosa, tornando-o, como um visionário, mais abrangente e influente do que Swedenborg, e mais persuasivamente coerente do que Blake.

Certas grandes barreiras confrontam qualquer clarividente ou visionário de sua estatura e capacidade que tenta comunicar o que vê. Ele está entrando em um nível de experiência que é, com efeito, místico e supra-racional. Trabalhos clássicos tratando da experiência interna nas várias tradições afirmam claramente que aquele que vê a verdade é forçado no final a olhar além das fronteiras do dualismo cartesiano, além do dualismo de sujeito e objeto, do eu e não-eu, num estado unitivo em que não existe o "outro". As hipóteses epistemológicas da comunicação normal não estão mais disponíveis para ele. Muitas das descrições de experiências de Leadbeater trazem implicações desta natureza.

Um pouco além desta última barreira, também, qualquer "vidente" está necessariamente falando, em maior ou menor grau, como "o homem que tem um só olho em terra de cegos", tentando comunicar aos outros algo de que eles não têm noção nem experiência. Como só podemos comunicar em termos da experiência que compartilhamos, ele é forçado a usar comparações e uma linguagem metafórica, que pode induzir ao erro quase tanto quanto comunicar com sucesso.

Quando ele tenta comunicar experiências de coisas distantes das limitadas cenas do dia a dia, ele também pode se enganar. O que ele apresenta à mente – sua própria mente tanto quanto a mente de outra pessoa – está necessariamente revestida de sua própria linguagem conceitual. Ele se abre para uma experiência de alguma realidade, mas a reveste, tanto para si mesmo quanto para os outros, em imagens e linguagem de suas próprias expectativas.

Quando Leadbeater deu relatos do lado oculto dos níveis da natureza humana relativamente próximos àqueles que conhecemos, quase tudo que ele diz corresponde às demandas da experiência. É por esta razão que um livro como *O Que Há Além da Morte* tem sido tão amplamente influente em círculos espiritualistas e além deles. As experiências de outras pessoas podem se adaptar na estrutura de referências que ele fornece ou implica. Mas quando ele buscou descrever coisas mais distantes ou mais sutis, produziu, em muitos casos, resultados que estavam em conflito com a experiência. Por exemplo, quando escreveu sobre outros planetas, descreveu canais em Marte que, na sua época, se acreditava existir, mas que agora se sabe serem ilusórios. Suas descrições de eventos no passado distante, também, foram questionadas como sendo inconsistentes com a escala de tempo geológica corrente e com outros eventos.

Não obstante, todas as descrições de Leadbeater transmitem uma impressão de estarem baseadas na experiência real e, mesmo onde elas não estiveram de acordo com o que se tornou conhecido por meio da aplicação de métodos científicos materiais, seria precipitado rejeitar completamente qualquer uma delas. Um exemplo que serve para confirmar a necessidade de suspender o julgamento é dado por seus escritos sobre o átomo.

Química Oculta

Ainda em 1895, Leadbeater descreveu o que ele acreditava ser o átomo físico ultérrimo. Com Annie Besant, ele realizou investigações adicionais sobre a estrutura de vários elementos e juntos escreveram a obra *Occult Chemistry (Química Oculta)*, a qual foi reeditada várias vezes[4], tornando-se uma abrangente coletânea de tudo o que eles escreveram sobre estes assuntos, sendo que uma edição especial foi publicada em 1951 por C. Jinarajadasa e pela Srta. E.W. Preston. Estas descrições do átomo, contudo, por mais notáveis e internamente coerentes que pudessem ser, não tinham correlação com o átomo da Ciência física comum. Os átomos de Leadbeater pareciam não ter isótopos e pareciam refletir, em muitos aspectos, as ideias a respeito da estrutura molecular do século XIX. No entanto, em 1978, o Dr. S.M. Phillips elaborou uma hipótese convincente, sustentada por referências matemáticas ao comportamento conhecido das partículas subatômicas, mostrando que Leadbeater, ao descrever o que ele sustentava ser o átomo físico ultérrimo, estava descrevendo uma destas partículas sessenta e nove anos antes que ela tivesse sido inferida pela Ciência.

Quer consideremos este fato como descrições diretas de coisas realmente vistas, ou como uma analogia simbólica da realidade, ou como uma mescla de ambas as coisas, tudo o que Leadbeater descreveu tinha uma certa coerência interna e refletia princípios que ele via ou sentia como universais. Este foi o aspecto de seus escritos que particularmente impressionou o Conde Hermann Keyserling, que não era um crítico inteiramente simpatizante e, certamente, não era um partidário de Leadbeater. Em seu livro *Das Reisetagebuch eines Philosophen (O Diário de Viagem de um Filósofo*, 1919), Keyserling escreveu sobre os mundos ocultos nos quais os pensamentos e os sentimentos tomavam formas objetivas, onde disse: "Quem lê o que C.W. Leadbeater tem a dizer a respeito destas áreas muito dificilmente poderia duvidar que ele está muito à vontade nelas."

---

4 Parece muito importante ressaltar que a publicação original da obra *Occult Chemistry* (*Química Oculta*) ocorreu em 1908, antecipando assim em décadas varias descobertas da ciência oficial. O mais recente reconhecimento da comunidade científica à clarividência, talvez o maior de todos os tempos, além da publicação de vários livros a respeito por outros cientistas, que foi o artigo do Dr. Jeff Hughes da Universidade de Manchester na revista cientifica *Physics World* publicado em setembro de 2003 (HUGHES, Jeff. Occultism and the atom: the curious story of isotopes. *Physics World*, Bristol, UK, p.31-35, Sep. 2003. [ISSN: 0953-8585]) sobre a obra *Química Oculta* supramencionada, de autoria da Dra. Annie Besant e do Bispo + C.W. Leadbeater. Na publicação do livro *Clarividência* de Leadbeater pela Editora Teosófica, cuja leitura se recomenda, foi apresentado um brevíssimo resumo da obra *Química Oculta* de pesquisa clarividente publicada em 1908, bem como das extraordinárias antecipações que assim fizeram estes renomados clarividentes em diversas descobertas científicas, particularmente do metaneon (1913), dos isótopos do hidrogênio (1932-1934) e dos quarks (1963).

Então ele continua, com certo ar de superioridade: "Entre os autores de Ocultismo tomei como referência C.W. Leadbeater, embora esse clarividente não goze de aprovação unânime entre os teosofistas. Fiz isto porque acho que seus escritos, entre todas as publicações deste tipo, são os mais instrutivos, apesar de seu caráter frequentemente pueril. Ele é o único que faz observações de forma mais ou menos científica, o único que dá descrições numa linguagem simples e direta. Além disso, em seu intelecto comum, ele não é suficientemente bem dotado para ser capaz de inventar o que ele sustenta ver, e nem, como Rudolf Steiner, de elaborar tais coisas intelectualmente de um modo que se torne difícil distinguir entre experiência factual e acréscimos. Intelectualmente ele dificilmente estaria à altura desta tarefa. Não obstante, encontro frequentemente em seus escritos afirmações que ou são prováveis em si mesmas, ou que satisfazem a verdades filosóficas. O que ele percebe, da sua própria maneira, muitas vezes sem compreendê-lo, está repleto de significado. Assim sendo, ele deve ter observado fenômenos reais."

Trabalho com Jovens

Nos anos que se seguiram, Leadbeater desenvolveu várias linhas de atividades, palestrando, ensinando e investigando. Na maior parte de seu trabalho ele não estava preocupado com qualquer outra função administrativa na Sociedade Teosófica, mas dedicava-se às pessoas individualmente. A educação e o trabalho com jovens se tornou um tema recorrente em sua vida. Inicialmente ele estava profundamente envolvido num trabalho educacional budista em Sri Lanka (Ceilão), onde estabeleceu o que se tornou um importante colégio inglês. Então retornou a Londres em 1889, para ser tutor do filho do Sr. A.P. Sinnett.

Suas faculdades psíquicas permitiram que ele rapidamente reconhecesse as qualidades potenciais de qualquer jovem e, em muitas ocasiões, ele pode perceber as qualidades que dariam à criança uma excepcional carreira na vida adulta. Uma das pessoas em relação à qual ele fez um reconhecimento deste tipo foi um jovem ceilandês, C. Jinarajadasa, que foi com ele para Londres e foi seu aluno, juntamente com o jovem Sinnett. A eles se juntou o jovem George Arundale. Tanto Arundale quanto Jinarajadasa tiveram carreiras notáveis, foram autores de muitos livros e iniciadores de muitos novos movimentos e atividades, e muitos anos depois ocuparam sucessivamente o cargo de Presidente da Sociedade Teosófica.

Seus Escritos

Madame Blavatsky morreu em 1891. Dois anos antes disso, Annie Besant ingressou na Sociedade Teosófica. Ela se tornou a colaboradora mais próxima de Leadbeater na investigação clarividente. Ele próprio era cada vez mais requisitado como orador e fez muitas viagens dando palestras, primeiramente na Europa e depois mais longe. Ele também veio a ter uma substancial produção de livros e artigos. Com títulos como *O Plano Astral*, *O Plano Mental*, *Auxiliares Invisíveis*, *O Que Há Além da Morte*, *O Homem Visível e Invisível*, *Sonhos*, *Clarividência*, *The Inner Life* (*A Vida Interna*), *Some Glimpses of Occultism* (*Alguns Vislumbres de Ocultismo*), *O Lado Oculto das Coisas* e, em colaboração com a Sra. Besant, *Formas de Pensamento*; seus livros tiveram à medida que os anos passavam, uma posição dominante na literatura da Sociedade Teosófica. Àquele período também pertence um volume de histórias ocultas, *Salvo por um Espírito*.

Como escritor, Leadbeater tinha um estilo simples e claro, de notável distinção, e podia transmitir suas ideias com grande lucidez. Não era, entretanto, um escritor que criasse uma atmosfera especial, nem possuía a habilidade de um novelista para apresentar um personagem. Aqueles de seus escritos que são transcrições de palestras que ele deu são pouco animados e muito repetitivos, particularmente em sua velhice.

A clareza e lucidez de seus escritos podem algumas vezes ter obscurecido seu significado, fazendo com que aquilo que ele disse parecesse demasiadamente fácil e possível de ser compreendido em um nível muito superficial, mesmo pelos leitores menos atentos. Muitos procuravam seus escritos porque eles tinham uma leitura mais leve que o estilo pesado de Madame Blavatsky, bem como um vocabulário mais coloquial.

A clareza das descrições de Leadbeater pode ter contribuído para que alguns leitores criassem a ilusão de que os produtos da clarividência, para serem avaliados, dependem somente de seu conteúdo factual ou informativo e que podem ser testados por aquele mesmo critério que os produtos da pesquisa material e científica. O que ele escreveu foi frequentemente considerado com sendo mais objetivo do que estas questões jamais poderiam ser. Em que medida o próprio experimentador ou observador é parte do experimento (embora isso tenha sido em alguma medida apreciado por Leadbeater) não era tão amplamente compreendido naquela época quanto o é hoje dia. Ao mesmo tempo que ele teve uma grande consideração pela precisão factual nas investigações psíquicas, também avaliou o que viu e relatou muito mais por suas implicações morais, pelos princípios que sugeria, ou por outras indicações que lhe apontavam com sendo aquele o reto propósito a ser seguido numa vida ativa, do que por qualquer atração ou interesse que pudessem ter como mera informação.

Ele era modesto em relação às suas próprias descrições clarividentes e falou delas como esforços experimentais pioneiros, que seriam muito ultrapassados pelo que viria no futuro, quando este tipo de pesquisa seria melhor compreendido e mais habilmente empreendido. Em muitos de seus livros, incluiu um capítulo dizendo ao leitor como ele poderia se tornar clarividente; mas por simples que sejam estas instruções, elas demandam uma tal força e estabilidade de caráter que provavelmente muito poucos leitores possuem.

Centro de Controvérsia

Em 1906 o pioneirismo de Leadbeater em outro campo fez com que se tornasse o centro de uma aguda controvérsia nos Estados Unidos. Ele havia dado conselhos privados a respeito de problemas sexuais da juventude para vários rapazes entregues aos seus cuidados educacionais.[5] Pelos padrões modernos os conselhos que ele

[5] Maiores detalhes sobre o posicionamento de Leadbeater a esse respeito podem ser encontrados na obra *Krishnamurti: Os Anos do Despertar* de Mary Lutyens (São Paulo, Ed. Cultrix, 1978). (N.E.)

deu parecem inofensivos e não podem ser considerados como motivados por qualquer intenção sinistra. De fato, eram conselhos mais conservadores e muito menos permissivos que aqueles dados hoje em dia em muitos livros sobre o assunto. Reclamações sobre o que ele havia confidencialmente aconselhado cresceram rapidamente até se transformarem em exageradas alegações de conduta imoral, embora totalmente sem evidências. Leadbeater negou tudo aquilo que ele sentia não ser verdadeiro, mas recusou-se a ser envolvido em controvérsias ou a ser colocado sob qualquer espécie de julgamento. Até que as alegações fossem refutadas e rejeitadas por outros, ele retirou-se da Sociedade Teosófica e dedicou-se a pesquisas clarividentes na Europa.

Em 1909, convidado pela Sra. Besant, que agora era Presidente da Sociedade Teosófica, a reatar a sua filiação à Sociedade, ele assim o fez e estabeleceu residência em Adyar. Ecos e reações da controvérsia de 1906 reapareceram em vários períodos de sua vida posterior, acompanhados a cada vez de muitas injúrias pessoais e pela ausência de evidências adversas. A causa deste problema foi provavelmente não apenas a ignorância e as muitas superstições sobre sexo que prevaleciam naquela época, mas também a reação de outras pessoas a uma personalidade muito mais dominante do que o próprio Leadbeater provavelmente se apercebia, pois ele era capaz de ser um tanto sumariamente autocrático ao tomar seu próprio rumo na vida.

Foi em Adyar, em 1909, que Leadbeater descobriu, como uma criança de notáveis qualidades, o jovem Jiddu Krishnamurti. A Sra. Besant imediatamente se interessou pelo menino e concordando com a impressão de Leadbeater a respeito do menino, tomou providências para sua educação. Ela mais tarde anunciou que o mundo estava se aproximando de um daqueles eventos cíclicos onde uma nova religião e uma nova cultura vêm à existência. Ela disse que, se Krishnamurti demonstrasse estar apto para tanto, ele seria o "veículo" através do qual o "Instrutor do Mundo" – o Mestre da nova revelação da verdade espiritual – falaria ao mundo. Ela não disse que Krishnamurti era aquele Instrutor. Se a carreira subsequente de Krishnamurti foi dominada e utilizada pelo Instrutor do Mundo e, caso isto tenha acontecido, em que medida ocorreu este fenômeno, permanecerá uma questão de debate, ainda que tal debate não pareça ser de muita utilidade. No entanto, sua carreira foi certamente uma corroboração do imediato e bastante antecipado reconhecimento feito por Leadbeater, acerca de suas qualidades excepcionais.

Igreja Católica Liberal

Em 1914 Leadbeater mudou-se para Sidney, Austrália, e atraiu muitas pessoas de uma geração mais jovem por meio de suas palestras, de suas conversas informais e da ajuda e orientação que ele podia dar. Foi em Sidney que ele começou uma nova fase da história de sua vida.

Ainda na Europa, ele tinha ficado fascinado ao observar os efeitos internos dos serviços da Igreja e de outras cerimônias, uma vez que suas capacidades psíquicas o levaram a vê-los e interpretá-los. Especialmente, ele viu que a missa católica, mesmo quando celebrada por um padre de pequenas capacidades pessoais, ministrando para uma congregação de camponeses ignorantes, produzia por si mesma um poderoso efeito oculto muito evidente para o clarividente e, na verdade, em alguma medida, para qualquer pessoa sensitiva. Ele viu que todo o conjunto de sacramentos e ritos da eucaristia havia sido originalmente concebido com o propósito de liberar forças internas soerguedoras, a fim de ajudar a humanidade e aproximá-la dos mundos internos e mais espirituais.

Em 1915, juntou-se a ele em Sidney, J.I. Wedgwood, um teosofista e entusiástico ritualista. Wedgwood iniciou Leadbeater nos graus e cerimônias da Comaçonaria, uma ordem maçônica que admite pessoas de ambos os sexos. Este se tornou um novo campo de atividade para Leadbeater. Algumas de suas impressões sobre ele foram mais tarde registradas em dois livros, *A Vida Oculta na Maçonaria* e *Pequena História da Maçonaria*. Ele viu que este trabalho proporcionava, do mesmo modo que na Igreja, a liberação de forças beneficentes no mundo humano, e também como um campo especializado de experiências no qual as pessoas podiam chegar mais perto de realidades imemoriais ao contatarem certos padrões arquetípicos de relacionamento.

Wedgwood estava profundamente envolvido na Igreja Velho Católica na Inglaterra, e em fevereiro de 1916, foi nela consagrado bispo. Em julho ele consagrou Leadbeater em Sidney. A Igreja da qual os dois receberam, desta maneira, suas ordens episcopais estava num estado de crise. Ela havia sido estabelecida oficialmente na Inglaterra pelo entusiástico porém excêntrico Arcebispo Mathew, a quem aquela tarefa foi delegada pela Igreja Velho Católica, que estava a muito tempo estabelecida na Holanda. Aquela igreja veio à existência por meio de um cisma da Igreja Católica Romana, no começo do século dezoito. Ela manteve sua sucessão episcopal, seus sacramentos e a estrutura de procedimentos usuais da Cristandade Latina ocidental, embora rejeitando os ditames do Papado. Mathew rompeu com seus colegas na Holanda e a Igreja que ele liderava na Inglaterra se tornou independente. Então, pouco depois, ele mesmo deixou a sua Igreja para ingressar na Igreja Católica Romana, deixando a pequena e independente Igreja Velho Católica na Inglaterra com um punhado de bispos e clérigos e sem nenhum vínculo organizacional com qualquer outra igreja.

Wedgwood tornou-se Bispo Presidente desta pequena nova igreja. Ele estava determinado a torná-la um corpo estável e adequadamente estabelecido, intocada pelos efeitos despropositados e mesmo geradores de má reputação que em alguns lugares haviam resultado da imprudente rapidez de Mathew para consagrar pessoas indevidas como bispos, e a criação de vários *episcopi vagantes* desvinculados de qualquer igreja. Em Sidney, Wedgwood e Leadbeater trabalharam juntos na revisão da liturgia da Igreja Velho Católica, guiados em grande medida pelo que eles observavam psiquicamente acerca dos efeitos internos dos vários ritos e serviços. Uma constituição e uma declaração de princípios foram elaboradas.

Uma substancial proporção do clero da pequena nova Igreja era composta de membros da Sociedade Teosófica, ou pelo menos de pessoas em simpatia com seus ideais. A rápida expansão da nova igreja fez com que Wedgwood e seus colegas escrevessem ao Arcebispo da Igreja Velho Católica em Utrecht, procurando superar o rompimento de relações que a secessão de Mathew havia causado, e sugerindo que eles devessem continuar seu trabalho como parte da Igreja Velho Católica. As autoridades da Igreja Velho Católica, entretanto, recusaram-se a entrar em qualquer comunicação com eles, embora mais adiante, no correr do século, as duas igrejas tenham cooperado em vários países.

O nome da igreja foi mudado para Igreja Católica Liberal e veio a se estabelecer em todos os continentes. Sua liturgia, embora seguindo as formas e práticas católicas tradicionais num espírito bastante conservador, tem uma vitalidade e uma dignidade cordialmente reconhecida por membros de igrejas de outras filiações. Ao mesmo tempo que subscreve fidelidade a certos princípios amplos, a Igreja Católica Liberal não requer nenhum compromisso específico quanto à doutrina ou crença de qualquer um que participe de seus serviços, ou que se aproxime de seus altares.

A Igreja, vista como um meio de mudar vidas e de permitir que as realidades espirituais permeassem mais abundantemente a existência secular, a partir desse momento, se tornou um objetivo maior para Leadbeater que foi indicado como Bispo Regional da Igreja para a Austrália. Ele continuou a ministrar palestras e a trabalhar para a Sociedade Teosófica e a ocupar-se com o treinamento de jovens.

A intensa atividade de Leadbeater na Igreja, e o grande número de pessoas que o seguiram e nela entraram, produziu reações marcantes na Sociedade Teosófica. Ele próprio tendia a ver toda a aspiração e atividade espiritual como um único trabalho; e a necessidade na Sociedade Teosófica por uma certa neutralidade, pela ausência de comprometimentos e pela dissociação em relação a outros movimentos não eram considerações que parecessem importante para ele. Além do medo de serem tragados por este novo movimento, muitos membros da Sociedade eram positivamente hostis a igrejas como tais, endossando as referências de Madame Blavatsky adversamente críticas e por vezes sarcásticas em relação a igrejas e ao clero, bem como às superstições e explorações a que elas deram origem. E também havia, é claro, cristãos convictos que foram atraídos pela Igreja, mas que não queriam estar associados de qualquer maneira com a Sociedade Teosófica.

No auge desta controvérsia, algumas pessoas passaram a atacar o Bispo Leadbeater pessoalmente, revivendo antigas acusações de conduta imoral e acusando-o de estar, na época, envolvido em comportamentos que seriam bastante surpreendentes em sua idade já relativamente avançada. Foram feitos esforços até mesmo para suspender reuniões nas quais ele discursava. Ele próprio placidamente ignorava estes ataques sustentando que a desnecessária autodefesa pessoal não fazia parte da vida interna. Outros, entretanto, acorreram firmemente em sua defesa e demonstraram a ausência de evidências contra ele solicitando, de fato, uma investigação policial. Uma divisão, contudo, ocorreu na Sociedade Teosófica em Sidney, em 1922, que foi superada somente após muitos anos.

Mais Livros

Em 1922 uma grande casa chamada "The Manor" foi adquirida, de onde se avistava o porto de Sidney, e ali o Bispo Leadbeater viveu com uma comunidade de residentes que vieram de muitos países para aprender com ele, incluindo um grande número de jovens de ambos os sexos. Ao mesmo tempo ele sucedeu Wedgwood como Bispo Presidente da Igreja Católica Liberal. Nos anos seguintes foram publicados vários outros livros. Entre estes estavam *The Science of the Sacraments* (*A Ciência dos Sacramentos*), que é uma descrição do lado interno do culto cristão, conforme ele o via clarividentemente, e *The Hidden Side of Christian Festivals* (*O Lado Oculto dos Festivais Cristãos*) que é uma coletânea de sermões e palestras. Também naquela época ele reuniu muito do material que foi incluído na presente obra, para a qual este relato de sua vida foi escrito.

Pertence também a este período a publicação de *Os Mestres e a Senda*, que trata daquela Fraternidade de Sábios para a qual ele era tão fortemente atraído. Com Annie Besant ele também foi o co-autor de *The Lives of Alcyone* (*As Vidas de Alcione*), um relato das encarnações passadas de várias pessoas, a maior parte dos quais já havia aparecido na revista *O Teosofista* (*The Theosophist*). Nesta obra ele estava ampliando o material usado em um livro que ele havia publicado com a Sra. Besant em 1913, chamado *O Homem: Donde e Como Veio, e Para Onde Vai?*, tratando da história do passado remoto da humanidade e incluindo um vislumbre do futuro. Estes livros provocaram um imenso entusiasmo e um ceticismo igualmente forte.

Enquanto isso, o movimento que a Sra. Besant havia formado em torno de Krishnamurti, para preparar para a vinda de um Instrutor Mundial, havia alcançado um clímax. Em várias ocasiões, uma voz diferente parece ter falado através de Krishnamurti, a qual tinha uma qualidade e uma presença muito mais impressionante que a de Krishnamurti. Em 1929, no entanto, Krishnamurti dissolveu a organização que havia sido formada à sua volta e, renunciando a qualquer autoridade ou papel especial para si mesmo, devotou os anos seguintes de sua vida a falar, escrever e a contatos com as pessoas. Uma vez que Krishnamurti começou este novo período de sua vida, com um forte repúdio quanto ao valor de organizações ou de cerimônias, tanto a Sociedade Teosófica quanto a Igreja Católica Liberal sofreram com a perda de membros, bem como com alguma confusão de pensamento. O Bispo Leadbeater, embora tivesse lealmente apoiado a Sra. Besant nas várias ações que ela havia empreendido em relação a Krishnamurti, não havia sido responsável por algumas das decisões e anúncios que ela havia feito sobre ele, especialmente em 1925. A evidente mudança súbita ocorrida na orientação de Krishnamurti não perturbou o Bispo Leadbeater, que continuou seu próprio trabalho.

Após uma cansativa viagem pela Europa em 1930, ele estabeleceu-se em Adyar, um local de atmosfera benigna e venerável e um ativo centro de ensino, inspiração e atividade. A Sra. Besant morreu em Adyar em setembro de 1933. No começo de 1934, o Bispo Leadbeater saiu para revisitar Sidney. Durante a viagem, ele ficou doente e morreu em Perth, Austrália Ocidental, em 1° de março, poucas semanas após seu octagésimo aniversário.

Interesses Variados

Leadbeater era difícil de se conhecer. Reservado, introvertido, autocrático, excêntrico em certas atitudes, e algumas vezes irritável com as colisões e incompatibilidades oriundas de experiências díspares, ele não revelava facilmente seu eu pessoal. Permitia que o falatório ou as opiniões de outras pessoas sobre si mesmo permanecessem sem serem corrigidas, quer fossem favoráveis, desfavoráveis ou simplesmente falsas. Como o número daqueles que receberam o impacto direto de sua inspiradora e algumas vezes formidável personalidade reduziu-se, o Bispo Leadbeater é conhecido hoje em dia quase que exclusivamente através de seus escritos e através dos movimentos e instituições que ele estabeleceu ou ajudou a estabelecer. E muito poucos foram aqueles capazes de acompanhá-lo em toda a gama de seus notáveis e variados interesses.

Seja como uma personalidade histórica ou como o autor de mais de vinte livros notáveis, ele conquistou um imenso poder com sua imperturbável concentração de propósitos, e sua capacidade de não levar em conta e não prestar atenção ao que ele considerava irrelevante. Leadbeater francamente reconhecia que aquilo que ele descrevia era algumas vezes diferente do que outras pessoas descreviam. Tudo o que ele tentava fazer era descrever as coisas como as via, e se isso fosse útil para qualquer outra pessoa ele ficava satisfeito. Ele era bastante inclinado à ideia de que, uma vez que o que é realmente indescritível não pode ser descrito, todas as tentativas de descrição pelo menos apontam para as mesmas realidades subjacentes, mesmo quando as descrições envolvem incompatibilidades mútuas.

O teste de algumas de suas descrições pelos padrões da observação científica sempre em expansão está fadado a continuar; mas sua linguagem e estrutura conceitual não são aquelas dos tempos modernos e asssim sendo, do mesmo modo que no caso de seu relato sobre o átomo, também em outros campos possivelmente se verificará que ele e seus sucessores científicos não estavam sempre falando sobre as mesmas coisas.

Seus relatos sobre a natureza humana e a constituição psicológica do homem foram criticados por não terem concebido adequadamente a ideia do "inconsciente" tão dominante neste século. Um exame cuidadoso de seus relatos, entretanto, mostra que ele de maneira alguma omitiu o fator do inconsciente, seja individual ou coletivo; mas ele o descreveu em termos tão distantes daqueles correntemente em uso que são irreconhecíveis para muitos, acostumados com a maneira moderna de escrever sobre o assunto.

Seus escritos contêm um material que está tão completamente interrelacionado que eles não podem responder à abordagem de quem quer que seja que meramente faça um exame parcial deles, ou que apenas neles faça uma rápida incursão com a expectativa de refutá-los. A objeção que ocorre na mente de um leitor em um lugar é frequentementre respondida pela implicação em algum outro lugar. O que Leadbeater descreveu tem que ser julgado, em grande medida, em termos de sua própria estrutura, a qual estava profundamente condicionada pelo pano de fundo do período histórico no qual ele viveu, pelas suas predileções e valores pessoais, bem como pelo seu próprio idioma de pensamento. Uma vez que tudo isso tenha sido levado em conta, sua mensagem torna-se contundente e algumas vezes perturbadora.

O enfoque do Bispo Leadbeater era sempre essencialmente factual e ético. Ele procurou descobrir como as coisas são, a fim de decidir o que tinha que ser feito. Generalizações teóricas não eram coisas que ele considerasse muito seriamente ou lidasse com destreza ou originalidade. Ele não era um metafísico ou um teólogo. O que ele disse em termos gerais era frequentemente apenas uma cortês concessão à maneira de outras pessoas colocarem as coisas e pode soar um tanto óbvio.

O Maior Ocultista do Século XX

Assim como sua mestra, Madame Blavatsky, veio a ser reconhecida como a maior ocultista que veio a público no século XIX, do mesmo modo C.W. Leadbeater provavelmente venha a ser considerado como o maior a surgir no século XX, ou pelo menos em quase um século após a morte de Madame Blavatsky. Quando buscamos nos aproximar deles, lendo o que escreveram ou contemplando suas vidas de dedicação e trabalho penoso que levaram, somos em cada caso levados ao contato com uma vida moldada por uma firme coragem e uma indômita lealdade. Em Leadbeater, a impressão destas qualidades é aumentada por aquela confiante imperturbabilidade que tão fortemente sugere um homem que sabia tanto para onde estava indo, quanto aquilo que tinha que fazer. Para muitos, isso o colocou, em alguma medida, como sendo "alguém com autoridade", e ele continuará a exercer uma poderosa influência sobre as mentes e valores de muitas pessoas nas gerações vindouras.

Quanto à visão que o guiava, não há passagem mais característica para ser citada de seus escritos do que as frases seguintes, retiradas de uma das "palestras no terraço", em Adyar, publicada em *Talks on the Path of Occultism* (*Palestras Sobre a Senda do Ocultismo*). Buscando descrever uma ordem superior de experiência, ele disse:

"Algumas insinuações acerca desta experiência podem ser dadas ... se dizemos que todas as consciências são unas, que todo o mundo é um, que todo o amor nele é o Amor Divino uno, que toda a beleza nele é a Beleza Divina una, que toda a santidade do mundo é a Santidade una de Deus. Cristo expressou isso quando um homem veio a Ele e o chamou "Bom Mestre", Ele disse, "Por que me chamas bom? Não há ninguém bom exceto Um, e este é Deus." A bondade de cada homem é a bondade de Deus mostrando-se através dele, e toda a beleza e glória do mundo, como o vemos, na terra, no mar e no céu, não é nada senão parte da Beleza Divina una; e, à medida que nos elevamos, ... nível após nível, mais e mais vemos aquela beleza se revelando ante nós, até que aprendamos a ver toda a beleza através de cada coisa bela. Tudo é uno. Quando isso é aprendido, a glória do Divino será vista em e através de cada coisa, e todas as suas outras belezas através de cada uma daquelas, de modo que quando uma paisagem bonita aparece diante de nós, não será meramente a cena que admiraremos, mas tudo aquilo que ela sugere – o infinito todo, do qual ela é apenas uma mínima parte. Através daquela felicidade experimentaremos algo da Bem-aventurança Eterna, e, através daquele amor, realizaremos aquele Amor Eterno. É apenas deste modo que uma avanço maior pode vir, apenas quando compreendemos que nós mesmos não somos nada senão um ponto no todo; então nossa consciência está em condição de unir-se a Ele, de modo que através de nós Ele possa ver toda esta beleza, e nós, estando Nele, possamos vê-la e compreendê-la também."

✠ Stem Von Krunsenstierna

INTRODUÇÃO

A Igreja Católica Liberal busca ser uma Igreja gnóstica, não no sentido de reproduzir certas extravagâncias dos primórdios do Cristianismo, mas no sentido de ajudar seus membros a atingirem por si mesmos esta certeza de conhecimento que é a verdadeira Gnose sobre a qual escreveu São Clemente de Alexandria.

(Da *Declaração de Princípios* da Igreja Católica Liberal).

Se alguém dissesse ao Bispo Leadbeater que ele escrevera algo que compõe uma nova Gnose, ele, provavelmente, negaria qualquer intenção deste tipo. Entretanto, na verdade, é disto que o livro trata. Ele proporciona uma nova visão sobre Deus, a Criação, a humanidade e a sua evolução.

A palavra grega *gnosis*, empregada no título deste livro, significava originalmente "conhecimento", mas, quando aplicada a um contexto religioso, possui uma significação muito mais abrangente; denota Sabedoria Divina (*Theosophia*), um conhecimento e um entendimento progressivos dos mistérios espirituais, que culminava na iluminação intuitiva que vinha ao Iniciado nos Antigos Mistérios.

> Não apenas o batismo nos liberta, mas a Gnose – quem éramos nós, no que nos tornamos, onde estávamos, onde caímos, para onde vamos, por que motivo somos redimidos, o que é o nascimento e o que é o renascimento (Clemente de Alexandria: *Excerpta ex Theodoto*, 78:2).

Os grandes doutores gnósticos do século III de nossa era ensinaram a Gnose de seu tempo sob a forma de mitos[1] que continham uma faceta mais esotérica a cujo entendimento o aprendiz podia aspirar. Encontramos uma Gnose similar transmitida em linguagem mais velada por São João e São Paulo e por diversos padres da Igreja, em particular, Clemente de Alexandria e Orígenes.

Este século presenciou um interesse crescente acerca dos diversos aspectos da Gnose antiga e do Gnosticismo. Isso se deve em parte às descobertas de antigos documentos, mas sobretudo ao malogro das Igrejas em proverem um ensinamento espiritual confiável ao homem moderno. A procura pela verdade mais profunda levou muitos estudiosos da religião às reminiscências da antiga Gnose.

No século III a Igreja rejeitou a Gnose, e esta permaneceu "clandestina" desde então, ocasionalmente manifestando-se sob a forma de heresias ou escolas místicas. Hoje o Cristianismo enfrenta o dilema causado por sua rejeição aos mitos vivos da antiga Gnose e, ao mesmo tempo, sua incapacidade de substituí-los.

---

[1] Tais como a queda e redenção do *eon Sophia*, Sabedoria. (N. do Original)

É creditado a Leadbeater o mérito de nos ter dado uma nova e lógica visão de mundo, um novo conceito teológico, que nós, do século XX, podemos valorizar e compreender. Não mais os elaborados mitos da antiga Gnose, mas conceitos de Deus, do Homem e do Universo aceitáveis em termos científicos, filosóficos e teológicos. Em outras palavras, uma Nova Gnose.

Esta Gnose, portanto, embora seja um grande passo à frente, está firmemente baseada na antiga. A descoberta de Leadbeater dos Credos Cristãos como depositários da Antiga Sabedoria desvenda novos e insuspeitados horizontes. Começamos a perceber que alguns dos antigos dogmas, hoje aparentemente estranhos e obsoletos, escondem verdades profundas e perenes.

Acredito que este livro bem como *A Ciência dos Sacramentos, O Lado Interno dos Festivais Cristãos* e *O Credo Cristão* indicam uma nova orientação no pensamento religioso que auxiliará consideravelmente no melhor entendimento dos aspectos mais profundos da religião cristã.

✠ Sten von Krusenstierna.

PREFÁCIO DO AUTOR

Há muito tempo alguns grandes instrutores orientais ensinaram-me várias coisas; verifiquei diversas delas por mim mesmo, através de investigação e de experimento, e assim transmito-as a vocês com a certeza de não estar conduzindo-os pelo caminho errado. Pelo fato de serem minhas as informações, vocês não devem dar-lhes crédito; se o fizerem terá de ser por julgá-las razoáveis em si.

Esta não é nenhuma nova doutrina. Há dois mil e quinhentos anos atrás perguntaram ao Senhor Buda qual das muitas formas de ensinamento religioso era a correta. "Em que devemos acreditar? Existem muitos sistemas filosóficos; quais deles Vós recomendais?"

A resposta do Iluminado foi admirável pois, afinal, não era ele o homem mais sábio do mundo? "Não creiam em algo", disse ele, "simplesmente porque foi dito, ou porque é herança da antiguidade. Nem em rumores como esses. (Quantas pessoas acatam os rumores sem a menor tentativa de colocá-los à prova!). "Não creiam nas Escrituras dos sábios simplesmente porque foram sábios que as escreveram, não creiam em fantasias que suspeitem ter sido inspiradas por um Deva (isto é, não creiam em supostas inspirações espirituais ou angélicas) nem nas inferências extraídas de alguma suposição acidental que possam ter feito" (frequentemente as pessoas entregam-se a uma conclusão a partir da qual constroem todo um sistema de inferências, enquanto que a base, fundada sobre mera imaginação, pode estar errada desde o princípio). "Não creiam em algo porque parece ser uma necessidade analógica" (porque uma analogia que é satisfatória em determinado caso pode não sê-lo em outro).

"Não creiam na mera autoridade de seus próprios instrutores, porém creiam quando as Escrituras, a doutrina ou o que é dito forem corroborados por sua própria consciência, pois assim eu os ensinei: a crer não apenas por ter ouvido, mas por sua própria consciência (isto é, quando ela concordar com sua própria razão e bom senso); então ajam "coerente e plenamente".

Essa é uma declaração muito adequada a ser feita por qualquer instrutor religioso. Saber algo por si mesmo é o melhor de tudo; não sendo assim, só se pode aceitar a melhor hipótese possível; só se pode aceitar aquele sistema que nos parece razoável e coerente, o que melhor explica os diversos fenômenos com que nos defrontamos.

O que narramos neste livro parece-nos seguir esse sistema. Vocês podem aceitá-lo, se lhes parecer oportuno; mas, se encontrarem outro sistema que explique melhor as coisas, devem ater-se a ele. Quando há pouco conhecimento real, uma exata intuição da verdade às vezes surge para nós. Em termos gerais, é bastante seguro guiar-se por ela, pois, quase sempre, deriva de um ansioso salto da alma em direção a uma verdade adquirida em outras vidas.

Deposito minha confiança no que sei e no que vi. – possam todos vocês atingir igual conhecimento e igual certeza! Esta é a verdadeira base, creio eu, da fé religiosa – conhecimento, (quando é alcançado) e, entrementes, sua própria razão e bom senso. Pois Deus nos deu o intelecto, e Ele quer que o utilizemos com relação à maior de todas as Ciências – a Ciência de nossa religião, o estudo de nossa relação com Ele.

O Autor

PARTE UM

O PLANO DIVINO: EVOLUÇÃO

CAPÍTULO PRIMEIRO

SOBRE DEUS

Porque ainda estamos comparativamente não desenvolvidos, qualquer Deus que pudéssemos compreender plenamente não seria bem um Deus. Estamos mais familiarizados com coisas situadas abaixo de nós – animais, árvores e pedras. De vez em quando, conhecemos um homem que, em um momento de entusiasmo, poderíamos reconhecer como sendo superior a nós; mas, via de regra, inclinamo-nos a pensar que somos tão bons quanto qualquer um, senão ainda melhores.

Há um certo perigo em sermos presunçosos quando nos comparamos com as coisas "abaixo" de nós. Orgulhamo-nos, por exemplo, de nosso intelecto. Mas aqueles que vieram a conhecer algo sobre os Mestres apercebem-se, antes de tudo, de que seu vangloriado intelecto é simplesmente os primeiros rudimentos de um intelecto; em comparação ao dos Mestres é como o leve clarear da escuridão que antecede a aurora. Uma reflexão mais profunda revela que, de fato, nada temos que possamos genuinamente chamar de nosso. Nosso intelecto, junto com nossas demais virtudes, não é mais que um pálido reflexo dos poderes do *Logos* brilhando através de nós.

Os Mestres nos dizem que eles próprios, com seus poderes maravilhosos, que se nos afiguram tão divinais, não são mais do que poeira sob os pés de seres ainda mais elevados. Não conseguimos avaliar completamente esses Grandes Seres, menos ainda podemos compreender o *Logos*. E quanto a *Parabrahman*[1], o Absoluto, ele não é pessoal de modo algum. Ele não é o que chamaríamos de uma existência.

Sobre o Absoluto nada pode ser afirmado, seja o que for, exceto que Ele não é isso, Ele não é aquilo; Ele não pode ser definido em qualquer plano que jamais imaginamos ou pensamos. Como disse o Buda: "Não procurem por *Brahman* ou pelo Princípio em algum lugar". Por mais determinado que seja o buscador, o Absoluto nunca pode ser alcançado. "Véu sobre véu pode ser removido, mas sempre haverá véu sobre véu por detrás." É inútil especular; *Brahman* só pode ser compreendido em Seu próprio nível.

O *LOGOS*

Quando falamos de Deus, referimo-nos, para todos os efeitos práticos, ao *Logos* de nosso Sistema Solar. O *Logos* é mais compreensível que o Absoluto porque elevou-se vagarosamente a partir de um estado semelhante à nossa própria humanidade. A matéria física no Sol e nos planetas de nosso sistema forma Seu corpo físico; a matéria astral, dentro dos limites do sistema, é Seu corpo astral; a matéria mental,

---

1 Sânscrito: "além de *Brahman*", o Absoluto, o Que-Não-Possui Atributos. (N. do Original)

seu corpo mental. Portanto, somos todos parte Dele. Também somos parte dos "sete Espíritos Poderosos perante [Seu] trono", através dos quais Ele se efunde sobre Seu Universo. Isso significa dizer que a matéria astral que constitui nossos corpos astrais é também matéria astral de um ou outro dos sete Espíritos. A Força que flui do *Logos* atinge-nos principalmente através de um daqueles sete canais, e por isso se diz que pertencemos ao Raio do qual determinado Espírito é o chefe.

Tudo o que nos foi ensinado acerca de Deus – tudo o que é bom e belo – é verdadeiro em relação ao *Logos* Solar. Mas também ouvimos muitas coisas sobre Ele que estão longe de ser boas. Disseram que Ele é capaz de sentir raiva e ciúmes, que Ele sacrificou milhares de pessoas em diferentes épocas por fazerem algo que Ele não aprovava ou por desobedecerem Suas ordens. Porém a verdade é que todos nós viemos Dele, todos pertencemos a Ele, e estamos todos no caminho de volta para Ele.

Deus é, e só pode ser, bom. Suas leis são feitas para nossa evolução e em nosso auxílio; Ele não altera ou infringe Suas leis, de modo que, se faltarmos em segui-las, certos efeitos necessariamente serão sentidos. O sofrimento que resulta para nós não é infligido por Ele; trata-se da consequência natural de nossas próprias ações. Por outro lado, os Grandes Seres, que foram homens como nós e elevaram-se além de nossa humanidade, asseguram-nos que, trabalhando conforme a lei (que é a lei de evolução), deveremos um dia chegar onde eles agora se encontram.

Nosso *Logos* Solar possui vida própria entre Seus semelhantes. Cada um de Seus mundos envia-lhe um fluxo de devoção, e Ele, por sua vez, devolve a eles uma grande torrente de influência espiritual. Esse fluxo, fluindo pelo espaço, causado inicialmente pela devoção de Seu povo, como que forma a lira de sete cordas de Apolo que Ele toca como se fora uma harpa. Essa música das esferas ascende ao Grande *Logos* como o louvor e a glória a Ele devidos.

Nosso Sol é um Sol da quarta ordem, portanto, nosso *Logos* é um *Logos* da Quarta Ordem. Assim como nossos planetas dependem de seu Sol e dele retiram toda a vida que os sustenta, assim também nosso *Logos* Solar (e talvez milhões de outros como Ele) depende de um *Logos* Solar da Terceira Ordem. E os milhares de *Logos* da Terceira Ordem dependem de um *Logos* da Segunda Ordem; Ele, por seu turno, "gravita em torno" de um da Primeira Ordem, e aqueles da Primeira Ordem dependem de *Parabrahman.* Essas coisas nos foram ditas, mas, na realidade, elas só podem ter escasso significado para nós por estarem demasiado afastadas do mundo de nossa experiência atual.

É bom lembrarmo-nos de que, de fato, mesmo aquilo que julgamos entender está muito longe de nossa compreensão. Tomemos o exemplo das coisas mais comuns que nos rodeiam; não sabemos como cresce uma árvore, por exemplo. Sabemos que ela absorve certos elementos da Terra, mas como ela os transforma em tronco e folhas ninguém realmente compreende. Pensamos que conhecemos as coisas, e se pudermos nomeá-las e pregar-lhes um rótulo, então, temos plena certeza de que as dominamos. Porém, de fato, existem pouquíssimas coisas que entendemos completamente.

O Sistema Solar

O Sistema Solar pode ser comparado a uma flor de lótus. Pela elevação da consciência individual a um nível superior, pode-se ver que os planetas – aquelas esferas de fogo – gravitando em torno do Sol, são como as extremidades das pétalas do lótus, ou como as pontas dos dedos das mãos. A maioria das pétalas cresce sob a água – apenas as pontas emergem, e, quando atingem a superfície, parecem estar separadas. O Sol, flutuando no espaço, poderia representar o pistilo entre os estames, ou poderia ser visto como o centro que flutua acima, um reflexo do que seria o coração da flor logo abaixo. Os planetas estão ligados não apenas fundamentalmente mas também subordinadamente. Todos eles são como parte de um grande cálice.

Quando o *Logos* começa a formar um sistema, seu primeiro passo é delimitar a esfera de Suas atividades, que se estende para muito além da órbita do planeta mais distante do sistema a ser criado. Tendo estabelecido Seu limite, diz-se que Ele então pensa o todo do Seu sistema em existência no que, para Ele, corresponde ao nosso plano mental. Ele determina o número de planetas e satélites que trará à existência, e o estágio de desenvolvimento que deverá ser alcançado em cada conjunto de mundos. Na verdade, Ele cria uma gigantesca e detalhada forma-pensamento do sistema completo.

Na Filosofia grega, a forma-pensamento é construída no Mundo Inteligível. Este plano-pensamento não é exatamente uma forma na qual se verte a matéria; é, antes, uma existência naquele plano elevado que é trazida para baixo, pouco a pouco, para os planos mais inferiores, visto que os Grandes Seres que estão trabalhando sob o *Logos* utilizam-no como modelo.

Com referência ao Mundo Inteligível é que dizemos que tudo existe no começo. O mundo físico ainda não existe nesse estágio, mas seu plano na mente do *Logos* existiu desde o momento em que Ele resolveu formar o sistema. Cada parte, como foi dito, é trazida à manifestação conforme se faz necessário.

O *Logos* constrói Seu sistema a partir da matéria. O único elemento que tudo penetra, tanto quanto sabemos, é o que os cientistas chamam de éter do espaço. Os teosofistas chamam-no de *koilon* [2].

Aquilo que denominamos matéria é constituído de bolhas sopradas nesta substância. Em *A Doutrina Secreta* encontra-se a afirmação de que "*Fohat* cava buracos no espaço." Quando li isso pela primeira vez, há muitos anos atrás, imaginei cada um dos "buracos no espaço" como um Sistema Solar. Ao aprender mais, concluí que os "buracos" que *Fohat* "cavou" são essas minúsculas bolhas de pequenez infinitesimal.

Existem cerca de quatorze bilhões dessas bolhas em um átomo físico ultérrimo. Dezoito desses átomos constituem um átomo químico de hidrogênio, o mais leve dos nossos elementos.

Para nós, as bolhas podem parecer absolutamente vazias, mas o sopro de Deus está dentro delas, e nenhuma força conhecida consegue modificá-las. Uma antiga inscrição indiana diz que o *Logos* (não o *Logos* de nosso Sistema Solar) assoprou dentro dessas bolhas e que, portanto, foi de Seu sopro que tudo se construiu. Se Ele escolhesse conter Seu sopro, nesse instante tudo voltaria ao nada pois as bolhas desapareceriam. Santo Agostinho declarou que "se Deus parasse de pronunciar o Verbo, mesmo que por um momento, o Céu e a Terra desapareceriam."

---

2 A maioria dos cientistas hoje em dia duvida da existência deste éter. (N.E.)

CAPÍTULO SEGUNDO

A DESCIDA À MATÉRIA

A TRINDADE

Devemos agora tentar compreender algo sobre a Natureza da Deidade e Sua manifestação na matéria a qual, tanto quanto sabemos, significa a composição de nosso Sistema Solar. Todas as religiões estabelecem algum tipo de teoria para explicar a origem do homem e dos mundos, e a maioria concorda na descrição da manifestação da Deidade como tríplice. O Absoluto (de quem nada podemos saber, exceto que Ele existe) é o Deus supremo que governa milhões de Universos. Diz-se que o processo da evolução cósmica é semelhante ao do nosso Sistema Solar, e que até mesmo no *Logos* absoluto ou Deidade absoluta há a mesma manifestação tríplice. Não podemos saber isso de fato, pois o Absoluto está muito acima de qualquer coisa que possamos ver ou tocar; apenas conseguimos inferir que deve ser assim a partir do que presenciamos em níveis inferiores.

No caso de nosso Sistema Solar, é certo que temos esta manifestação tríplice porque é possível olhar para trás e ver o que aconteceu no passado. É possível ver como as forças fluem agora e, a partir disso, deduzir que devem existir três centros de atividades – três aspectos através dos quais a força flui; três Pessoas, como consta, em um único Deus.

Primeiramente seria bom definir a palavra "pessoa". Ela deriva de dois termos latinos, *per*, através, e *sona*, som. Portanto, significa "aquilo através do qual vem o som". O nome foi dado, pela primeira vez, em Roma, à máscara usada por um ator secundário ou coadjuvante, que desempenhava vários papéis. Por exemplo, ele representava um soldado em determinado ato, um cidadão comum em outro, e um policial em um terceiro. Somente os atores principais envergavam seu tipo completamente. Os coadjuvantes vestiam uma roupa simples de camponês, mudando apenas o que vestiam na cabeça e a máscara, que indicava o papel específico do momento. Se, por exemplo, estivessem representando um soldado, usariam uma máscara apropriada e um capacete.

A máscara era a *persona,* pois o som da voz do ator passava através dela. As Três Pessoas da Santíssima Trindade são, na realidade, três manifestações ou aspectos do Deus Único. Tampouco isso é inteiramente correto porque eles são mais do que meros aspectos – uma teoria há muito condenada como heresia pela Igreja.

Entretanto, o entendimento mais próximo que atingimos desse mistério é dizer que nessas três partes em que a Deidade se apresenta, Ela é representada por três Pessoas. Podemos empregar analogias, mas devemos ser cuidadosos; embora nos auxiliem um pouco, convém não se ater muito a elas. Para usarmos uma analogia bastante simples, podemos imaginar um homem como o prefeito de uma cidade, o gerente de um banco e, ao mesmo tempo, o comandante do exército local. Nestas três funções, ele vestiria vestimentas diferentes e, embora representasse cada qual separadamente, ainda assim seria o mesmo e único homem. Porém, as três Pessoas da Santíssima Trindade são muito mais do que isso; todavia podem ser consideradas como Deus atuando em diferentes direções ou com diferentes capacidades. Esta é, de fato, apenas uma parte da verdade; a verdade total não pode ser compreendida em nosso estágio atual.

Nosso Sistema Solar

É difícil para nós imaginarmos algo anterior ao nosso Sistema Solar. Uma das teorias referentes às suas origens é a de que dois sóis colidiram, não frontal, mas obliquamente, e desse modo colocaram os planetas em movimento ao redor do Sol com suas órbitas atuais. Isso pode ser verdadeiro ou não, mas a realidade vai ainda muito além. Cada Sistema Solar, conforme aprendemos no estudo do Ocultismo, é o corpo físico, a expressão de uma Divindade ou *Logos*, e, de fato, é possível que, em alguns casos, Ele mesmo tenha recolhido o material para Seu corpo físico por meio dessa colisão. De qualquer modo, no caso de nosso próprio Sistema Solar, a investigação oculta mostrou que primeiro o *Logos* decidiu sobre em que ponto faria Seu sistema e, depois, erigiu um grande vórtice no qual foi introduzindo matéria tirada do espaço circundante e começou, gradualmente, a animá-lo. Não sabemos muito sobre as condições originais dessa matéria, mas parece ter havido apenas matéria atômica em certo estágio do processo; isto é, os átomos estavam separados e equidistantes, ao invés de agregados de alguma maneira para produzir formas de qualquer tipo. Não se trata de um fato definitivamente conhecido, mas pode-se imaginá-los a flutuar no espaço vazio como as partículas de pó num raio de Sol. São, entretanto, indescritivelmente menores do que as partículas que nosso olho físico consegue enxergar. Às vezes, a Filosofia antiga chamava esta matéria primordial de "matéria virgem", por não ter sido ainda interpenetrada ou afetada pela corrente de vida do *Logos*.

Os Planos da Matéria

A investigação oculta mostrou ainda que, em nosso Sistema Solar, existem sete grandes planos ou níveis de matéria, e que o homem possui corpos correspondentes com os quais pode contatar cada um deles. Há o mundo físico que conhecemos, em certa medida, no que diz respeito às suas subdivisões inferiores; o Plano Astral, que é o mundo no qual os sentimentos são expressos; o Plano Mental, constituído da matéria posta em movimento pelos nossos pensamentos; o Plano Intuicional; o Plano Espiritual, onde se manifesta o tríplice espírito do homem; o Plano Monádico, onde a Mônada – a Centelha Divina no homem – reside; e, finalmente, o Plano Divino no qual está a tríplice manifestação do *Logos*.

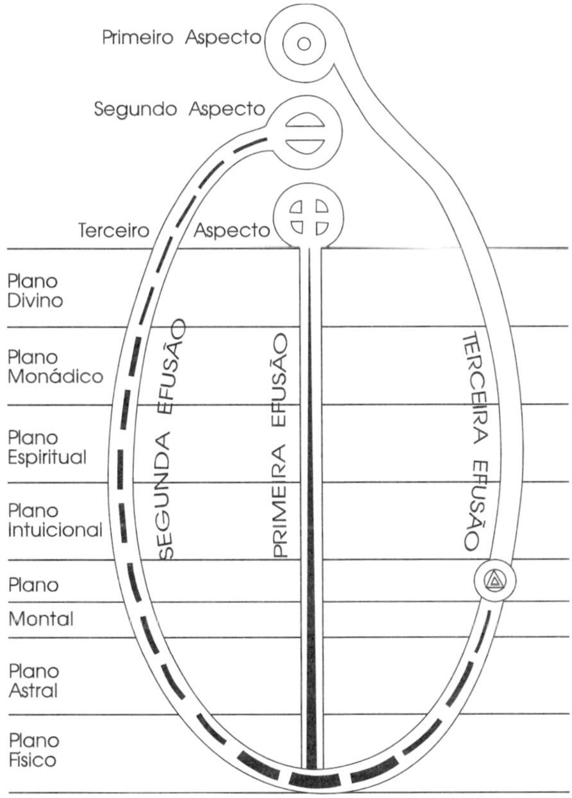

DIAGRAMA 1 – AS TRÊS EFUSÕES

Este diagrama mostra os sete planos de nosso sistema. Os símbolos usados para designar as três Pessoas da Trindade são muito antigos. A Primeira Pessoa – o Pai – é simbolizada por um ponto dentro de um círculo, a Segunda Pessoa – o Filho – por uma barra horizontal dentro de um círculo; e a Terceira pessoa – o Espírito Santo – por uma cruz dentro de um círculo. Elas estão situadas fora do tempo e do espaço; apenas as correntes de vida e força fluindo delas são mostradas descendendo para o nosso sistema de planos. A Primeira Efusão, vinda da Terceira Pessoa – Deus Espírito Santo – é mostrada como uma linha reta descendo até o plano mais inferior e mais denso, vivificando a matéria em seu caminho. A Segunda Efusão que emana da Segunda Pessoa – Deus Filho – é aquela corrente de vida enviada à matéria já vitalizada pela Primeira Efusão, e é mostrada como descendo até o ponto mais inferior da matéria, após o que ela se eleva até atingir o plano mental. Em ambas as efusões, a vida divina torna-se mais velada à medida que descende na matéria (mostrada com traços mais fortes no diagrama). A Terceira Efusão, vinda da Primeira Pessoa – Deus Pai – desce apenas até o plano intuicional, e seu vínculo com a Segunda Efusão é simbolizado por um triângulo dentro de um círculo, representando a alma individual trinária do homem, o Ego reencarnante. A força da Terceira Pessoa também reascende depois de tocar seu ponto mais inferior na matéria, mas agora sob a forma do assim chamado fogo serpentino ou *Kundalinī*, e, portanto, devemos imaginar que a linha vertical do centro retorna por sua própria trajetória.

Cada um desses planos é dividido em sete subplanos. Eles não devem ser imaginados como justapostos igual às prateleiras de uma estante; antes, devemos pensar que ocupam o mesmo espaço e se interpenetram como o ar e a água em uma garrafa de água gasosa, pois o ar se interpõe entre as moléculas de água. Se misturarmos açúcar na água gasosa, teremos partículas sólidas flutuando entre o líquido e a matéria gasosa; o ar, a água e os sólidos, então, interpenetram-se e ocupam o mesmo espaço. De modo semelhante, os diferentes tipos de matéria de nosso Sistema Solar interpenetram-se uns nos outros. Quando o espírito anima a matéria, ele atravessa primeiro a mais refinada e vai gradualmente energizando matéria de crescente densidade. A isso chamamos de "descida" porque se trata de uma aproximação à matéria do Plano Físico.

Quando a Deidade do Sistema Solar manifesta-se nesses planos, Ela aparece como tríplice sobre aquela divisão mais elevada a que chamamos de plano Divino. É obviamente impossível descrever essa manifestação divina, pois ultrapassa em muito nosso poder de representação ou compreensão. Em nossa consciência limitada, imaginamos as Três Pessoas separadamente, embora Elas sejam de fato Uma. A primeira manifestação, que é chamada de Deus Pai na terminologia cristã, permanece sempre no nível mais alto; a segunda – Deus Filho – descende um nível e se manifesta no sexto nível, ou Monádico. A terceira – Deus Espírito Santo – descende ainda mais até a porção mais elevada do plano Espiritual. Com frequência diz-se que a Santíssima Trindade manifesta-se como Poder, Sabedoria e Inteligência. O Pai é tido como Criador, embora Ele crie através do Filho, isto é, o Poder é exercido pela Sabedoria, e tanto o Pai quanto o Filho, como Poder-Sabedoria, operam pela Inteligência. Outra definição das Três Pessoas é Vontade, Sabedoria e Atividade e, neste caso, podemos considerar o Espírito Santo como o "Braço do Senhor" estendido para fazer o seu trabalho.

Encontramos a mesma combinação na alma do homem na parte inferior do plano Espiritual. No plano abaixo deste – o Intuicional – dois princípios manifestam-se, dando origem à natureza intuitiva. No Mental Superior aparece apenas um, manifestando-se como a inteligência. Esses três princípios no homem (a que chamamos de espírito, intuição e inteligência) não só representam ou refletem as três Pessoas da Santíssima Trindade mas, de um modo que até agora nos escapa em sua totalidade, eles *são* aquela Santíssima Trindade. Deus está em cada homem, e cada um é a manifestação Dele mesmo, à medida que reflete em sua alma essa misteriosa combinação de três que são, em verdade, um só. Temos, aqui, a verdadeira significação do ditado segundo o qual Deus criou o homem à Sua própria imagem – não o corpo físico do homem, mas a constituição de sua alma, reproduzindo, com maravilhosa exatidão, o método da manifestação divina.

As Três Efusões

É da Terceira Pessoa – o Espírito Santo – que vem o primeiro movimento na direção da formação do sistema. Na versão judaica da Criação é-nos relatado que neste estágio o Espírito "pairou sobre a face das águas" do espaço ou os mares de matéria (em latim *maria*, plural de *mare*, o mar). Assim que o Espírito Santo desce, esta matéria, que antes era inerte, improdutiva ou "virgem", imediatamente começa a mostrar sinais de vida. Através de sua gloriosa vitalidade, os átomos, que eram todos similares e equidistantes, são despertos para novos poderes de atração e repulsão e formam agregações e combinações de todos os tipos, permitindo a existência das subdivisões inferiores de cada nível, até obtermos, em plena atividade, a maravilhosa complexidade dos quarenta e nove subplanos de nosso sistema.

Quando o campo foi assim preparado para sua atividade, a Segunda Grande Efusão da vida divina tem início – o fluxo daquilo que às vezes é chamado de essência monádica. Isso vem da Segunda Pessoa da Trindade – Deus Filho. Lenta e firmemente, mas com força irresistível, esta poderosa influência jorra em grandes ondas descendentes para os diversos planos, dando à matéria poderes adicionais de combinação e extraindo para si formas ou corpos a partir dessa matéria, tendo, cada onda sucessiva, a duração de um *eon* inteiro em todos os sete reinos da Natureza. Assim ela anima sucessivamente os chamados três reinos elementais nos quais o espírito, movendo-se para baixo, imerge por fim na matéria física e passa para dentro do reino mineral. Alcançando, desta forma, o ponto mais inferior de seu curso, volta-se para iniciar seu grande passo ascendente em direção à divindade, infiltrando-se progressivamente nos reinos vegetal e animal até atingir o reino humano, onde encontra a efusão da primeira pessoa da Santíssima Trindade.

A vida da Segunda Pessoa anima todos esses reinos inferiores até alcançar o reino humano, onde aquele que animou transforma-se, por sua vez, no animado, pois é dessa matéria vivificada, que serviu como uma alma para o animal, que é formado o corpo causal do homem. É no corpo causal, então, que a terceira efusão da Primeira pessoa, Deus Pai, descende, e, assim, forma-se a individualidade, o Ego, do homem.

Pensava-se que o homem era o único animal racional. Seguramente ele possui um cérebro bem melhor que o de um animal, mas qualquer um que tenha tido um cão ou gato de estimação de quem se tornou amigo sabe que, dentro de certos padrões, os animais mais profundamente domesticados de fato raciocinam e deduzem uma coisa da outra. O animal, enquanto vivo, é uma alma separada tanto quanto qualquer homem, porém quando seu corpo morre, a alma não é mais uma entidade permanentemente separada. Ela permanece como algo separado na vida astral por um tempo considerável, e depois disso retorna à chamada alma-grupo, enquanto a alma humana, com a morte do corpo, passa por várias etapas intermediárias e então volta e retoma um outro corpo. O homem é uma entidade separada, uma alma viva, para sempre. Esta é a diferença entre o homem mais grosseiro e o animal mais evoluído. E assim a Bíblia nos diz que o espírito do animal vai "para baixo" – isto é, de volta à sua alma-grupo, mas "o espírito do homem vai para cima" e por fim atinge a união com a Mônada ou Espírito.

Nada é perdido neste grande sistema. Se é verdade que a Segunda Efusão é como que absorvida pela Terceira, sem aquela, esta não poderia ter existido. Tudo o que foi conseguido pela Segunda Efusão é transferido e consolidado na Terceira. Isto é claramente explicado na *Quincunque vult*: "contudo ele não é dois, mas um Cristo; Uno, não pela conversão de Deus em carne, mas por trazer a Humanidade para dentro de Deus".

A ENERGIA DIVINA

A Deidade envia de si diversas forças ou formas de energia. Podem existir muitas das quais nada sabemos, mas algumas foram observadas. Não é fácil encontrar a origem ou fonte de algumas destas forças, pois elas descendem de planos mais elevados do que os acessíveis a nós. Mas todo poder é poder divino e deriva de um ou outro dos três aspectos do *Logos*.

Percebemos também que a grande maioria destas forças – luz, calor, eletricidade e certos raios descritos em experimentos científicos – parecem ser variantes da mesma força e, sob certas condições, podem ser transformadas umas nas outras.

Separada do grupo de forças há pouco mencionado, encontramos outra força a que chamamos de força da vida e que há muito tempo atrás subdividiu-se em grande escala. Ela surge na Segunda Efusão do segundo aspecto do *Logos*, por milhões de canais, mostrando-se em cada plano de nosso sistema, embora seja fundamentalmente uma e a mesma força. No plano intuicional ou *Buddhico*, ela aparece como o princípio Crístico que gradualmente desdobra-se dentro da alma do homem.

Esta força não deve ser confundida com a força de vitalidade ou *prāna*, que jorra a partir do Sol e é uma expressão do Primeiro aspecto ou aspecto Pai do *Logos*. A vitalidade em si não é vida, todavia é necessária para a manutenção da vida em uma forma.

Outra força distinta, que surge do terceiro aspecto do *Logos*, é chamada de Fogo Serpentino, conhecida na Índia sob a denominação de *Kundalinī*. Esta força é igual a que emana do Espírito Santo na Primeira Efusão, mas agora está em seu caminho de volta. Em seu trajeto de ida, forma, a partir das bolhas no *Koilon*, os átomos que são usados pela Segunda Efusão como pedras basilares na criação de formas vivas. Em seu caminho de retorno – na forma de Fogo Serpentino – possui um papel na evolução dos corpos de todas as criaturas vivas.

Conhecemos todas essas forças como distintas e separadas no Plano Físico, porém não significa que elas não possam estar ligadas em um nível ainda superior. Há muitas coisas conhecidas nos planos mais elevados que simplesmente não podem ser transcritas para a linguagem deste plano.

CAPÍTULO TERCEIRO

FEITO À IMAGEM DE DEUS

Dizem-nos que Deus fez o homem à Sua própria imagem. Alguns ativeram-se a isso para dizer que é o corpo físico do homem que foi feito à semelhança do corpo físico de Deus. Entretanto, não pode ser desta forma, pois Deus não possui um veículo físico, a menos que aceitemos as manifestações do Sistema Solar no Plano Físico como a manifestação física de Deus. Isso, de fato, elas são, uma vez que nada existe que não seja Deus. Ele não apenas permeia tudo, mas literalmente *é* tudo. Todo o espírito, todo o poder e toda a energia do mundo são o Espírito e o Poder e a Energia Divinos, e a própria matéria através da qual atua é apenas outra manifestação Dele. É literalmente verdade que não existe nada além de Deus em todos os níveis, do mais elevado ao mais inferior, pois é a própria Vida Divina que nos rodeia em toda parte. Porém, quando se diz que Deus fez o homem à Sua imagem, é ao homem em si – à alma – a que nos referimos, e não ao corpo físico.

Como pode a alma do homem ser feita à imagem de Deus? Existem Três Pessoas na eterna Santíssima Trindade, e, mesmo assim, essas Três são Uma. O mesmo fenômeno aparece no homem, mas o homem é tríplice em outro sentido, como nos conta o Novo Testamento: é feito de corpo, alma e espírito; todavia não é deste modo que ele é triplo. É antes a própria alma que é tríplice, que possui três aspectos ou manifestações.

O espírito do homem é o divino poder de Deus nele, a energia divina projetando-se diretamente Dele em um nível tremendamente mais elevado do que qualquer coisa que possamos compreender.

Existem sete diferentes planos da Natureza que são chamados, às vezes, de "Mundos" ou "Céus". Assim encontramos referências bíblicas a outros mundos superiores: São Paulo menciona ter sido arrebatado, ao terceiro Céu[1], mostrando seu reconhecimento de, no mínimo, três estados mais elevados que esta Terra.

A maioria das pessoas pensa no Céu como um local de felicidade e deleite e assim o é, pois todos os níveis superiores são, em todos os modos, melhores, mais alegres e menos restritos que o Plano Físico. Mas, estritamente falando, "Céu" significa aquilo que é "Suspenso"[2] ou erguido sobre nós; portanto, qualquer estado superior ao nosso poderia ser chamado de Céu, e é neste sentido que falamos dos "Sete Céus" ou sete condições mais elevadas do que esta vida física.

---

1 Conforme a Bíblia Sagrada, *II Coríntios 12:2*, (N.E.)

2 Do original em inglês *heaven*, palavra derivada do verbo *to heave:* suspender, erguer, levantar. (N.E.)

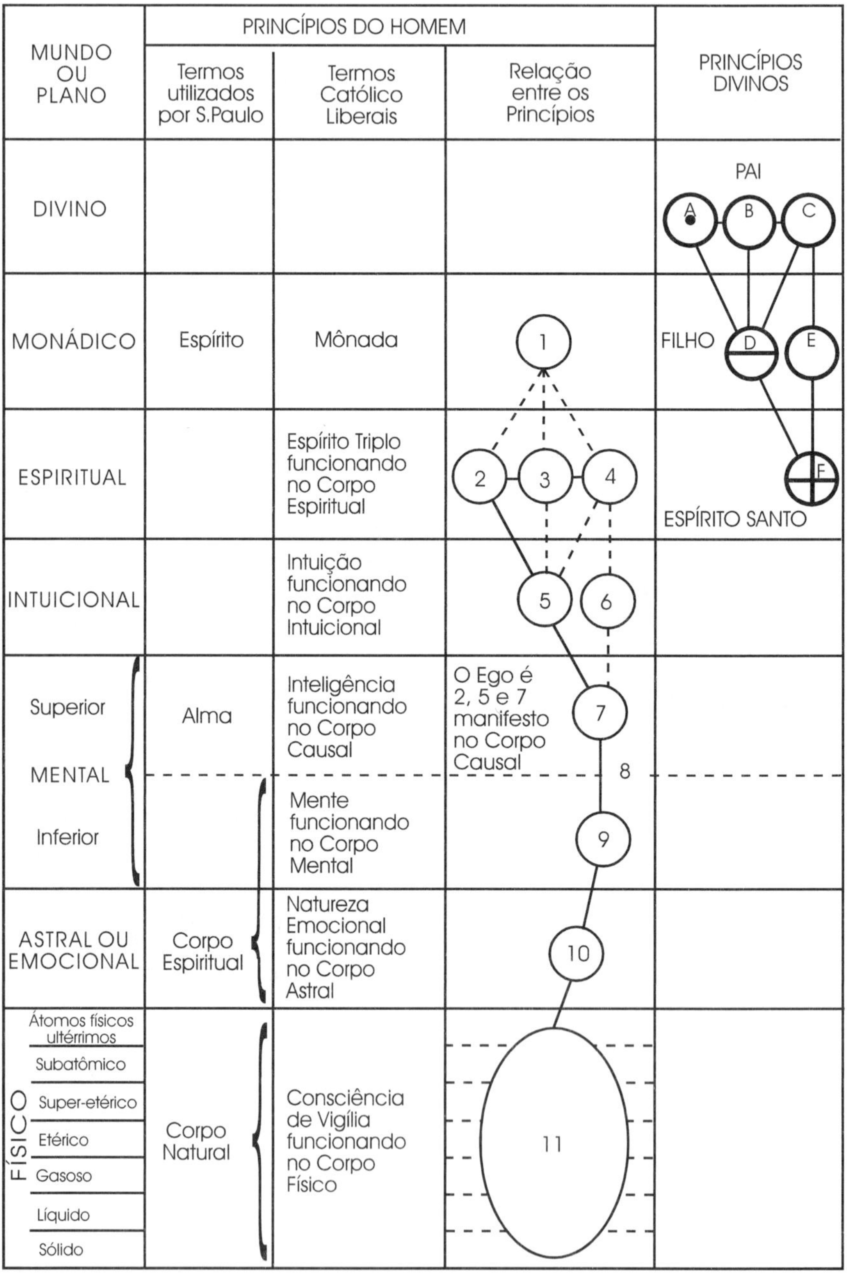

Diagrama 2 – Os Princípios do Homem

Diagrama 2 – Os Princípios do Homem

Neste diagrama, buscou-se mostrar o relacionamento entre as Pessoas da Santíssima Trindade em manifestação, e como este relacionamento se reflete nos princípios do homem. Não sabemos de que forma o *Logos* existe fora dos limites de Seu sistema; tudo o que se pode afirmar com certeza é que ele se derrama em três poderosas correntes para formar o Espírito Triplo, ou o que chamamos no Cristianismo, as Três Pessoas da Trindade, quando Sua vida aparece no mundo mais elevado do Sistema Solar. Elas são aqui representadas por três círculos (A, B e C). A Primeira Pessoa, o Pai (A), não descende além do plano divino. A Segunda Pessoa, o Filho, descende até o plano monádico, onde Ele é representado como dual (D). A Terceira Pessoa, o Espírito Santo, passando pelo Plano Monádico, descende até o plano espiritual (F). Os símbolos usados para os três aspectos da Trindade são os mesmos do Diagrama 1.

A consciência do homem é uma unidade, não uma multiplicidade; mas por manifestar-se nos diferentes corpos ou veículos, apresenta diferentes aspectos. Estes aspectos da consciência são aqui denominados "princípios". Um princípio não é um corpo, porém a expressão da consciência em um corpo. A Mônada (1), chamada de Espírito por São Paulo, é a centelha divina no homem, a fonte divina da consciência humana. Quando a Mônada manifesta-se em um plano inferior – o Plano Espiritual – é sempre enquanto triplicidade (2, 3 e 4). O Princípio 2, o Espírito, não desce abaixo deste nível. Os outros dois princípios manifestam-se no próximo mundo imediatamente inferior – o intuicional – dando origem à natureza intuitiva dual. O Princípio 5 não se manifesta além daquele nível. O Princípio 6 derrama-se sobre o próximo mundo – o mental superior – e se manifesta como a inteligência no homem. Os Princípios 2, 5 e 7 em conjunto constituem a alma ou o Ego no homem, o centro de consciência reencarnante e persiste durante toda a série de vidas humanas. Nos mundos inferiores, a alma ou Ego é refletida nos princípios 9 (a mente), 10 (as emoções) e 11 (o corpo físico). Estes três em conjunto constituem a personalidade transitória de uma vida. O elo entre a alma e a personalidade é chamado de *antahkarana* na Filosofia indiana (8). Se pensarmos no Ego como o homem verdadeiro, então a personalidade é a mão que ele mergulha na matéria a fim de trabalhar por meio dela, e o *antahkarana* é o braço que liga aquela mão ao seu corpo.

O Espírito

O espírito do homem – a centelha divina que é parte do fogo divino – repousa num plano tão alto que em nosso estágio evolutivo atual não podemos responder a ele. Mais adiante em nossa evolução, quando tivermos desenvolvido nossos poderes de modo completo, deveremos clara e definitivamente entrar em contato com este espírito, e saberemos que somos Deus[1] e que Deus está em nós[2]. Mas, por enquanto, estamos recém no sopé da escada que nos conduzirá àquela estupenda altitude. A evolução à nossa frente é tão vasta que aquilo já alcançado parecerá nada ao olharmos para trás a partir das imensas alturas desse futuro distante.

Existem aqueles que se aproximam deste que é o mais profundo de todos os assuntos com a firme convicção de serem capazes de entendê-lo inteiramente. Somente Deus o compreende completamente e porque, num certo sentido, também somos Deus, deveremos começar a compreendê-lo totalmente quando tivermos nos desenvolvido até "a plena medida da estatura de Cristo".[3] Atualmente somos apenas crianças nestes estudos. Conseguimos entender o suficiente para nos guiarmos em nossa vida diária; sempre podemos compreender o suficiente para tomarmos o passo seguinte e isto nos basta no momento.

O próprio Espírito, a que, às vezes, chamamos de Mônada, existe num plano muito além do alcance de nossa consciência. O primeiro contato que podemos fazer com ele situa-se num plano abaixo do seu próprio, onde ele se mostra como tríplice. Então, em seu movimento ainda mais descendente, expõe uma parte muito pequena de si em um nível ainda mais inferior, e isso é o que se chama de alma, ou Ego, no homem. Esta alma ou Ego passa de uma vida à outra em seu próprio nível – muito mais inferior do que aquele do Espírito, mas ainda muito superior ao de nossa vida neste Plano Físico.

A Alma

A alma contém dentro de si a tríplice manifestação do Espírito. Diz-se que Deus Pai permanece em Seu próprio nível e que Deus Filho descende à encarnação e toma sobre Si a roupagem da carne. Isso era sabido por outras religiões mais antigas que o Cristianismo – pela grande religião Hindu bem como pela religião do antigo Egito. De fato, veremos que está implícito, senão expresso, em todas as grandes religiões do passado.

---

1 O autor alude aqui à famosa passagem do Evangelho: "Respondeu-lhes Jesus: Não está escrito na vossa Lei: Eu disse: Vós sois deuses?" (*João 10:34*). Todavia, o autor considera aqui a palavra Deus como *Logos*, conforme ele define no capítulo primeiro desta forma: "O *Logos* é mais compreensível que o Absoluto porque elevou-se vagarosamente a partir de um estado semelhante à nossa própria humanidade". Ou seja, do ponto de vista da Gnose Cristã ou Cristianismo Esotérico, nós estamos evoluindo vagarosamente através da eternidade até atingir "a plena medida da estatura do Cristo" (*Efésios 4:13*), e depois até tornarmo-nos um *Logos*. Então, passa a fazer sentido o mandamento: "Sede perfeitos como é perfeito o Vosso Pai que está nos Céus." (*Mateus 5:48*). (N.E.)

2 O autor alude aqui a passagens como: "O reino de Deus está dentro de vós" (*Lucas 17:21*) e outra algo similar: "Cristo em vós, a esperança de glória" (*Colossenses 1:27*). (N.E.)

3 *Efésios 4:13*. (N. do Original)

Assim como a Segunda Pessoa da Trindade descende mais baixo que a Primeira, também a Terceira – Deus Espírito Santo, a Chama de Deus – derrama-se sobre Seu povo em um nível ainda mais inferior. E encontramos esta combinação repetida também na alma do homem, pois a alma do homem (como foi dito antes) é tripla, feita de *Ātma*,o Sopro ou Espírito de Deus; *Buddhi*, Sabedoria Intuicional, e *Manas*, a inteligência. Estes, tomados em conjunto, perfazem o que é chamado de Ego que reencarna, o qual permanece de vida em vida. Todos nós tivemos muitas destas vidas terrenas no passado (embora a maioria de nós não se lembre delas) e deveremos ter ainda muitas outras no futuro.

Esse é o método de evolução da alma. Ela descende para esta vida terrena onde adquire certas experiências e desenvolve certas faculdades e retorna a seu próprio plano, para um hiato de repouso e de assimilação. É nesta constituição tríplice que o homem é "feito à imagem de Deus". E esta manifestação tríplice é mais do que mero simbolismo; é a representação da Trindade na Divindade, que se manifesta através do homem na exata medida em que ele o permitir.

Quando a alma "assenta-se" na encarnação, assume não apenas um corpo físico mas também um mental que é, via de regra, denominado a mente, e um corpo emocional através do qual as emoções funcionam. Este último é, às vezes, chamado de corpo "astral" porque brilha e é luminoso quando visto através da visão superior. A cada vida estes corpos são renovados.

Somente depois de ter assumido estes veículos intermediários pode a alma entrar em contato com um embrião e nascer no mundo físico. Quando, no final daquela vida, o corpo físico estiver desgastado, o processo reverte-se, e a alma despoja-se, um a um, dos veículos temporários que tinha assumido. Desse modo a alma, durante a encarnação, é temporariamente refletida em seus três veículos inferiores que, juntos, constituem a personalidade do homem.

O Corpo Causal

O corpo causal é o veículo permanente da alma ou Ego no mundo mental superior e consiste da matéria da primeira, segunda e terceira subdivisões daquele mundo. Na maior parte das pessoas ainda não está completamente ativo, estando vivificada apenas a matéria pertencente à terceira subdivisão. Conforme a alma desenvolve suas possibilidades latentes através de seu longo curso de evolução, a matéria superior é gradualmente trazida à ação; todavia é somente no homem aperfeiçoado – o Adepto – que está desenvolvida em sua mais plena capacidade.

Quando um homem atinge o estágio no qual é capaz de pensamento abstrato e emoções altruístas, a matéria do corpo causal desperta em resposta. Suas vibrações mostram-se ao observador clarividente como cores e, ao invés de serem, como antes, meramente um ovoide transparente, vão gradualmente se transformando em uma esfera preenchida com matéria dos mais adoráveis e delicados tons os quais indicam o desenvolvimento espiritual da alma.

No curso da evolução nos mundos inferiores, a alma introduz em seus veículos qualidades que são indesejáveis para seu desenvolvimento tais como orgulho, irritabilidade e sensualidade. Estas se mostram como vibrações nos vários corpos, mas uma vez que são vibrações nas subdivisões inferiores de seus respectivos mundos, não podem reproduzir-se no corpo causal que é formado exclusivamente da matéria das três subdivisões superiores do mundo mental. Cada seção do corpo astral, por exemplo, age fortemente sobre a seção correspondente do corpo mental, e apenas sobre ela. O corpo causal só pode ser afetado pelas três seções superiores do corpo astral, e as vibrações dessas partes representam somente boas qualidades.

O efeito prático disso é que o indivíduo pode construir dentro do Ego ou alma nada além de boas qualidades. Quaisquer qualidades negativas que ele possa desenvolver em sua personalidade são de natureza transitória e são descartadas à medida que ele avança, pois seu corpo causal não possui matéria na qual ele possa expressar tais qualidades.

O Corpo Mental

O corpo mental, expressando o pensamento concreto do indivíduo, é ovoide na forma e constituído de matéria das quatro subdivisões inferiores do mundo mental. Encontramos aqui o mesmo esquema de cores do corpo causal. Existem nele certos segmentos que correspondem a departamentos especiais do cérebro físico. O corpo mental é, em geral, tão imperfeitamente desenvolvido na maioria das pessoas que um grande número desses departamentos especiais ainda não foram postos em atividade, ou, então, o foram apenas ligeiramente. É por este motivo que, por exemplo, apenas certas pessoas têm facilidade para matemática, enquanto outras apreciam música, mas não poesia e assim por diante. A matéria do corpo mental deveria estar circulando livremente, porém, às vezes, permite-se que se assentem pensamentos sobre certos assuntos, e eles se solidificam e endurecem em uma espécie de cancro. Tal "cancro" manifesta-se como um preconceito e, até que a livre circulação seja restaurada, é impossível para a pessoa pensar com clareza em relação àquele assunto.

Bons pensamentos produzem vibrações na matéria mais sutil do corpo mental que tende a fluir na parte superior do ovoide, enquanto que maus pensamentos tais como egoísmo ou inveja gravitam em direção à parte inferior. Pensamentos vagos, mal definidos, flutuam por momentos no espaço e, então, desintegram-se lentamente. Todo pensamento produz uma forma. Um homem pode criar uma forma-pensamento e direcioná-la para outro com o objetivo de ajudá-lo. Esta é uma das linhas de ação adotadas por aqueles que querem servir à humanidade. Tal forma-pensamento pode funcionar como um "anjo da guarda". Qualquer pessoa que costuma ter pensamentos puros e fortes é uma grande força para o bem no mundo.

O Corpo Astral

O corpo astral é a expressão da alma no Plano Astral e é o veículo da paixão e da emoção. O nome "astral" teve origem com os alquimistas medievais. Significa "estrelado" e foi empregado provavelmente devido à aparência luminosa do corpo astral. Este corpo exibe muitas cores que expressam a grande variedade de sentimentos e emoções humanas. Quando o corpo astral está comparativamente em repouso, suas cores indicam aquelas emoções habitualmente nutridas pela pessoa. Quando há um ímpeto de um sentimento em particular, a frequência da vibração que expressa aquele sentimento domina, por algum tempo, todo o corpo astral. Se for, por exemplo, devoção, todo o corpo astral fica tingido de azul.

As cores permanentes do astral reagem sobre o corpo mental. Elas produzem nele as cores correspondentes, várias oitavas acima, do mesmo modo que uma nota musical produz sobretons. O corpo mental, por sua vez, influencia o corpo causal da mesma maneira, e assim todas as boas qualidades expressas nos veículos inferiores estabelecem-se gradualmente na alma. As qualidades negativas são incapazes de fazer isso visto que seus graus de vibração não encontram vibrações correspondentes na matéria mental superior da qual o corpo causal é construído.

O Corpo Físico

Descrevemos os veículos que são as expressões da alma no mundo mental e no mundo das emoções. São veículos que a alma fornece a si mesma. Mas no mundo físico o veículo lhe é fornecido pela Natureza de acordo com certas leis. Embora também, em certo sentido, seja uma expressão da alma, este veículo está longe de ser uma manifestação perfeita.

O corpo físico de um homem é um maravilhoso instrumento de grande complexidade. Além da parte que é suficientemente densa para ser visível ao olho, existe a que chamamos de corpo etérico. Nesta parte do corpo, existem certos centros de força através dos quais a energia flui de um veículo, ou corpo, para outro.

Três forças principais fluem pelos sete *Chakras* ou centros de força do corpo etérico e podemos imaginá-las como representações dos três aspectos do *Logos*. Uma é a expressão da segunda efusão, do Segundo Aspecto do *Logos* – aquela corrente de vida que é enviada à matéria já vitalizada pela ação do Terceiro Aspecto na primeira efusão. Esta, a força primária ou da vida, é refletida na encarnação de Cristo que nasceu "do Espírito Santo e da Virgem Maria". A segunda força é o fogo serpentino que surge de Deus Espírito Santo. Ela repousa no *Chakra* na base da espinha. A terceira é o que denominamos vitalidade.

Vitalidade

Mantemos nossos corpos físicos vivos não apenas comendo, bebendo e respirando ar saudável, mas também absorvendo vitalidade, chamada de *prāna* no Oriente. O *prāna* é um fluido, ou talvez devêssemos chamá-lo de uma espécie de elemento que vem do Sol para nós. Aqueles que possuem clarividência são capazes de vê-lo como pequenas partículas e até as pessoas levemente sensitivas, quando olham para o Céu claro, podem ver miríades de pequenos pontos luminosos em movimentos circulares rápidos e constantes. Podem ser vistos mais facilmente com tempo bom porque, quando há luz solar brilhante, eles são gerados em imensas quantidades e tornam-se especialmente ativos. Absorvemos estes glóbulos de vitalidade em nossos corpos físicos, e correntes deles fluem ao longo de nossos nervos e através de todo o nosso sistema.

Quando uma pessoa aplica passes magnéticos sobre outra e tenta lhe dar força, o que está de fato exercendo é um derramamento de mais *prāna* sobre ela. Quando ingerimos alimentos, antes que eles possam ser assimilados, deverão passar pelo processo digestivo. Do mesmo modo, quando absorvemos estes glóbulos[4] de vitalidade em nós mesmos, eles devem ser decompostos em suas partes componentes antes que o corpo possa assimilá-los. Uma pessoa doente perde por certo tempo o poder de quebrar estes átomos de vida e distribuí-los pelo corpo; portanto pode-lhe ser de muito auxílio se outra pessoa extrair os átomos "pré-digeridos" de seu próprio corpo e derramá-los sobre ela. O paciente sente-se mais forte e melhor depois que isto é feito, porque a vida perpassa novamente por suas veias.

Aqueles que são clarividentes o suficiente para enxergar a aura de saúde que irradia do corpo, observarão, no caso de uma pessoa doente, que a radiação é bem menos acentuada do que o é em um homem com boa saúde e que, em vez de lançarem-se de todas as direções do corpo, as linhas de radiação pendem frouxamente como as águas de uma fonte que teve seu jorro diminuído.

Os glóbulos de vitalidade são uma manifestação de Deus Pai que, ao efundir sua corrente de vitalidade, é, num sentido muito real, um doador de vida para nós e Seu sistema.

Esta é, então, a constituição do homem. Em primeiro lugar, ele é um espírito, uma Mônada, uma centelha do Divino.

Para os propósitos da evolução humana, a Mônada manifesta-se nos mundos inferiores. Quando ela desce um estágio para o mundo espiritual, mostra-se como espírito tríplice, assim como a Deidade em mundos infinitamente superiores possui três aspectos. Um destes aspectos permanece sempre naquele mundo e o chamamos de espírito no homem. O segundo aspecto manifesta-se no mundo intuicional e referimo-nos a ele como sendo a intuição no homem. O terceiro manifesta-se no mundo mental superior e o denominamos inteligência no homem.

A alma ou Ego é uma expressão parcial da Mônada, formada a fim de que possa entrar na evolução e retornar finalmente ao Espírito com qualidades desenvolvidas pela experiência. A alma por sua vez desloca para baixo uma parte de si para o mesmo propósito em mundos ainda mais inferiores, e chamamos a isso de personalidade. Assim como a alma é uma expressão pequena e imperfeita da Mônada, também a personalidade é uma expressão imperfeita da alma, de tal sorte que aquilo que usualmente consideramos ser uma pessoa, é, na verdade, apenas um fragmento de um fragmento.

Descobrimos, desta forma, que o homem é o resultado de um esquema evolutivo elaborado, e que nele convergem três correntes de vida divina. A ideia de Deus ter feito o homem à Sua própria imagem, quando bem compreendida, corporifica uma grande verdade.

---

[4] Mais detalhes podem ser encontrados em *O Lado Oculto das Coisas*, capítulo 4. Também em *Os Chakras*, capítulos 2 e 3 (ambos de C.W. Leadbeater). (N. do Original)

CAPÍTULO QUARTO

A ALMA HUMANA

Em um capítulo anterior, descrevi como o Espírito Santo, na primeira efusão, descende e vivifica a matéria dos vários planos, inicialmente construindo seus respectivos átomos e depois agregando-os em elementos.

Na matéria assim vivificada, a segunda efusão descende de Deus Filho, e a Vida Divina, da qual consiste essa efusão, encarna ou reúne a matéria em corpos ou veículos nos quais ela possa habitar. No nível mais inferior de materialidade, essa Vida anima o reino mineral. À medida que evolui, torna-se suficientemente definida para animar o reino vegetal e, ainda mais tarde, o animal. Quando tiver ascendido ao nível mais alto do reino animal, uma notável transformação acontece e um fator inteiramente novo é introduzido – aquele da terceira efusão que deriva do primeiro aspecto do *Logos*, comumente chamado de Deus Pai.

Essa força, que até aqui tem sido a animadora, agora torna-se, por sua vez, a animada, e a energia da Primeira Pessoa apossa-se do que até então havia sido a alma do animal e dela faz para si um corpo de matéria tão excepcionalmente sutil a ponto de ser completamente imperceptível aos nossos sentidos físicos.

Assim nasce o Ego ou alma[1] em seu corpo causal. Em seguida, ela absorve o resultado de toda a experiência obtida pela alma animal durante todos os *eons* de seu desenvolvimento anterior, de modo que não se percam quaisquer das qualidades adquiridas no curso de sua evolução.

A maravilhosa força que se precipita do aspecto mais elevado do *Logos* Solar por nós conhecido é de fato a vida real do Próprio Deus. Assim também o são a primeira e a segunda efusões, mas essas descenderam lenta e gradualmente através de todos os subplanos, absorvendo ao redor de si a matéria de cada um deles e confundindo-se com eles tão integralmente que é quase impossível discerni-los pelo que são, ou reconhecê-los em definitivo como vida divina. Mas a terceira efusão brilha direto de sua fonte sem envolver-se de forma alguma na matéria intermediária. É pura luz branca, não contaminada por quaisquer das coisas pelas quais tenha passado.

A MÔNADA

Esse terceiro fluxo de vida divina de fato lançou-se do *Logos* há muitas eras, e está pairando num ponto intermediário no segundo de nossos planos. Quando suspensa nesse nível, é chamada de Mônada, a qual podemos imaginar como sendo parte

---

[1] O termo "Ego" é aqui empregado como sinônimo de "alma" e não no sentido dado pela Psicologia Moderna. (N. E.)

daquilo que não pode ser dividido – uma centelha emitida do fogo divino, embora sempre a ele unida. Realmente, é um paradoxo para nosso intelecto mortal; e, no entanto, encerra uma verdade eterna que está muito além de nossa compreensão.

O método geral da descida do espírito à matéria parece ser sempre o mesmo, embora as diversas condições dos diferentes planos naturalmente produzam muitas variações nos detalhes. O Próprio *Logos* faz descer a Mônada – pequeno fragmento Seu – a um nível muito aquém daquele em que Ele se encontra. Tal movimento, é claro, deve significar uma limitação muito severa, embora esteja muito além do limite máximo da abrangência de nossa consciência para ser descrita ou compreendida. Exatamente do mesmo modo, a Mônada faz descer um fragmento de si que se transforma no Ego ou alma, e a limitação aumenta enormemente. A mesma coisa acontece mais uma vez quando o Ego repete a operação e projeta um fragmento diminuto, que chamamos de personalidade, nos campos mental, emocional e físico do homem.

Esse último minúsculo fragmento é o ponto de consciência que os clarividentes vêem movimentar-se dentro do homem. De acordo com certo sistema de simbologia, ele é visto como "um homem dourado do tamanho de um polegar" que reside no coração; em outro, é visto como uma estrela de luz brilhante. Um homem pode manter esta estrela de consciência onde desejar, quer dizer, em qualquer dos sete centros principais de seu corpo. Qual deles será o mais natural para um homem dependerá, em grande parte, de seu Raio, e penso que igualmente dependerá de sua raça e sub-raça. Aqueles dentre nós que pertencem à quinta sub-raça[2] da quinta raça-raiz quase sempre mantêm esta consciência no cérebro, no centro dependente do corpo pituitário. Entretanto, existem homens de outras raças para os quais é mais natural mantê-lo no coração, na garganta ou no plexo solar.

A Personalidade

Esta estrela da consciência é a representação da alma nestes planos inferiores e, à medida que se manifesta através destes veículos, nós a chamamos de personalidade; este é o homem tal qual seus amigos da Terra o conhecem.

Mas embora a personalidade seja absolutamente parte do Ego ou alma – embora a única vida e o único poder que estejam na personalidade sejam aqueles do Ego – com frequência esquece esse fato e, considerando-se uma entidade inteiramente separada, trabalha aqui na Terra para seus próprios fins. Possui, sempre, uma linha de comunicação com o Ego (às vezes chamada de *antahkarana*), mas, geralmente, não se esforça por utilizá-la. No caso dos que nunca estudaram estes assuntos, a personalidade é o homem para todos os fins e propósitos, e o Ego manifesta-se muito rara e parcialmente.

A evolução do homem em seus estágios mais iniciais consiste na abertura desta linha de comunicação, de modo que o Ego possa cada vez mais afirmar-se através dela e, finalmente, dominar por completo a personalidade, para que ela não tenha pensamentos ou desejos separados, mas seja meramente, como deveria ser, a pura expressão do Ego nesses planos inferiores. Deve-se compreender, é claro, que o Ego,

---

2 Os Teutônicos e os Anglo-Saxões. (N. do Original)

pertencendo, como pertence, a um plano mais elevado, nunca consegue expressar-se plenamente aqui; o máximo que podemos esperar é que a personalidade nada contenha que não seja da intenção do Ego – que ela expressará dele tanto quanto for possível expressar neste mundo inferior.

A Evolução da Alma

O homem espiritualmente destreinado quase não se comunica com o Ego; o Iniciado tem comunicação total; por consequência, percebemos, como deveríamos esperar, que dentre nós existem homens em todos os estágios, de um extremo a outro. Deve ser lembrado que o próprio Ego está apenas em processo de desenvolvimento, e que, portanto, temos que lidar com Egos em diferentes etapas de evolução. De qualquer modo, um Ego é uma infinidade de vezes mais desenvolvido do que uma personalidade jamais poderá ser.

A vida neste nível é infinitamente mais ampla e mais vivida do que o que conhecemos como vida aqui. Assim como é evolução para a personalidade aprender a expressar o Ego mais completamente, também é evolução para o Ego aprender a expressar melhor a Mônada.

Alguns Egos estão mais alertas para as necessidades de sua evolução do que outros, o que é apenas um outro modo de dizer que existem Egos mais velhos e mais jovens, e que os primeiros estão tentando expandir suas potencialidades latentes com mais determinação que os últimos.

Podemos pensar que o único desenvolvimento possível para um Ego ocorre via personalidade, mas não é assim, ou melhor, só o é com relação a um reduzido conjunto de qualidades. Conforme expliquei em detalhes no meu livro *O Homem Visível e Invisível*, o corpo causal de um homem primitivo é quase incolor. No processo de evolução, ele desenvolve boas qualidades que são capazes de encontrar vibrações correspondentes na matéria do corpo causal; as cores que expressam estas qualidades começam a mostrar-se e, em dado momento, o corpo causal, ao invés de vazio, estará repleto de vida ativa pulsante. Tanto mais do Ego pode agora manifestar-se através do corpo causal, que este precisa aumentar enormemente de tamanho; expande-se mais e mais a partir de seu centro físico até que o homem seja capaz de englobar centenas e até milhares de pessoas em seu núcleo e, assim, exercer uma vasta influência para o bem.

Mas tudo isso, maravilhoso como é, representa apenas um lado de seu desenvolvimento. Existem outras linhas de progresso das quais nada sabemos; a alma vive uma vida própria entre seus semelhantes, entre os grandes *arupa devas*, entre todos os tipos de anjos esplêndidos em um mundo muito distante de nosso conhecimento. O Ego jovem está ainda apenas levemente desperto e conhece pouco dessa vida gloriosa; assim mesmo um bebê de colo sabe pouco do mundo que o rodeia; mas, à medida que a consciência gradualmente se expande, ele desperta para toda essa magnificência e se fascina com sua vivacidade e beleza. Pode haver dúvidas de que isso é imensamente mais importante que a débil luta remota de uma personalidade restrita e semi-acabada, oculta na densa obscuridade de um mundo inferior? A alma sabe que certas partes necessárias de sua evolução só podem ser alcançadas por meio de uma personalidade e seus respectivos corpos mental, astral e físico. Mas bem podemos compreender que a tarefa nem sempre parece convidativa, que uma determinada personalidade pode parecer tudo, menos atrativa e repleta de esperança. Se olharmos para as muitas personalidades à nossa volta, seus corpos físicos envenenados com carne, álcool e tabaco, seus corpos astrais impregnados com ganância e sensualidade, e seus corpos mentais não tendo outro interesse senão negócios, ou talvez corridas de cavalos e pugilismo, não é difícil ver por que um Ego, observando-os de sua sublime altitude, pode decidir adiar qualquer esforço sério para uma outra encarnação na esperança de que o próximo conjunto de veículos seja mais receptivo à sua influência.

Desenvolvimento da Personalidade

Quando a alma finalmente decide canalizar toda a força de sua energia para a personalidade, a mudança produzida é esplêndida. Ninguém que não tenha investigado o assunto por si consegue imaginar como pode ser maravilhosa, rápida e radical esta mudança quando as condições são favoráveis, isto é, quando o Ego é razoavelmente forte, e a personalidade não é incuravelmente viciosa. Não é fácil explicar com palavras deste mundo as diferenças existentes entre os Egos, uma vez que todos eles são em diversas maneiras muito maiores que qualquer coisa com que estejamos habituados aqui na Terra.

As analogias são notoriamente confusas quando levadas além dos limites ou tomadas muito literalmente, mas talvez seja possível transmitir um débil reflexo da impressão em mim produzida pelo relacionamento com elas, se eu disser que um Ego avançado faz-me lembrar um embaixador digno, imponente e gentil, pleno de sabedoria e delicadeza, enquanto que o menos desenvolvido mais parece um proprietário de terras rude e bonachão. Um Ego que já esteja na Senda e aproxima-se do Adeptado tem muito em comum com os grandes anjos e irradia influências espirituais de força prodigiosa; entrar em contato com uma tal pessoa é de fato um privilégio e uma bênção.

A dificuldade deste assunto aumenta muito uma vez que nos é necessário enfocá-lo ao mesmo tempo sob dois pontos de vista. A maioria de nós aqui na Terra é constituída sobretudo de personalidades afirmativas que pensam e agem quase que exclusivamente como tais; no entanto, sabemos o tempo todo que somos de fato Egos, e aqueles dentre nós que, por muitos anos de meditação, tornaram-se mais sensíveis às influências mais sutis, são com frequência conscientes da intervenção deste Eu superior. Quanto mais conseguirmos nos identificar com o Ego, tanto mais clara e sensatamente veremos os problemas da vida; mas enquanto nos sentirmos ainda como personalidades, admirando nossos Eus superiores, é obviamente nosso dever e nosso interesse abrirmo-nos a eles, atingi-los e persistentemente estabelecer dentro de nós as vibrações que lhes serão úteis.

Uma vez que o egoísmo é a intensificação da personalidade, nosso primeiro passo deveria ser o de nos livrarmos disso. Depois devemos manter nossas mentes plenas de pensamentos elevados, pois, se estiverem todo o tempo ocupadas com questões inferiores (mesmo quando essas questões possam ser bastante apreciáveis à sua maneira), o Ego não pode prontamente usá-los como canais de expressão.

Intuição

Trazemos nossas capacidades de uma vida para outra, mas às vezes algo definido pode ser trazido da mente ao cérebro físico, e a isso chamamos de intuição. No que nos diz respeito aqui na Terra, o que deveríamos fazer em algumas crises, ou a solução para uma dificuldade em especial, subitamente projeta-se na mente. Um exemplo muito bom disso é encontrado na nossa atitude perante qualquer novo ensinamento com que nos defrontamos. Lembro muito bem meu próprio caso, quando deparei-me, pela primeira vez, com o imenso cabedal do ensinamento oriental sobre todos esses assuntos e, no exato momento em que me foi apresentado, soube que era verdadeiro. Algo, vindo de cima, acendeu dentro de mim, e convenceu-me de sua veracidade, de modo que prontamente aceitei-o por não poder duvidar. A partir daquele momento, aprendi a prová-lo a mim mesmo de muitas formas, mas, mesmo agora, depois de ter feito tudo isso, não creio com mais intensidade do que o fiz naquele primeiro momento. Estava, então, tão certo quanto o estou hoje, só que não teria podido dizer-lhes o porquê de minha certeza, ao passo que hoje posso porque fiz experimentos, porque vivenciei a experiência. Observei os fenômenos e agora posso dizer "eu sei", enquanto que antes só podia afirmar "acredito"; mesmo assim a crença era igualmente certa pois era o resultado do fato de eu já ter estudado essas coisas em ou tras vidas. Esta mesma Filosofia nos foi ensinada por Pitágoras, na Grécia, há mais de dois mil e trezentos anos. Aprendi, assim, como enxergar a verdade disso por mim mesmo; na minha alma ou Ego havia, portanto, o conhecimento certo desse ensinamento. Mas esse conhecimento não estava, absolutamente, no cérebro físico e, tanto quanto posso ver, ele poderia nunca ter entrado em minha mente nova a menos que os fatos me tivessem sido apresentados do exterior. Aparentemente era necessário este estímulo para despertar de novo as antigas recordações que habilitaram a alma a impressionar no cérebro o fato de isso ser verdade. Naquele momento, a alma e a mente inferior uniram-se no sentido de que a convicção da alma entrou na mente inferior. Esse é um tipo de intuição, e vocês verão de imediato que também se trata somente de conhecimento baseado na experiência. Chamamos isso intuição porque, no que se refere a nós, entra nessa mente inferior a partir do alto.

Além da intuição existe o impulso. Este é o resultado de sentimentos, de gostos e aversões, que vêm do corpo emocional. Todavia, no que se refere ao cérebro físico, um impulso é uma impressão do alto tanto quanto o é a intuição, e a dificuldade está em distinguir a intuição do impulso. Todos sabemos que gostos e aversões seguidamente nos vêm sem razões específicas. Não sabemos com precisão que gostamos de certas pessoas. Sabemos que na primeira vez que as encontramos a alma parece saltar em direção a elas, e, de imediato, sentimos que são velhas amigas. Por quê? Quase que com certeza porque conhecemos essas almas quando trajávamos vestiduras diferentes e nos encontrávamos em outros corpos e em outras raças. Conhecemos essas pessoas em outras vidas, e quando as encontramos novamente, embora nenhum de nós se recorde, a antiga afeiçao ainda passa de uma alma a outra e nos tornamos amigos muito rapidamente.

Outras vezes podemos encontrar alguém que não nos atrai; podemos até sentir-nos repelidos. Novamente, em tempos remotos, estivemos juntos e um pode ter prejudicado o outro. Em tais casos é mais sábio não estreitar relações com tal pessoa e, ao manter distância para que esse sentimento não se acentue, pensar carinhosamente nela continuamente. No próximo encontro, é possível que o sentimento de carinho tenha superado em força a antiga aversão e haja espaço para a amizade.

Todas essas coisas são perfeitamente científicas e, se neutralizamos uma força com a outra, em dado momento, chegamos a uma condição de estabilidade como na mecânica do Plano Físico. O mundo espiritual é superior e mais sutil e vibra muito mais rápido que o físico, mas obedece às mesmas leis gerais, apenas com pequenas modificações necessárias à troca de substâncias. Em geral, quando nos encontramos desse modo com alguém que já tínhamos conhecido antes, é provável que o antigo sentimento reavive-se. Ele está lá nas duas almas, porém a vinda para o Plano Físico parece com frequência ser praticamente impossível até que alguma sugestão deste plano reviva a antiga recordação e a veicule. Não posso dizer exatamente que o encontro a restabeleça, pois os dois corpos físicos não se conheciam nestes e não tiveram qualquer contato prévio entre si, mas é o rompimento do véu do renascimento, e assim as almas são capazes de reaver sua comunicação neste nível inferior através dos seus corpos físicos.

A Consciência Interior Mais Ampla

Mencionei a recordação da alma como sendo o trabalho da inteligência, que é parte dessa alma através da mente inferior. Mas há outra possibilidade de intuição. Lembre-se de que a mente superior, que é parte da própria alma, ainda pode errar, embora isso seja menos provável do que na mente aqui na Terra, porque teve muito mais experiência apesar de ainda não ser perfeita. Como não está completamente desenvolvida, pode errar, embora não esteja sujeita a fazê-lo. Mas existe aquela parte superior da alma, que no Oriente é chamada de *Buddhi* ou sabedoria intuicional. É possível para ela, às vezes, atravessar e se apoderar do eu subconsciente ao invés do consciente.

Há em nós uma consciência muito maior, por vezes chamada de "subliminar", de *sub*, sob ou abaixo, e *limen*, limiar, que está abaixo do limiar, que não aparece na vida comum. O "supraliminar" é aquilo que está acima do limiar e sobre o qual às vezes julgamos tudo conhecer. Através desta consciência subliminar ocasionalmente podemos receber um toque de conhecimento real, que é certamente o correto, pois provém de *Ātman* do qual *Buddhi* é apenas o envoltório ou veículo. Mas, mesmo quando o recebemos, podemos interpretá-lo mal, embora provenha do que é divino em nós, e, portanto, verdadeiro.

Cada homem certamente traz o germe de um corpo intuicional. Avancemos um estágio, conquanto, ao fazê-lo, eu receie tornar o assunto algo incompreensível. Quando alguém atinge a consciência espiritual que funciona no plano Espiritual ou *Átmico*, encontra uma consciência que é de fato um átomo e ainda assim é aparentemente o todo. Esta é a condição que São Boaventura tentou descrever ao afirmar que devemos imaginá-la como "um círculo com seu centro em toda parte e sua circunferência em lugar nenhum" – não de muito auxílio para a mente, e, no entanto, maravilhosamente esclarecedora. Pode-se ter uma espécie de compreensão intuitiva de sua ideia. Esta é a consciência da União Divina que tem sido chamada de *Nirvana* no Oriente.

Você pode partir dessa ideia e imaginar que é você mesmo, que você mesmo inclui muitos outros eus, que esse número está crescendo, e que no subplano mais elevado do plano intuicional seria praticamente co-extensivo aos nossos mundos. Porém, em tudo isso, embora você compartilhe a consciência dos outros, pode ainda manter-se em si a fim de ver a consciência alheia como uma coisa separada; sendo condição normal do plano que todas as consciências fundem-se em uma única. Assim, temos algo que é muito menos que a condição *Nirvânica* e muito mais que o corpo causal.

Este germe está muito pouco desenvolvido no homem mundano comum que nunca pensou neste assunto, mas, naqueles de nós que já dedicaram muito tempo à meditação, ele cresceu pelo menos um pouco, e é capaz de rápida expansão quando realmente lhe dirigimos nossa atenção.

CAPÍTULO QUINTO

O MÉTODO DO PROGRESSO HUMANO

Um menino entrou para a escola. Era muito pequeno. Tudo o que sabia tinha absorvido junto ao seio materno. Seu professor (que era Deus) colocou-o na classe menos adiantada e lhe deu estas lições para aprender: "Não deves matar. Não deves ferir nenhuma coisa viva. Não deves roubar.

Então o homem não matou, mas foi cruel e roubou. No fim do dia, quando sua barba estava grisalha, quando a noite chegou, o professor (que era Deus) disse: "Aprendeste a não matar. Mas as outras lições não aprendeste. Volta amanhã."

No dia seguinte ele voltou, um pequeno menino. E seu professor (que era Deus) colocou-o numa classe um pouco mais avançada e lhe deu estas lições para aprender: "Não deves ferir nenhuma coisa viva. Não deves roubar. Não deves trapacear."

Então o homem não feriu nenhuma coisa viva, mas roubou e trapaceou. No fim do dia, quando sua barba estava grisalha, quando a noite chegou, seu professor (que era Deus) disse: "Aprendeste a ser piedoso. Mas as outras lições não aprendeste. Volta amanhã."

Novamente, na manhã seguinte, ele voltou, um pequeno menino. E seu professor (que era Deus) colocou-o numa classe ainda um pouco mais adiantada e lhe deu estas lições para aprender: "Não deves roubar. Não deves trapacear. Não deves cobiçar."

Então o homem não roubou, mas trapaceou e cobiçou. No fim do dia, quando sua barba estava grisalha, quando a noite chegou, seu professor (que era Deus) disse: "Aprendeste a não roubar. Mas as outras lições não aprendeste. Volta amanhã, meu filho."

É isso o que tenho lido nas faces de homens e mulheres, no livro do mundo, e no pergaminho dos Céus, que é escrito com as estrelas.

(Berry Benson *The Century Magazine,* maio, 1894).

A humanidade faz parte de um gigantesco movimento da vida divina em direção à matéria. Há muito tempo atrás passamos pelo nível mais inferior da curva descendente e ascendemos ao outro lado da curva, no nível humano. Devemos subir mais e mais para os níveis dos anjos, dos grandes espíritos, níveis por enquanto além de nosso alcance. E depois regressar a Ele de Quem viemos.

Há muito trabalho nesta ascensão, um vasto número de pequenas expedições intermediárias, por assim dizer. Existe uma poderosa curva de toda a evolução, mas o progresso humano ao longo dessa linha consiste em uma infinidade de pequenas curvas, de pequenos mergulhos na matéria e pequenas elevações novamente para fora dela, cada curva representando uma vida ou encarnação.

Reiteradamente a alma descende para cada vez desenvolver em si uma nova qualidade, para fortalecer-se até que possa elevar-se à plena medida da estatura do Cristo[3]. A vida do homem não é simplesmente uma questão de setenta ou oitenta anos; é uma questão de muitos milhões de anos, e o que temos por hábito chamar de vida nada é senão um dia daquela longa vida. Nem ao menos é um dia completo; nosso dia aqui na Terra tem vinte e quatro horas, mas não as passamos todas em trabalho ativo; uma parte do tempo serve para descansarmos e relaxarmos. Dá-se o mesmo com essas pequenas descidas à matéria, exceto que os períodos de descanso e relaxamento são muito mais longos em proporção ao período de manifestação. A evolução humana é um processo lento, e toma muitos dias e muitas das noites que há entre uma e outra vida quando o homem, apesar de não ter um corpo físico, está desenvolvendo e assimilando tudo o que aprendeu durante essas vidas. Deve sempre ser lembrado que a alma ainda é, mesmo no melhor e mais inteligente dentre nós, uma alma não desenvolvida. Ela é de fato uma centelha do fogo divino e possui, portanto, em si as mais maravilhosas possibilidades divinas, embora, até o momento, sejam apenas germes e precisem desenvolver-se.

A alma é incapaz de funcionar integralmente em seu próprio nível, onde vive como companheira de outras almas, tendo todos os tipos de faculdades mais amplas e conhecimento maior que o que possui neste plano. Não está totalmente desenvolvida naquele nível, mas assim irá se tornando gradualmente.

Vibrações Mais Rápidas

Os mundos ou planos superiores, a cujos movimentos mais sutis a alma não-desenvolvida ainda não consegue responder, são materiais, assim como o Plano Físico. Porém, constituem-se de um tipo de matéria mais sutil, cujas vibrações são muito mais rápidas do que a vibração na Terra. Temos, é claro, que ter sempre em mente a concepção científica de que todos os objetos materiais encontram-se em estado de vibração rápida e ininterrupta. Os objetos como um todo parecem estar em repouso ao nosso olhar um tanto inábil e grosseiro, mas a Ciência nos diz que rápidas vibrações ocorrem entre as partículas e, por mais densa que a substância possa parecer, elas nunca se tocam. Há uma razoavelmente extensa gama de vibrações, e é dentro de certas frequências vibratórias que toda a matéria existe. Como disse, a matéria dos planos superiores está vibrando muito mais rapidamente que a do Plano Físico, mas mesmo as vibrações daqui, quando expressas em números e tempo, são muito aceleradas. Em qualquer livro científico sobre o assunto, encontram-se gráficos que mostram como certas frequências vibratórias estimulam a audição e fazem o som, e como outras impressionam o olho e formam a visão. Outras produzem os chamados raios Hertz, vibrações elétricas, raios-X e assim por diante. Temos um grande número de frequências vibratórias diferenciadas. Elas se estendem ao infinito, cada vez mais curtas e rápidas. Não conhecemos seu limite.

---

1 *Efésios, 4: 13.* (N.E.)

Há uma vasta diferença quanto ao poder de resposta de cada indivíduo a essas vibrações. Um modo de testar isso é escutar o som do guincho de um morcego, que está bem no limite da audição humana. Um homem pode ouvir gritos agudos, enquanto outro a seu lado pode nada escutar, pois o som é alto demais para que ele o perceba. Sem dúvida alguma, variamos em nosso poder de resposta, mas é bastante factível para alguns de nós ir além da resposta física média.

A mesma coisa é verdadeira com relação a esses níveis superiores. O Ego ou alma vive num mundo de vibrações, mas a alma não-desenvolvida não consegue responder a elas completamente. Ela só se apercebe de uma pequena parte delas, portanto, em primeiro lugar, tem de aprender a responder ao resto. Como isso pode ser feito? Somente descendo até algum nível onde as vibrações sejam mais lentas, de modo a poder primeiramente acostumar-se a responder-lhes. Dessa forma, à proporção que avança em sua evolução, a alma aprende a responder a vibrações pouco a pouco mais rápidas, até por fim retornar a seu próprio nível com poder total para responder a tudo que ali se passa.

Esse é o aspecto mecânico das descidas periódicas da alma à matéria. Ela assume veículos inferiores porque, em seu próprio nível, não se sente totalmente desperta. Coloca-se na parte mais inferior do mundo mental e atrai para si matéria desse plano, que não é tão sutil, embora pareça sê-lo do nosso ponto de vista. A partir daí constrói um corpo mental para si. É praticamente o que chamamos de mente; um veículo cujas vibrações são seus pensamentos. Ela desce um pouco mais e atrai ao seu redor matéria astral, constituindo o corpo de suas emoções, com o qual torna-se capaz de sentir. Desce, assim, ao Plano Físico e entra em um corpo físico – nasce como um bebê e gradualmente apossa-se desse pequeno corpo tentando moldá-lo à medida que cresce.

Isto é um nascimento ou encarnação – o início de uma vida física. Durante esta vida todos os tipos de experiências vêm à alma através de seu corpo físico, e com elas deve aprender algumas lições e desenvolver certas qualidades dentro de si. Depois de um tempo começa a retirar-se novamente para dentro de si e despe-se passo a passo das vestiduras que assumiu. A primeira dessas a ser abandonada é o corpo físico, e sua retirada dele é o que chamamos de morte. Não se trata do fim de suas atividades como muitos supõem; nada poderia estar mais distante do fato. A alma está apenas se retirando de um esforço e levando consigo seus resultados; ela regressa, como diz o Evangelho, carregando seus fardos consigo, e, após um período de relativo descanso, fará outro esforço do mesmo tipo. Cada vida produz certos resultados, e estes são assimilados e transmutados em faculdades e poderes durante o tempo intermediário entre a morte de um homem e sua próxima encarnação. Aqui no Plano Físico, a alma recebe vibrações vindas de todos os lados, obtém uma vida mais vívida e plena em determinado aspecto, embora seja, é claro, de uma qualidade inferior. À medida que evolui, vida após vida, torna-se apta a responder a vibrações mais numerosas e elevadas. Assim, virá o dia em que retornará à sua própria morada – ao seu plano-alma – e encontrar-se-á completamente responsiva e plenamente desperta.

É desnecessário dizer que, ao atingir de fato tal estágio, ela terá uma vida muito mais magnífica e esplêndida do que qualquer coisa que conhecemos aqui. Antes de ter alcançado esse nível elevado, sempre que tiver a experiência de retornar àquele plano, que é seu verdadeiro lar, entre esses dias de escola a que chamamos vida, a alma considera-o insatisfatório mesmo com todo seu esplendor, glória e beleza, pois ela ainda não está a sua altura. Não se sente completamente desperta ali e anseia novamente por aquela resposta total. Esse anseio é tratado nas Escrituras orientais como *trishna* (sânscrito) ou *tanha* (páli), ambas significando sede – sede por vida mais plena, sede de sentir-se em plena atividade – e assim a alma desce de novo para poder vivenciar isso. Em virtude dessa experiência e do uso que dela faz é que consegue trazer consigo mais e mais resultados – mais e mais material para ser transformado em poderes e faculdades.

Toda essa vida da qual estamos tão repletos, na qual pensamos estar tão ocupados e ser tão espertos, nada mais é que uma preparação para outra muito maior. Exatamente como a vida do menino na escola é apenas uma preparação para a vida real no mundo, esta nossa vida física é uma preparação para a vida em planos superiores. Aqui na Terra nossos esforços são débeis e frequentemente parecem infrutíferos e fúteis. Quando formos capazes de alcançar os níveis da vida superior, receberemos tarefas a realizar que realmente valerão a pena para nós. Teremos então uma vida tão valorosa em uma dimensão para nós inimaginável – uma vida de atividade gloriosa e de sucesso, de auxílio aos outros, uma vida em que se lidera, dirige e guia sistemas, mundos, nações – uma vida muito mais elevada da qual nada sabemos aqui, mas para capacitarmo-nos para ela precisamos passar por esta escola. Só assim a centelha divina, que é a alma humana, pode cumprir seu destino glorioso e se transformar em uma chama, um grande fogo, um verdadeiro Sol – um Sol derramando luz, calor, força e auxílio sobre tudo o que está ao seu redor, como o próprio Deus derrama sua vida sobre todo seu Universo. Em um futuro distante, mas não menos certo, teremos o poder de exercitar a divindade que está em nós, e de trabalhar sempre dentro dela e sob sua orientação, cada qual a seu modo.

Os Grandes Seres

Pode-se perguntar: "Como podemos ter certeza disso?" Só posso dizer que para mim e para outros estudantes de Ocultismo estas coisas são fatos inquestionáveis. Durante nossas investigações, entramos em contato com inúmeras pessoas muito mais altamente desenvolvidas que nós. São tão grandiosas quando comparadas a nós, em todos os sentidos, que poderíamos julgá-las quase como deuses, mas elas próprias rejeitam qualquer ideia desse tipo. Dizem: "somos pessoas iguais a vocês; porém avançamos mais no caminho do que vocês até agora." Cada degrau desse caminho entre nós e eles é ocupado por aqueles que estão subindo em sua direção. Ainda adiante deles mesmos, vemos espíritos maiores, ainda mais poderosos, avançando cada vez mais até que tudo se perde para nós em uma nuvem de glória que não podemos penetrar. Mas em cada degrau dessa longa escada existem homens como nós, apenas sem falhas, enquanto nós estamos repletos delas; homens integralmente desenvolvidos, enquanto nós o somos ainda apenas parcialmente. Da mesma forma podemos olhar para baixo na escada e ver homens em patamares mais inferiores que o nosso. Pelo estudo do assunto, sabemos que tais homens, agora ocupando degraus inferiores, ascenderão ao nível em que nos encontramos, mas enquanto sobem até aqui, nós também avançaremos para cima. Os Grandes Mestres de Sabedoria, que nos parecem tão divinos, afirmam que até há pouco estavam onde estamos agora; que temos apenas que continuar subindo para nos tornarmos como eles; porém, nesse ínterim, eles terão passado a altitudes ainda maiores.

Qual será o ponto final desta escalada de eras nós não sabemos. A nós é dito que viemos de Deus e a Ele retornaremos. Vejo provas suficientes para me convencer disso, mas certamente não existe um fim dentro de meu poder de percepção, e os seres superiores dizem-nos que nada sabem sobre um fim. Mas de fato enxergamos à nossa frente um progresso infinito, e por mais grandioso que seja seu ponto derradeiro, é alcançado como todo progresso, passo a passo, pouco a pouco. Não há dúvida de que cada um de nós pode fazê-lo, pois, como disse, esses seres gloriosos e perfeitos, nossos Grandes Mestres, estiveram não faz muito tempo, considerando que o tempo também passou para eles, no nível em que agora nos encontramos. Temos apenas que seguir seus passos e também chegaremos onde eles chegaram.

As Leis de Evolução

Toda esta evolução está acontecendo sob leis para sempre imutáveis. Se não fosse assim, não haveria progresso real. É possível compreender como se sentiria um garoto na escola se as regras mudassem diariamente – ele nunca saberia onde está; mas na escola da vida estamos trabalhando sob leis naturais que nunca mudam. A primeira grande lei é a da evolução, a pressão constante para a frente e para o alto; a segunda grande lei é a da justiça divina, a lei de causa e efeito. Nesta última não há noção de recompensa ou punição; não é assim que ela funciona. É simplesmente uma questão dos efeitos produzidos pelas causas. Não existe em qualquer lugar efeito sem causa, e não há causa que não provoque algum efeito em algum lugar.

Sabemos agora que é assim na Ciência, na Química ou na Mecânica, pois ali vemos o resultado imediatamente. Ação e reação são iguais e opostas sempre, e o mesmo vale para o mundo espiritual tanto quanto para a Mecânica como para a Química. Não podemos ver reação nos mundos superiores porque, em primeiro lugar, ela não é instantânea. Pode vir logo ou depois de muito tempo, mas sempre ocorre e é sempre igual e oposta. Se enviarmos o mal aos outros, receberemos o mal de volta; se enviarmos o bem, o bem retorna para nós, e podemos estar certos de que a mesma lei de causa e efeito prevalece nos mundos superiores tanto quanto aqui.

O resultado das boas ações, das boas palavras e dos bons pensamentos também sempre é felicidade de algum modo e produz novas oportunidades, enquanto que o resultado do mal é ao fim sempre tristeza e limitação. Se nos encontramos de alguma forma limitados nesta vida, a limitação é obra nossa. Se temos sofrimentos ou tristezas, somos os únicos responsáveis, porque são o resultado de algo que fizemos no passado. Os múltiplos e complexos destinos dos homens respondem com rígida exatidão ao equilíbrio entre o bem e o mal em suas ações passadas. Portanto, nada pode suceder ao homem a menos que ele o tenha merecido, e tudo o que lhe acontece, seja de tristeza ou de alegria, é, por um lado, resultado direto de suas próprias ações no passado e, por outro, uma oportunidade através da qual ele pode deliberadamente moldar seu futuro.

Esta grande lei atua de dois modos: não apenas reage sobre nós a partir do nosso passado, como também avança do nosso presente para o nosso futuro. Cada pensamento, palavra ou ação produz seu resultado definido – não uma recompensa ou punição impostos do exterior, mas um resultado inerente à própria ação, definitivamente ligado a ela pela relação entre causa e efeito, estes sendo apenas duas partes inseparáveis de um todo; de modo que assim como nosso presente é o resultado absoluto do que pensamos, dissemos e fizemos no passado, então, estamos absoluta, definitiva e infalivelmente construindo nosso futuro para nós mesmos a partir do que pensamos, dizemos e fazemos agora.

Portanto é tanto nosso dever quanto nosso interesse estudar essa lei divina de causa e efeito em detalhe, para que possamos nos adaptar a ela e aplicá-la, como fazemos com outras grandes leis da Natureza.

Estamos todos firmemente movendo-nos adiante de acordo com a ordem divina em direção a uma consumação final do bem, mas agimos nesse sentido sob o comando das grandes leis da Natureza, as quais podemos bem chamar de as leis de Deus, pois é desejo de Deus que evoluamos, e que o façamos ordenando nossas vidas de forma inteligente e de acordo com Suas leis.

O Futuro do Homem

Seria interessante esclarecer o problema do futuro do homem pelas extensões mais elevadas da consciência humana as quais mencionamos antes. Pensamos que, deste ponto de vista, o futuro divide-se em três partes – o imediato, o remoto e o final, e, estranhamente, é daquilo que está mais longe de nós que conseguimos falar com mais certeza, pois o plano da evolução é visível ao olhar superior e seu propósito é claro. Nada pode interferir no atingimento dessa meta, mas as etapas que conduzem a ela podem ser bastante modificadas pelo livre-arbítrio dos indivíduos envolvidos, e podem, portanto, ser previstas apenas em seus contornos gerais.

O fim, no que se refere a este ciclo, é a obtenção da perfeição do homem. Cada pessoa deve tornar-se algo muito além daquilo que agora consideramos um bom e grande homem, pois deverá ser tão perfeito em intelecto e capacidade quanto em espiritualidade. Todo o intelecto do maior filósofo ou do homem de ciência e muito mais; toda a devoção e espiritualidade do maior dos santos e muito mais, esses deverão ser os atributos de cada unidade da humanidade antes que nosso ciclo termine.

Para entender como será possível um resultado tão estupendo, devemos compreender o plano através do qual a evolução trabalha. Obviamente, segundo a teoria comum de uma pobre vida de setenta anos seguida por uma eternidade de alegrias ou sofrimentos sem propósito, nada disso jamais seria alcançado. Mas quando percebemos que a assim chamada vida não passa de um dia da vida real, e que teremos tanto desses dias quantos forem necessários ao nosso desenvolvimento, veremos que o mandamento de Cristo "Sede perfeitos como é perfeito o vosso Pai que está nos Céus"[4], não é uma vã hipérbole, mas uma orientação sincera a qual podemos esperar razoavelmente sermos capazes de obedecer no devido tempo.

O futuro longínquo, então, é a perfeição para todo o ser humano, não importando o quanto inferior ou não desenvolvido ele possa ser agora. O homem tornar-se-á mais que homem. Isso é o que a Igreja primitiva pretendia dizer com a doutrina da "deificação", à qual muitos padres fazem referência. É uma questão não de opinião crédula, mas de certeza absoluta para aqueles que veem o funcionamento do esquema.

É claro, entretanto, que estamos ainda muito distantes desse atingimento; um longo caminho ascendente está à nossa frente antes que possamos atingir o cume distante, e embora no todo ele ascenda com firmeza, deve haver necessariamente altos e baixos no futuro, como os houve no passado. A História mostra-nos que o avanço da humanidade até aqui tem tido caráter cíclico. Cada unidade vive sua longa série de vidas progressivas não apenas em uma raça, mas em várias raças sucessivas, a fim de poder aprender as lições especiais que cada uma tem a ensinar. Podemos imaginar uma alma encarnando na Índia antiga para desenvolver o fervor religioso, na Grécia clássica para desenvolver habilidades artísticas, na Roma dos Césares para aprender o imenso poder da disciplina e da ordem, entre nós contemporâneos para adquirir o hábito científico da mente e assim por diante.

A mesma grande hoste de almas passa através de todas as eras animando todas as raças, cada uma à sua vez, e aprendendo com elas; porém as próprias raças surgem, crescem, decaem e desaparecem conforme são necessárias. Por isso, quando uma nação perde sua antiga glória e fica para trás na raça (como, por exemplo, a Grécia moderna em comparação à antiga), isto não significa que um certo grupo de homens está decadente, mas que no momento não existem almas precisando do tipo de treinamento que aquela raça, em seu apogeu, costumava dar. Consequentemente, os corpos físicos dos descendentes daqueles grandes homens de outrora são agora animados por almas de um tipo mais inferior, enquanto que os grandes homens estão, eles próprios, agora, como antes, na dianteira da evolução, mas encarnados em alguma outra raça para desenvolverem-se ainda mais em novas direções. Uma raça extingue-se precisamente tal como acontece a uma cadeira na Universidade que não possui mais estudantes interessados na disciplina por ela oferecida.

A clarividência[5] habilita-nos a examinar uma seção bem mais vasta da História passada da Terra do que o fazem os meios normais, e este estudo mais completo do passado torna possível, em alguma medida, prever por analogia alguns dos passos do futuro mais imediato. A partir de tal estudo dos registros, parece razoavelmente certo que neste momento estamos atravessando um período de transição, e que, ao invés de representar, como com frequência, credulamente, desejamos imaginar, o maior desenvolvimento jamais visto na Terra, na verdade, situamo-nos na depressão entre duas ondas de progresso. A tendência democrática, da

4 *Mateus 5: 48.* (N.E.)

5 O autor tece maiores comentários a respeito no item "Fogo Serpentino" do Capítulo Décimo Oitavo, (N.E.)

qual alguns de nós se orgulham tanto, não representa, como geralmente se supõe, a derradeira realização da sabedoria humana. É uma experiência que foi tentada por completo e cumprida até sua conclusão lógica há milhares de anos atrás e, então, abandonada como irracional, inoperante e conducente à interminável confusão. Se vamos repetir o curso dessa última experiência, é desagradavelmente certo que teremos de passar de novo por muita confusão e sofrimento.

Porém, quando isso terminar, e a razão começar a reafirmar-se, haverá um período de progresso muito mais rápido no qual seremos capazes de utilizar muitos benefícios que hoje não se encontram a nosso dispor. O simples fato de que o uso das faculdades superiores lentamente espalha-se pela humanidade fará, no momento oportuno, uma diferença quase incalculável em muitos aspectos.

Imagine uma situação em que toda a decepção e fraude sejam impossíveis, em que não possam mais ocorrer mal-entendidos, porque cada homem consegue ler os pensamentos do outro. Onde ninguém mais fará um trabalho para o qual não foi talhado, pois, desde o início, seus pais e responsáveis verão exatamente as capacidades daqueles que estão sob seus cuidados; onde um médico não cometerá erros, pois saberá exatamente qual o problema do paciente e observará em detalhes a ação de seus remédios. Pense na diferença que fará em nossas vidas quando a morte não nos separar mais daqueles que amamos, porque o mundo astral permanecerá aberto para nós tanto quanto o físico; quando os homens não poderão mais duvidar da realidade do esquema Divino pois seus estágios inferiores serão visíveis aos olhos. A arte e a música serão bem mais grandiosas então, porque as cores e as harmonias astrais estarão sob nosso comando como aquelas hoje conhecidas. Cada característica da vida será mais ampla e completa visto que veremos muito mais do mundo maravilhoso e belo no qual nosso destino foi lançado; compreendendo melhor, admiraremos e amaremos mais, e, assim, seremos infinitamente mais felizes à medida que, com firmeza, avançarmos para a máxima perfeição que é a felicidade absoluta, porque é a união com o Amor Eterno.

CAPÍTULO SEXTO

REENCARNAÇÃO

A doutrina da reencarnação ou renascimento era amplamente conhecida em civilizações antigas, e ainda hoje é sustentada pela maior parte da raça humana. Por exemplo, é sustentada pelos hindus, pelos budistas, e por uma parcela dos seguidores do Islamismo, por alguns sufis que estudam o lado esotérico de sua religião. Aparece em alguns livros secretos da religião judaica, e há algumas claras afirmações do Cristo que parecem provar que esta crença era sustentada e ensinada por Ele[1]. Filósofos modernos e antigos reconhecem esta hipótese como merecedora da mais séria consideração. Lessin ensinou-a; Schopenhauer advogou-a em suas obras, e Hume escreveu, em seu *Ensaio Sobre a Imortalidade*: "O que é incorruptível não pode ser passível de ser gerado. A alma, portanto, se é imortal, existia antes de nosso nascimento. A metempsicose é, assim, o único sistema deste tipo ao qual a Filosofia pode dar atenção."

Isso quer dizer que a ideia comum de que a alma começou com nosso nascimento, e é eterna, torna-se filosoficamente impossível. Se teve início com o nascimento, terminará com nossa morte; se teve um princípio, terá um fim. Se provém da eternidade, deve por fim voltar a ela, mas, filosoficamente, não podemos sustentar que uma coisa começa no tempo e não termina nele.

Por sua vez, Huxley escreve em *Evolução e Ética:* "Como a própria doutrina da evolução, a da transmigração tem suas raízes no mundo da realidade e pode reivindicar tal sustentação como o grande argumento que a analogia pode fornecer."

Max Muller, o grande orientalista, começou a escrever sobre essa teoria como uma superstição, mas, no final da vida, em um trabalho publicado após sua morte, admitiu que ele mesmo acreditava nela. Então é claro que muitas das grandes mentes sustentaram esta ideia, e só por esta razão não pode ser descartada como mera superstição.

Algumas Interpretações Incorretas

Como outros ensinamentos, a doutrina da reencarnação tem sido muito distorcida e incompreendida. Têm havido muitas interpretações incorretas em virtude da ideia da metempsicose, que se sustentou na Grécia, em Roma e também na Índia. Os que professavam essa ideia julgavam ser possível a um homem pecaminoso renascer em um corpo animal como punição para seus pecados. Não há fundamento

---

[1] Conforme o autor considera no item "A Reencarnação nos Evangelhos" do Capítulo Vigésimo Primeiro. (N.E.)

para tal, e isso nunca foi ensinado nos Mistérios ou no ensinamento esotérico de nenhuma religião.

Talvez seja natural o seu surgimento. Existem muitas indicações que teriam podido propiciá-la: por exemplo, frequentemente vemos pessoas cujas faces lembram-nos a de um animal. É natural que pessoas desinformadas tenham imaginado que alguém assim nascera antes em um corpo animal e trouxera alguns desses traços para sua vida. Também certos homens de tipos inferiores mostram distintamente características animalescas: a astúcia da raposa, a ferocidade do lobo; na verdade, muitas qualidades supostamente típicas dos animais. Não surpreende que pessoas tenham pensado que, se um homem mostrasse tais características na vida presente, ele poderia voltar depois envergando uma forma mais adequada à sua expressão. Mas esta ideia é falsa.

É verdade que a cada vida o homem colhe os resultados não apenas de sua última vida mas também de todas as anteriores. Elas o moldam de certa maneira, e ele recebe um corpo físico capaz de expressar o tipo de homem que é. Portanto, é possível para um homem muito tolo ou sensual, ou pecaminoso, regredir um pouco, mas não muito, mesmo nos piores casos; um homem que leva uma vida rude, animal, não está de forma alguma muito evoluído, e, portanto, ele não consegue retroceder muito vivendo dessa maneira. Ele apenas reduzirá suas chances de progresso mas, uma vez que a corrente de evolução sempre tende a ajudar-nos e não a dificultar-nos, é difícil que um homem se comporte tão mal a ponto de retornar a um nível de vida humana muito inferior.

O que vimos em nossas investigações até o momento (e já examinamos ao todo muitos milhares de casos) demonstra ser absolutamente impossível para qualquer ser humano regredir a um reino inferior do qual saiu há milhares de anos. Todavia, poder-se-ia objetar, um homem que recém saiu do reino animal poderá voltar a ele. Tampouco é possível, pois, recém-saído dali, ele não teria a força de vontade suficiente para ser tão pecaminoso a ponto de produzir tais resultados, e os reinos animal e humano estão muito claramente divididos. Com certeza há muita sobreposição, porém quando o indivíduo atinge o reino humano, recebe uma centelha divina e não pode mais abandoná-la. Alguém que pertencesse a uma raça muito evoluída e que levasse uma vida excepcionalmente má poderia renascer noutra menos elevada; talvez regredisse a ponto de merecer renascer em uma tribo primitiva. Mas tal homem já teria tantos interesses mais, tanta capacidade a mais que um primitivo, que é duvidoso seu retrocesso a uma tal encarnação. Entretanto, certamente, ele poderia renascer, sob circunstâncias excepcionais, em ambientes onde suas oportunidades de progresso não seriam tão boas.

A antiga teoria do retorno à vida animal é uma impossibilidade; não se pode fazê-lo porque a vida é um progredir contínuo, e uma vez que um homem vem à existência como uma alma humana habitando um corpo causal, sejam quais forem seus erros ou quantas as chances de progresso que desperdiçar, o homem jamais regressará aos reinos inferiores da Natureza. Se ele for relapso na escola da vida, poderá precisar repassar várias vezes a mesma lição até aprendê-la; mas, ainda assim, no geral, o progresso é constante, embora com frequência possa ser lento.

A Reencarnação Resolve Muitos Problemas

Existem muitos problemas na vida que podem ser resolvidos, se aceitarmos a ideia da reencarnação, enquanto que as outras teorias fazem-nos permanecer sem solução. Em primeiro lugar, temos a terrível questão dos diferentes destinos dos homens. Falamos que todos nascem iguais e livres. Será mesmo? Se pensarmos a respeito, logo veremos que não.

Precisamos tentar compreender que o mundo é uma escola, e o selvagem é uma alma jovem numa classe inferior desse mundo-escola, enquanto o homem civilizado é uma alma mais velha numa classe bem superior, cada qual obtendo aquilo que é capaz de observar e assimilar. Um deles passou há muito tempo pelo estágio inferior e não é injusto que ele tenha mais chances agora porque as conseguiu trabalhando através das classes menos evoluídas. Não é injusto que o selvagem deva estar na classe mais inferior. Não é mais injusto do que uma criança ter seis anos e outra ter doze ou dezesseis. Uma é mais jovem do que a outra, mas um dia crescerá e será comparável ao que a mais velha agora é. Nós não diríamos que uma escola é injustamente administrada porque as crianças menores estão em uma classe e as maiores, noutra. É exatamente assim que deve ser.

De novo, se acreditarmos que existe somente uma vida e que toda a eternidade depende dela, é inútil falarmos de justiça divina ou supor a existência de uma deidade beneficente. Essa é a verdade se encararmos os fatos; porém as pessoas não pensam nessas coisas. A crença na reencarnação por si só nos possibilita ver as coisas como são e também aceitar a teoria da justiça divina absoluta.

Tomemos então a questão das qualidades inatas dos homens. Não há dúvida de que algumas pessoas nascem mais inteligentes do que outras. Aqueles que tiveram algum contato com educação sabem que na escola existem alunos espertos e parvos. Não se trata aqui de um problema de idade do corpo. Uns aprendem ávida e rapidamente; outros acham praticamente impossível ser bem sucedido e, então, por outro lado, e talvez como uma espécie de corolário para isso, descobre-se que certos alunos são muito ágeis em uma área e extremamente lerdos noutra.

Por quê? Um homem praticou uma destas coisas e assim a executa com perfeição. A outra, ele está tentando pela primeira vez e a faz com dificuldade. É muito natural quando aceitamos que há muitas vidas.

Vejamos o caso de um gênio. Mozart, quando era um menino de quatro anos, tocava e compunha músicas realmente esplêndidas e difíceis. Haydn também era compositor aos dez anos. Ora, a tarefa de fazer harmonias é um assunto de certa forma complicado. O homem comum tem que estudar alguns anos para fazê-lo com perfeição, mas Mozart, com apenas quatro anos, compunha, de improviso, harmonias as quais ninguém fazia objeção quanto à beleza. Como podia um menino fazer isso? Por que não poderiam todas as crianças ser igualmente capazes? A explicação comum é que ele veio de uma família musical; porém algumas centenas de pessoas devem ter descendido da mesma linha e não se têm centenas de músicos famosos.

A razão é perfeitamente clara. O homem que é gênio em uma especialidade já trabalhou nela antes. Ele sabe compor música pela mesma razão que você e eu sabemos certas coisas. Sei algo sobre Ocultismo e Teologia. Por quê? Porque passei muitos anos no estudo destas coisas. Pode ser que nesse meio tempo você tenha se dedicado ao comércio. Não é injusto que eu saiba mais sobre Ocultismo e Teologia que você. Se tratássemos de negócios, você provavelmente saberia mais do que eu, mas isso não é injusto porque você passou a vida no comércio e adquiriu a faculdade, enquanto eu adquiri outras. Em cada caso temos o exato resultado daquilo que fizemos. Um homem nasce com certas qualidades e faculdades porque em outras vidas fez certas coisas e traz consigo uma familiaridade geral com elas, um interesse e um talento dirigidos para elas. Isso se aplica às crianças precoces.

E, então, há a questão do reconhecimento imediato de certas verdades. Lembro muito bem quando o ensinamento místico, com frequência chamado de Teosofia, veio a mim pela primeira vez; era-me absolutamente novo, mas enquanto eu lia, reconhecia ali a verdade ponto por ponto. Na ocasião não teria podido argumentar por que o reconhecia como verdade, mas o sabia. Muitos outros provavelmente tiveram experiências semelhantes. Por quê? Porque eles também estudaram estas coisas em vidas passadas, e a alma dentro deles o sabe. Encontramos uma pessoa e somos fortemente atraídas por ela. Sabemos de imediato que vamos gostar e continuar próximos dela. Por quê? Porque nos encontramos antes e é uma velha amiga. E encontramos pessoas das quais nos afastamos por instinto. Por quê? Porque as conhecemos antes e talvez nos tenham ferido ou nós próprios lhes tenhamos feito algum mal, razão pela qual logo sentimos instintivamente que não devemos nos aproximar delas.

Há um outro ponto que essa teoria explica. Por que grandes raças desaparecem do mundo? Por que a glória da Grécia acabou, assim como a grandeza de Roma? Por que algumas raças aparentemente estão em declínio, sua taxa de natalidade diminuindo e cada vez menos pessoas aparecem entre elas? Há uma boa razão para isso. Como disse antes, cada raça representa uma classe – uma classe na qual certas lições são ensinadas. Algumas das almas que frequentam a escola neste mundo já aprenderam todas as lições que uma determinada raça tem a ensinar, portanto não voltarão a ela, e quando todos os Egos que precisam dessas aflições tiverem passado por ela não será mais necessária. Cada alma vai para onde pode melhor obter o ensinamento especial de que necessita. Esse é o esquema da evolução; portanto, quando sua lição especial para o mundo tiver sido propiciada por uma raça, ela começa a desvanecer, mas enquanto existirem almas necessitadas daquela instrução em particular a raça persistirá.

Várias objeções são feitas à teoria da reencarnação. As pessoas dizem com frequência: “Eu não pensaria em ter outra vida. Já passei tanta miséria e sofrimento que não suportaria mais uma; isso não pode ser verdade.” Mas o Universo não foi feito para atender aos nossos desejos pessoais, porém para dar-nos o que for útil no caminho da evolução. Assim, o simples fato de o homem pensar que não aguentaria outra vida, não prova que ele não precisará vivê-la. É verdade que este desejo forte seria um fator de bloqueio a outra encarnação por certo tempo; todavia, isso só o afastaria da oportunidade de aprender as lições de que necessita. O simples fato de ele não desejar viver novamente em nada altera o caso.

Por Que Não Lembramos Nossas Vidas Anteriores

As pessoas frequentemente dizem: "Por que não nos lembramos dessas outras vidas?" Por que não nos lembramos hoje, nesta vida, de cada dia dedicado ao aprendizado da leitura? Não nos lembramos de cada traço ao aprender a escrever, mas sabemos escrever. Adquirimos a faculdade, porém esquecemos os detalhes de como a obtivemos. Exatamente o mesmo acontece com relação à reencarnação.

Aquilo com que lembramos é a nossa mente. Não é a mesma mente que aprendeu as lições do passado, porque a cada nascimento a alma renova-se e cerca-se de nova matéria astral, nova matéria mental e novo corpo físico. Assim, do mesmo modo que o corpo de um homem não consegue lembrar as sensações de outro corpo que teve há centenas de anos atrás, também sua mente atual não pode lembrar de experiências detalhadas de uma antiga vida em que ainda não existia, mas a alma por detrás – o homem verdadeiro – recorda-se no seu próprio nível. Ela não pode fazer seu cérebro físico relembrar aqui; todavia sabe muito bem em seu nível o que pode fazer. Pode lançar nestes veículos inferiores os poderes que adquiriu naquelas vidas pregressas porque esses poderes estão absorvidos nela, e, ao projetar-se na Terra de novo, lança os poderes que adquiriu como resultado de todas essas vidas, mas não se recorda dos detalhes.

Ao mesmo tempo, existe um grande número de pessoas que com efeito recordam-se. Não me refiro àquelas que foram ensinadas a fazê-lo (como eu há muito tempo na Índia), mas àquelas que o fazem naturalmente. De vez em quando, encontramos crianças que se recordam, principalmente quando morreram em tenra idade e renasceram quase que em seguida. Elas dirão: "Eu tinha outra mãe certa vez." Descreverão essa antiga mãe e talvez até se recordem do nome dela.

Em países orientais como Burma, não é raro as crianças lembrarem-se de seu passado recente. Investiguei vários casos deste tipo em que a criança afirmava ter nascido antes em tal e tal lugar, talvez a cinquenta milhas de distância. Pedi que levassem a criança até o local para verificar se dessa forma sua memória seria estimulada, e isso aconteceu várias vezes. Ela foi capaz de apontar as pessoas que conhecia e de relembrar-se de coisas que provavam que ela vivera lá anteriormente.

Deve-se prestar pouca atenção às afirmativas de alguém que diz ter tido grande poder e influência no passado. Uma das razões é que a pessoa em uma posição de poder em qualquer encarnação deve ter produzido um *karma* muito difundido – *karma* que agiu sobre muitas centenas de pessoas as quais reagiram a ele – e, portanto, tal pessoa nunca poderia ter uma vida ordinária obscura como tem a maioria de nós, porque lhe seria inútil. Ela não conseguiria trabalhar o *karma* já produzido sob tais condições. É quase certo que a pessoa estaria de novo numa posição proeminente, pois só através dela um *karma* tão tremendamente misto seria operacionalizado. Descobrimos que pessoas de grande destaque no passado foram geralmente pessoas proeminentes em outras vidas.

Intervalos Entre as Vidas

Existem dois grandes grupos de pessoas entre aquelas que estão aptas a encarnar nas raças mais avançadas, um deles com um intervalo aproximado de 1.000 a

1.200 anos de um nascimento a outro, e outro, com cerca de 700 anos. Entretanto, esses são tempos médios, e muitíssimas tomam períodos bem menores. Depende de um grande número de fatores. Nosso estudo sobre o assunto mostrou-nos isso, e pode haver outros elementos que ainda não descobrimos. Porém, é bem provável que possa haver enormes variações.

Aquelas que são menos evoluídas retornam com muito mais rapidez, porque o que ocupa o intervalo entre as vidas é primeiramente o desligamento do veículo astral, e depois o do veículo mental. As pessoas que apresentam mentalidade muito reduzida retornam logo porque há pouco ou nenhum tempo para que se esgotem seus processos mentais. É por isso que, embora não sejam tantas quanto aparenta, parece haver uma enorme preponderância de pessoas pouco evoluídas no mundo. Existem, de fato, muito mais Egos evoluídos do que se supõe, mas eles retornam após intervalos maiores.

Quanto a mim, creio em reencarnação, ou melhor, eu *sei* que é verdade porque me foi ensinado observar as minhas vidas passadas. Provei a mim mesmo que não estava alucinado, ou sonhando, ou imaginando coisas por ter sido capaz de verificar determinados fatos. Consegui, por exemplo, completar certas inscrições cujas partes estavam faltando e pude, em várias ocasiões, fornecer detalhes referentes a épocas remotas que só poderiam ter sido explicados pela lembrança pessoal do acontecimento.

CAPÍTULO SÉTIMO

A LEI JUSTA

É um artigo fundamental de nosso ensinamento Católico Liberal que o mundo é governado por uma justiça perfeita. Ouvimos muito a respeito da "sagrada lei de Deus que não muda", a lei do *karma*, de causa e efeito, de ação e reação, ou do reajuste; e aqueles que, em alguma medida, lograram ampliar as faculdades da alma (e assim obtiveram o poder de visualizar outros planos além do físico), enxergaram o suficiente para convencer-se de sua existência e da perfeição de seu funcionamento.

Aqueles que ainda não veem em planos superiores compreenderão, se acompanharem o raciocínio lógica e cuidadosamente, que esta lei é uma necessidade. Trata-se de uma grande verdade que "de Deus não se zomba"[1] e que "o que o homem semear, isso também colherá."[1] Mesmo sem a visão interior, pode-se chegar a uma razoável certeza em relação a esta lei, mas, quanto ao método de seu funcionamento, pouco se sabe, e não é fácil para nós formarmos uma ideia, ainda que rudimentar, sobre o assunto.

Sabemos que sua administração está nas mãos dos quatro Grandes Seres que são chamados de os Quatro Devarajas (ou Reis-Anjos) na Índia. Às vezes eles são mencionados como os Quatro Regentes da Terra ou dos elementos, ou, então, dos quatro cantos do Globo. Sir Edwin Arnold descreve-os desse modo em *A Luz da Ásia*. Uma descrição oriental poética, poder-se-á argumentar; contudo, na verdade, ela possui um fundamento definido. A forma em que está expressa é obviamente tradicional – uma espécie de conto de fadas; porém existe um fato real por trás dele.

Tanto o profeta Ezequiel quanto o evangelista São João falam destes *Lipikas* como rodas de fogo vivo repletas de olhos por dentro, ou como as Quatro Criaturas ao redor do trono de Deus. Eles são os Santos para os quais, e para cujos exércitos, *fohat* cria as quatro rodas aladas. Madame Blavatsky escreve sobre eles em *A Doutrina Secreta*:

"Estes são os 'Quatro *Maharajas*,' ou Grandes Reis, dos *Dhyan Chohans*, os Devas, que presidem cada um dos quatro pontos cardeais. São os Regentes, ou Anjos, que governam as Forças Cósmicas do Norte, Sul, Leste e Oeste, Forças que possuem cada qual uma propriedade oculta distinta. Estes SERES também estão ligados ao *karma*, uma vez que este precisa de agentes físicos e materiais para executar seu plano, tais como os quatro tipos de ventos, por exemplo, abertamente admitidos pela Ciência como tendo suas respectivas influências, boas e más, sobre a saúde da humanidade e de todas as coisas vivas."

---

1 *Gálatas 6:7.* (N.E.)

Vossius escreve com o mesmo sentido:

"Embora Santo Agostinho tenha dito que toda coisa visível neste mundo possui uma virtude angélica como um guardião próximo a si, não se trata de indivíduos mas de espécies inteiras de coisas, cada uma delas tendo, de fato, um Anjo especial a proteger-lhe".

Todas estas descrições são incompreensíveis para muitos e, contudo, ninguém que tenha visto estas potências estranhas e magníficas pode duvidar por um momento sequer, ao ler estes relatos, de que os antigos também os tenham visto. Mesmo esta vívida descrição não nos fornece qualquer pista sobre seu modo de atuação, sobre a maneira como executam tão fantástico trabalho.

Eles estão "cheios de olhos por dentro", caracterizando uma vigilância incessante sobre todos os planos e todas as dimensões; no entanto nunca enxergam os milhões de seres humanos para os quais legislam com tão surpreendente acuidade – eles nunca os enxergam, quero dizer, como seres, como indivíduos, como entidades de qualquer tipo. Como, então, veem-nos e como realizam seu trabalho?

Um Estupendo Problema Matemático

Talvez o mais próximo que possamos chegar da verdade seja dizer que para os *Lipikas* toda a nossa evolução é um estupendo problema matemático, uma vasta equação a resolver, uma soma tão imensa que o Céu e a Terra inteiros são apenas a ardósia sobre a qual ela foi escrita; e que nesta vasta soma cada homem é um pequeno cálculo subsidiário, uma parte diminuta mas necessária desse todo inconcebível, um único item em uma conta celeste colossal – infinitesimal em si mesmo e, no entanto, indispensável ao balanço e à simetria desse tremendo total, e portanto, a ser tratado com o maior carinho e respeito e trabalhado com meticulosa precisão.

Sem dúvida essa é uma visão um tanto mecânica, mas devemos observar que a lei do *karma* é uma das grandes leis da Natureza, que funciona assim mecanicamente, e que existe uma estreita e real analogia entre ela e a ideia matemática. Quando o Uno torna-se muitos, quando o *Logos* derrama-se sobre a matéria, pode-se dizer que Ele exprime este prodigioso problema. Na verdade, Ele produz um número quase infinito de colocações separadas que espalha em quantidades crescentes conforme o Universo avança; e todas elas influenciam-se mutuamente, tomam emprestados fatores umas das outras, agem e reagem entre si mesmas criando complexidades cada vez maiores até que todas as combinações e permutas possíveis tenham sido feitas, até o atingimento da mais completa expressão. Este é o *pravritti marga*, a Senda de Exteriorização.

Quando ele tiver sido trilhado e seus resultados plenamente atingidos, começa então o *nivritti marga*, a Senda de Retorno – o processo de simplificação e solução. Cada uma das equações menores autorregula-se, anula-se; uma a uma estas são resgatadas à medida que os homens alcançam o Adeptado, até que finalmente *tudo* seja retirado; o grande esforço chega ao fim, o Trabalho Oculto é realizado, e nada é deixado nos planos inferiores. Cada um que alcança o Adeptado reduz a complexidade e diminui a pressão sobre os demais, até que, por fim, tudo está equilibrado, a operação é bem sucedida, a colheita é armazenada, a vitória é ganha, o propósito do *Logos* é cumprido na consumação das eras.

Este conceito de *karma* pode ser novo para alguns, porém, penso, esclarecedor, e, se o seguirmos cuidadosa e totalmente, perceberemos que a analogia é justa. Não conheço a matemática avançada o suficiente para traçá-la em sua totalidade, mas estou certo de que nessa linha há esclarecimentos a obter. Como disse Pitágoras, há muito tempo atrás, "Deus geometriza", e terá uma pista quem imaginar o homem como sendo a variável, sempre se aproximando do limite, mas nunca o atingindo por completo – se imaginar as diferentes variáveis e a relação sempre cambiante entre elas, que na matemática é chamada de diferencial, que deve ser calculado a cada momento por estes Grandes Senhores do *karma.*

Enquanto isso, estamos em meio a este cálculo intricado e ainda distantes da grande realização. Cada homem está lutando para expressar-se – a expressão total do que o *Logos* significa para ele e que é necessária à concretização do Plano Divino. E porque até o momento estamos tão longe da meta, o homem expressa-se com frequência de maneira desequilibrada, por colocações incompletas, deixando muitas reações no presente insatisfeitas, colocando de lado uma parte da soma até que uma outra tenha sido resolvida.

Todo o problema com suas múltiplas ramificações está diante dos *Lipikas*; este é seu trabalho, e eles são plenamente competentes para lidar com ele. Porém só podem dá-lo a nós pouco a pouco à medida que dele nos aproximarmos e formos capazes de manejá-lo.

Quando cada homem completa sua vida no mundo celeste, eles analisam o estado de sua conta em relação aos escores – talvez centenas – de outras contas que o rodeiam, e decidem imediatamente duas coisas para ele: o tipo de corpo físico que ele merece para o próximo nascimento e a quantidade de *karma* que poderá resolver durante a encarnação vindoura. Este último é seu *prarabdha karma*, o destino que ele tem de resolver durante aquela vida.

O desenho do futuro corpo é projetado em uma forma-pensamento, dentro da qual, como que em um molde, será derramada a matéria do corpo etérico; o *karma* prescrito apresenta-se como um problema matemático a ser solucionado pela legião de agentes dos *Lipikas* nos diversos planos, que têm de encontrar métodos adequados para sua aplicação. A cada nascimento avança-se um pouco em direção à resolução do problema maior, e alguns de seus fatores são solucionados, mas, nesse processo, novo *karma* é necessariamente gerado e certos fatores novos são agregados, os quais 'por sua vez' precisarão ser resolvidos ou ajustados. Com frequência, uma espécie de aspecto insolúvel ou quantidade aparentemente irredutível permanecerá e terá de ser trabalhada de uma vida para outra até que algum fator surja para estabelecer-lhe o equilíbrio ou absorvê-la. Às vezes, uma quantidade bastante grande de *karma* totalmente novo, mas redutível, tem de ser introduzida para que se fique livre daquele aspecto insolúvel; criam-se assim, novas complicações para resolver as antigas, mas sempre trazendo mais próximo o todo final da solução.

É desse modo que os Grandes Senhores do *karma* visualizam a magnífica tarefa que lhes é confiada; uma complexidade que nenhuma mente humana consegue captar é para eles uma simplicidade. Tudo é absolutamente impessoal, pois veem-nos como simples equações, e a lei que administram funciona com infalível precisão. Lembre-se de como é dito em *A Luz da Ásia:*

"Não conhece nem a cólera nem o perdão; Suas medidas são de uma perfeição absoluta e sua balança infalível; O tempo não existe para ela, julgará amanhã ou muito tempo depois."

A engenhosidade dos Senhores do *karma* é ajustada, se podemos dizer assim, reverentemente, para encontrar a solução mais prática para cada problema humano, prestando a devida consideração a todas as influências envolvidas, e cuidando sempre para que os males há muito tempo vividos não pressionem demais uma ou outra encarnação e malogrem, desta forma, o objetivo último da evolução humana.

Ao final, a perfeita justiça terá sido feita até no mais diminuto detalhe. Mas este simples fato implica que para nossa consciência, limitada como é pela ilusão do espaço e do tempo, deve haver pontos intermediários nos quais a justiça ainda não é completa, nos quais nos restam ainda muitas dívidas a serem pagas a outros e muitas compensações a receber deles. A observação desse fato, muitas vezes necessária, não deve permitir que nos enganemos quanto à aparência do momento, duvidando do perfeito funcionamento da Lei Divina. Estejam certos de que ela existe.

"Embora os moinhos de Deus moam devagar,
Esmagam o grão com excelente resultado..."

Mas é apenas no final que a perfeita consumação poderá ser vista. E, ao longo do caminho, a cada ponto, a vigilância atenta está sendo exercitada. Cada homem possui sua pequena quota de contribuição a essa grande soma; cada qual é parte necessária do augusto e sagrado plano. Por isso é que nos apoiamos sobre Sua justiça como se fosse um dos pilares de Seu trono; pois sabemos que tudo está bem mesmo que o trajeto seja áspero e os Céus pareçam escuros, uma vez que atrás de todas as nuvens sempre brilha o Sol da retidão e sobre nossas cabeças, a Estrela do Rei.

A Justiça de Deus é a Prova Mais Clara de Seu Amor.

A eterna justiça de Deus, operando através de Sua poderosa lei de causa e efeito, é uma das provas mais cabais de Seu amor, porque sem essa lei nunca saberíamos quais seriam os resultados de quaisquer de nossos pensamentos, palavras e ações. Viveríamos num caos de ignorância e miséria. É a inexorabilidade desta grande lei – "o que o homem semear, isso colherá" – que nos capacita a planejar nosso futuro com absoluta certeza e obedecer assim a Seu mandamento: o de que devemos, em dado momento, tornar-nos "perfeitos como é perfeito o [nosso] Pai que está nos Céus."[2] É um ideal elevado para qualquer homem estabelecer para si, mas o próprio Cristo afirmou-o, e nunca disse para Seu povo fazer o que lhe fosse impossível. Seria de fato impossível se tivéssemos apenas essa vida e tivéssemos que atingir este ideal num prazo limitado e circunscrito; mas quando nos apercebemos de que temos ante nós todo o tempo e que todas as coisas trabalham juntas para o bem dos que amam a

2 *Mateus 5:48.* (N.E.)

Deus; quando aprendemos que podemos voltar à vida terrena várias vezes até que a tentação que foi demasiada para nós em uma vida possa ser vencida em uma outra, entendemos como é possível para o homem, ao final, tornar-se perfeito. Vemos como cada um vai alcançar o que Deus lhe destinou, não importando quão longe da Senda ele tenha se desviado.

Os que são chamados de maus são almas jovens que fazem o que não deveriam por serem jovens e ignorantes. Cometem erros porque não conhecem algo melhor. Quando essas almas crescerem, conhecerão mais, de modo que os homens descuidados ou pecaminosos de hoje serão os homens bons do futuro. Nenhum de nós é forçado, ninguém é dirigido, a não ser até onde a eterna lei de causa e efeito traz desconforto e sofrimento como resultantes do desvio do Caminho. Assim, gradativamente, a alma aprende que deve controlar seus corpos e evitar que eles a controlem, que façam coisas que lhe tragam dificuldades no futuro. Nessa medida, o homem é dirigido pela ação da lei universal, caso contrário Deus não interfere na vida de qualquer ser humano. Nossa escolha é livre; cada vez mais liberdade nos é dada à medida que crescemos e nos tornamos mais fortes e melhores. Conforme ascendemos mais e mais nos degraus da evolução, mais poder recebemos. No início, apenas pouco poder, a fim de que não nos destruamos, se fizermos mau uso dele. É como uma criancinha aprendendo a caminhar. A mãe deve deixá-la tentar; sabe que cairá, mas zela para que a queda seja suave. Do mesmo modo, a alma jovem inevitavelmente cometerá erros, todavia a quantia de livre arbítrio dado não é suficiente para permitir que se arruíne, apenas o bastante para aprender pela experiência o que deve e o que não deve fazer.

O *Karma* e a Graça Divina

O *karma* é o efeito do que fizemos. Não se trata de um destino ou fado frio e sem vida. É o efeito, flexível e adaptável, do que cometemos nesta ou noutras vidas. Como pode ser harmonizado com a graça divina? Depende do que entendemos por graça divina. Se a imaginarmos como um esquema para escapar dos resultados do que fizemos, então, com certeza, os dois não podem ser harmonizados. Se colocamos certas forças em movimento, teremos seu resultado. Não apenas não podemos escapar da lei divina, como também, se soubéssemos alguma coisa a seu respeito, nem sequer desejaríamos fazê-lo. Causa e efeito são simplesmente os dois lados de uma mesma coisa.

A graça divina é o poder e o auxílio divinos derramados sobre nós. Ela cobre o mundo como a luz do Sol. Podemos tirar vantagem da luz do Sol, ou nos encerrarmos e nos privarmos dela. Do mesmo modo, a graça divina é o poder com que Deus inunda Seu mundo. Caso não tiremos vantagens dela, não será falha Sua Acontece o mesmo com a grande efusão de graça no Sacramento do Altar. Ninguém é obrigado a participar dele, mas está à disposição dos que quiserem recebê-lo.

O *karma* e a graça divina não se contradizem. Seja o que for que tenhamos feito, receberemos o resultado; contudo podemos modificar a ação do *karma* estabelecendo novas causas, aplicando uma nova força que neutralize a antiga. O *karma* é muito adaptável e funcionará de um jeito ou de outro.

Todas as coisas estão organizadas para nossa ajuda e não para causar-nos obstáculos. De modo que se reclamarmos, quando algo vai mal, que Deus esqueceu-nos ou que Ele não é um Deus de amor, estaremos apenas demonstrando nossa ignorância e incompreensão das experiências pelas quais estamos passando. Sob essa tão maravilhosa lei de causa e efeito, nada nos pode suceder que não tenhamos merecido no passado, e porque o merecemos e temos esta dívida, será melhor para nós em todos os aspectos que a resgatemos o quanto antes. É por amor que esse mal vem a nós, e devemos recebê-lo com tolerância em vez de nos rebelarmos ou nos mostrarmos ignorantes, pois sabemos que veio a nós porque tinha de vir e, quanto mais cedo nos livrarmos dele, mais rapidamente estaremos livres para continuar a evoluir.

Às vezes, vendo as coisas somente pelo ponto de vista físico, torna-se difícil ver como o amor trabalha. Quem for clarividente e enxergar o que se passa nos planos superiores, também consegue ver melhor o funcionamento desta grande Lei. Não podemos pretender explicar tudo até aqui por qualquer visão clarividente que tenhamos obtido, mas pelo menos podemos dizer, com absoluta certeza, às pessoas que nos rodeiam, que o amor completo de Deus tem sido provado repetidas vezes, além de qualquer possibilidade de erro ou engano. O que julgamos serem falhas de operação desta poderosa lei deve-se à nossa visão parcial e, portanto, à nossa impossibilidade de compreender o que está sendo feito. Tudo o que ocorre está sendo direcionado e usado para nosso benefício, e o melhor possível, sob todas as circunstâncias, está sendo feito para todos nós; quando vemos a partir do nível mais elevado, temos absoluta certeza disso.

Por enquanto a maioria de nós deve aceitá-lo em alguma extensão com base na fé, embora eu creia que mesmo no Plano Físico existam provas abundantes do amor de Deus e da evolução que é Seu plano para a humanidade. É apenas por termos uma visão limitada e estarmos recém-iniciando a subida da Senda de Retorno a Ele, de quem viemos, que temos a impressão de ver tanto mal e não podemos compreender o bem para sempre subjacente, apesar das provas contundentes de sua existência. Nunca devemos esquecer, se quisermos entender, que os planos de Deus são sempre para a evolução do próprio homem, ou seja, da alma; assim, temos de olhar o que acontece sempre do ponto de vista da alma e não do corpo.

Esta certeza do absoluto amor de Deus permeia toda a nossa Teologia Católico Liberal. Toda ela se baseia neste grande fato, e quem quiser compreender a verdade das coisas como a vemos, deve ter sempre em mente essa ideia e nunca se permitir afastar-se ou perdê-la de vista por um momento sequer. Esta é a pedra fundamental sobre a qual está edificada a estrutura da verdadeira religião: que Deus é Amor e Luz e que Nele não existem trevas. Se quisermos servir a Deus como Ele quer ser servido, devemos mostrar esse Amor e essa Luz em nós mesmos tanto quanto possível. Devemos imitá-Lo, e não deve haver em nós uma dúvida sequer quanto ao Amor ou à Luz, nenhuma falta de amor para com nossos irmãos, pois, ao mostrar amor para com os outros, poderemos verdadeiramente seguir nosso Mestre, o Cristo, que é o Senhor do Amor.

CAPÍTULO OITAVO

SALVAÇÃO

Estamos agora em uma posição de entender algo das verdades reais ocultas sob a ideia da salvação. A ideia da salvação de um inferno imaginário está em total desacordo com os fatos, pois aquilo de que se supõe o homem deva ser salvo simplesmente não existe. Nenhum dos textos que pretendem justificar esta ideia pode, de fato, sustentar a significação que popularmente se lhes atribui. "O Inferno eterno" é uma invenção da imaginação e nada contém que mereça a atenção de um homem que pensa.

Existem vários empregos para o termo "salvo", e encontramos no mínimo um ou dois textos onde sua aplicação não apenas não corresponde à ideia popular como tampouco indica algo da verdade real.

Para começar, examinemos alguns textos extremamente significativos. No décimo terceiro capítulo de *São Lucas* (*versículo 23*), alguém pergunta ao Cristo: "Senhor, são poucos os que se salvam?" Em Sua resposta Ele faz uma notável declaração. Diz: "Esforçai-vos por entrar pela porta estreita; pois... muitos procurarão entrar e não poderão ". Em *São Mateus 7:13,14*, encontramos a mesma frase em outras palavras: "Entrai..., porque larga é a porta, e espaçoso é o caminho que conduz a perdição. E muitos são os que entram por ela. E porque estreita é a porta e apertado o caminho que conduz à Vida. E poucos há que a encontrem." Alguns expoentes das Escrituras reportam estes textos às portas do Céu após a morte. Mas seu significado, quando propriamente entendido, é algo bem diferente e bastante razoável, como veremos mais adiante.

Conforme apontado antes, devemos compreender as palavras escritas em certa época da história mundial no sentido atribuído a elas pelo povo daquele tempo e daquele país. Se um escritor emprega um termo, podemos ter certeza de que outros autores contemporâneos o estão aplicando com o mesmo sentido; portanto, é útil examinar outra literatura da mesma época e analisar seu significado então.

A palavra "salvo" (do Latim *salvus*, salvo) possui um significado técnico que era tão bem conhecido dos estudantes da época quanto o é agora para quem examinou a literatura daquele período. A fim de que eu possa deixar claro seu sentido exato, devo pedir ao leitor que tenha em mente a concepção de evolução esboçada nos capítulos precedentes. Vimos que o homem é resultante de um grande esquema evolutivo. O verdadeiro homem interior em nós é nobre e divino, e o objetivo da evolução é permitir que esse homem divino manifeste-se através dos seus veículos inferiores que estão em constante desenvolvimento e aprendendo a expressar cada vez mais sua natureza divina, até que, por fim, o homem se torne um canal perfeito para a vida e o poder do *Logos*. Essa é a meta gloriosa que cada ser humano deve alcançar um dia.

Porém não devemos pensar que este desenvolvimento acontece simultaneamente para todos. Nem todos os homens que estão na Terra agora possuem o mesmo nível de desenvolvimento; sabemos disso pela experiência diária. Como deve isso ser explicado? Se admitirmos que toda a humanidade começou nivelada e igualada em algum período remoto do passado, alguns devem ter avançado mais rapidamente, e outros ficaram para trás da maneira mais surpreendente. Essa não é de forma alguma a explicação. O fato que constatamos na investigação é que ondas de vida divina de modo contínuo derramam-se em sucessão sobre este Universo. Esse fato, sim, está em harmonia com tudo o que presenciamos à nossa volta neste mundo.

Tomem como exemplo qualquer família humana. Seus membros não têm todos a mesma idade; não começaram todos a viver no mesmo momento. Representam um número de sucessivas gerações e, portanto, alguns ainda são crianças, outros jovens, outros de meia-idade, e alguns já estão envelhecendo. É um fato da Natureza que temos de reconhecer, e assim como diversas gerações sucedem-se umas às outras, também acontece o mesmo com as ondas sucessivas de evolução.

Uma ilustração ainda melhor é pensar nas turmas de uma escola. Em qualquer escola, existem várias turmas. Não é culpa de um garoto ter só dez anos, enquanto outro já tem quinze. Não é culpa das raças mais primitivas não estarem altamente desenvolvidas. Geralmente são almas mais jovens e ainda não tiveram o ensinamento e a experiência que alguns de nós tivemos no passado. Claro, é perfeitamente possível para os que estão na mesma turma avançarem, ou regredirem, aproveitarem ou não as instruções que lhes são dadas. Isso produz uma variação comparativamente pequena, ao passo que a grande oscilação de idades decide em que "turma" as pessoas começam suas vidas, e é muito raro alguém ir muito adiante de seus contemporâneos.

Todos nós representamos um certo estágio de desenvolvimento. Somos, digamos assim, uma turma da poderosa escola de Deus. Espera-se que estejamos aprendendo certas lições. Alguns de nós estamos aprendendo rápido, outros são alunos lerdos.

As almas diferem tanto quanto diferem os alunos de uma escola. Alguns são espertos; outros, obtusos; uns se aplicam para aprender as regras da escola e se adaptar a elas; outros são ignorantes e desatentos.

Exatamente assim são as almas que descem à encarnação. Algumas tentam aprender logo as regras da vida e viver de acordo com elas. São como os bons alunos da escola; avançam depressa, e seu progresso é comparativamente fácil. Os que são obtusos e ignorantes, que não entendem as regras, ou, compreendendo-as, não as seguem, são pessoas menos desenvolvidas e têm muitos problemas com seu avanço. Não aprendem rápido; precisam continuar a retornar de tempos em tempos para aprender a mesma lição mais uma vez.

As pessoas que estão seriamente tentando melhorar, com certeza o conseguem, embora possam não ver o fruto de seu próprio esforço em um espaço de poucos anos. À medida que passam de uma vida para outra, elas comprovadamente demonstram grande avanço. Mas aquelas outras, que não estão de fato empenhadas em evoluir, progridem apenas de modo gradativo. Devem conseguir algum melhoramento, uma vez que tudo ao nosso redor move-se para a frente e de maneira ascendente, e elas são levadas por esse movimento, porém com resultado pouco perceptível.

O Dia do Juízo

Cada era sucessiva ou *eon* tem sua forma especial de vida, suas próprias virtudes especiais a desenvolver, seus próprios defeitos a superar e assim por diante, e representa uma classe na escola divina. Existiram outras eras antes da nossa; eram classes superiores ou classes onde, de qualquer maneira, as pessoas tinham estado mais tempo na escola. Há outras vindo atrás de nós, almas mais jovens que as nossas; elas farão parte de sua própria classe separada. Espera-se de nós, ao final de nosso *eon* particular, que atinjamos um certo nível. Muito antes disso, um grande exame, uma grande prova terá lugar, e será decidido quais as pessoas que serão capazes de atingir o nível desejado no tempo fornecido.

É esse exame que está simbolizado em nossas Escrituras como o Dia do Juízo. O Cristo estará simplesmente examinando Seu povo na ocasião. Não os estará condenando pelo mal que tenham feito ou recompensando-os materialmente por algum bem, mas Ele os estará testando para ver se estão aptos ao progresso ou não. Aqueles que estiverem serão promovidos. Os que se atrasarem e forem obstáculo aos mais avançados tornar-se-iam, eles mesmos, ao retornarem à matéria, os membros mais adiantados da nova onda de almas. Assim, esse seria um arranjo excelente para todos os envolvidos. Trata-se de uma tosca analogia do que o *Logos* do sistema faz conosco. Seu Dia do Juízo ainda está muito distante, mas certamente chegará.

Naquele período crítico, uma porção considerável da humanidade terá de saltar fora do nosso esquema evolutivo simplesmente porque ainda não se desenvolveu o bastante a ponto de aproveitar as oportunidades que estarão, então, abrindo-se aos seres humanos. Esta é a separação entre "ovelhas" e "bodes"[1]. As ovelhas continuarão a caminho da vida *eônica* (de longas eras); os bodes entrarão na morte *eônica* temporária ou, melhor dizendo, em uma condição de evolução temporariamente suspensa, que não deve ser encarada, nem por um momento, como eterna. Aqueles que desse modo caíram fora da corrente de progresso por um certo tempo, retomarão o trabalho no próximo esquema de evolução.

Quem é *salvus*, ou salvo, é o homem que mesmo agora já tem certeza de passar no exame e de continuar com a presente onda evolucionária. O homem que não está salvo é aquele que pode não estar pronto ao chegar a hora de continuar, e terá que voltar e aprender algumas de suas lições novamente. Existe apenas uma decisão à sua revelia no que tange a esse *eon* ou era.

O que o estudante de Ocultismo entende por salvação é ser poupado dessa decisão adversa, e a certeza absoluta de continuar com a onda de vida na qual Deus nos colocou desde o princípio. Os que forem capazes de fazer isso, para usar um

---

1 *Mateus 25:32.* (N.E.)

termo budista, “entram na corrente”, significando que recebem a assim chamada primeira grande Iniciação. O homem que entra na corrente é levado por ela e rapidamente chegará à margem mais distante, quer dizer, atingirá o Adeptado em poucas vidas.

TODOS *SERÃO* POR FIM “*SALVOS*”

Ninguém pode falhar no final. A derrota é absolutamente impossível porque todo o tempo necessário nos é dado. Não podemos nos retirar da corrente da evolução; podemos nos demorar no caminho, e demorar significa mais vidas na Terra. Distanciar-se dessas repetidas encarnações é escapar, como diz a religião budista, “da roda da vida e da morte”. Era isso que o Cristo queria dizer ao se referir ao amplo caminho que leva à destruição e aos tantos que o trilham, e à Senda estreita e difícil que conduz à vida, e como são poucos os que a percorrem comparativamente.

Ele disse muitas vezes que o amplo caminho leva à morte. Assim é; ele conduz à morte e ao nascimento; leva, na verdade, à continuação do que temos feito há muitos milhares de anos – nascer de novo e de novo e fazer apenas pouco progresso a cada vez. O outro caminho – o estreito, íngreme e ascendente – permite escapar do renascimento e levar uma vida sem fim, fora destas condições físicas. Só que o amplo caminho é lento; o íngreme, pedregoso e áspero Caminho ascendente é acelerado; a meta ao final é a mesma.

Mas quando o Cristo disse que são poucos os que tomam a Senda acelerada, Ele não pretendia sugerir que poucos são os que entram no mundo celeste após a morte; isso é uma deturpação dos fatos. Além do mais, contradiz completamente os vários outros textos nos quais o mundo celeste está claramente indicado. Por exemplo, quando o Apóstolo João tenta descrever o mundo celeste, ele fala de uma grande multidão que ninguém podia contar, de todas as nações, tribos, povos e línguas, trajadas com vestes brancas e com palmas nas mãos.[2]

Quando Cristo fala do “reino de Deus” ou do “reino dos Céus”, Ele está de fato usando um termo técnico pertencente aos Mistérios. Ele assim se refere à Grande Fraternidade Branca – os grandes Iniciados, os Grandes Santos, como costumam ser chamados pela Igreja. Eles são os “salvos”, e o homem que se juntar a eles ascende a um nível muito superior; torna-se um super-homem e, para alcançar isso, certamente “estreita é a porta e apertado o caminho, e poucos são os que o encontram.” Pouquíssimos escolhem esse caminho difícil; a maioria da humanidade certamente trilhará a senda ampla e fácil e levará muitas vidas para atingir a meta. Mas, por fim, como disse Sir Edwin Arnold, “todos alcançarão as neves iluminadas pelo Sol.”

Conquanto todos sejam pastoreados ao longo da Senda do progresso, entendendo-a ou não, é obvio que quanto mais devagar nós andarmos, tanto mais nos demoraremos no caminho, mais problemas teremos e mais dificuldades encontraremos.

Se aplicarmos nossa inteligência para tentar entender o plano de Deus e nossa vontade para trabalhar com ele, economizaremos não apenas uma vasta quantidade de tempo e problemas mas também de sofrimento, que é inseparável de todas essas vidas

---

2 *Apocalipse 7:9.* (N. do Original)

físicas. Porém dizer que os que tomam o amplo caminho não serão salvos é fazer ironia sobre o Salvador do mundo; é dizer que Ele não salva a grande maioria dos seres humanos. Claro que Ele salva, mas somente a Seu próprio tempo e a Seu próprio modo. É perfeitamente verdadeiro dizer que o Cristo é o Salvador do mundo. É o Cristo em cada homem que é nossa esperança de glória[3], e sem esse Cristo interior, de fato, nossas chances de evolução seriam muito pobres; ser-nos-ia praticamente impossível crescer "até a plena medida da estatura de Cristo."

3 *Colossenses 1:27.* (N.E.)

PARTE II

O ENSINAMENTO INTERNO DO CRISTIANISMO PRIMITIVO

CAPÍTULO NONO

O ENSINAMENTO ORIGINAL

Com a passagem do tempo, todas as religiões gradualmente se distanciam da forma original em que foram plasmadas por seus fundadores. Quase sempre esta mudança é para pior. Há uma certa diminuição do entusiasmo inicial e um certo esforço para adaptar a religião à condescendência dos tempos. Também, quando uma Igreja de qualquer linha estabelece-se, com frequência, adquire algum tipo de propriedade e, então, a pureza original é inevitavelmente afetada e surgem ortodoxia, estreiteza, fanatismo. Tudo isso é verdadeiro para o Cristianismo bem como para outras religiões.

Em todos os casos acontece alguma mudança. No caso do Cristianismo houve uma quase absoluta inversão – uma mudança tão extraordinária que os próprios fundamentos diferem hoje do que eram no princípio.

Originalmente, o Cristianismo era uma doutrina de magnífica elaboração – aquela doutrina que repousa nos fundamentos de todas as religiões. Quando a história do Evangelho, que tinha significação alegórica, foi degradada a uma pseudonarrativa histórica da vida de um homem, a religião tornou-se confusa. Por esta razão, todos os textos relativos às coisas elevadas foram distorcidos e, portanto, não mais correspondem à verdade subjacente. Por ter o Cristianismo esquecido muito de seu ensinamento original, é costume atualmente negar que um dia tenha tido qualquer instrução esotérica.

Nesse ensinamento original do Cristianismo, havia um aspecto mais profundo do que o comumente apresentado a nós hoje em seu nome. Muito do que originalmente fazia parte da fé cristã foi negligenciado e quase esquecido.

O ensinamento ortodoxo moderno está baseado amplamente em uns poucos textos que foram mal traduzidos e estão, por consequência, em oposição a muitos outros que contêm o espírito liberal e generoso do próprio ensinamento do Cristo. A partir destes poucos foi edificada uma estrutura insegura de uma doutrina desarrazoada que, examinada à luz da razão, mostra-se imediatamente indefensável. O verdadeiro e nobre ensinamento do Cristo o qual, se o Cristianismo sobreviver no futuro, deverá mais cedo ou mais tarde tomar seu lugar, está bem claro nas próprias Escrituras. Elas nos falam constantemente de uma doutrina oculta que não foi revelada ao público. Há muito tem sido costume negar isso e ostentar que o Cristianismo nada contém que esteja além do alcance do intelecto mais mediano. É seguramente uma vergonha para o Cristianismo dizer que não há nada nele para o homem que pensa.

É evidente que todas as religiões precisam dirigir-se a diferentes classes de homens e a todos os graus de intelecto. Há uma vasta multidão de pessoas simples que seriam incapazes de entender metafísica ou acompanhar argumentos filosóficos profundos. Elas devem receber um ensinamento ético, claro, preciso; devem ser ensinadas a viver. Devem ter claro para si que sua felicidade ou seu sofrimento dependem inteiramente da vida que escolherem. Em todas as religiões, sempre existe tal ensinamento simples, necessário ao progresso dessas pessoas e adequado ao estágio em que se encontram.

Há outros que precisam da Filosofia e da Metafísica, que estariam insatisfeitos a menos que pudessem adaptar suas ideias a algum esquema definido. Eles querem saber de onde o homem veio e para onde vai; como este Universo começou e qual seu objetivo. Por esse motivo, uma Filosofia foi proporcionada por cada religião que mereça esse nome.

Visto que em todas as outras grandes religiões do mundo existiram estes ensinamentos superiores, se olharmos para o Cristianismo como a única exceção à regra, ele estaria condenado por si mesmo a ser uma religião imperfeita, o que não é verdade. O ensinamento interno é encontrado no Cristianismo como em todas as outras religiões; não poderia ser de outra forma, uma vez que todas se empenham em afirmar, a partir de pontos de vista diferentes, a verdade que subjaz a todas igualmente.

Em suas *Confissões* (Livro I, capítulo 13 versículo 3), Santo Agostinho, um dos maiores padres cristãos, diz em uma passagem memorável: "Esta que hoje chamamos de religião cristã existiu entre os antigos e existia desde o começo da raça humana até que o Cristo se fez carne, tempo a partir do qual a verdadeira religião já existente começou a ser denominada de Cristianismo." Não se poderia obter uma declaração mais clara de um padre da Igreja, de que a verdadeira religião existiu desde sempre; as pessoas principiaram a chamá-la de Cristianismo desde que veio o Cristo, porque elas estavam, agora, expressando-a na forma que Ele havia ensinado, o que era apenas uma nova versão da verdade desde sempre conhecida.

Os Mistérios do Reino

Nos Evangelhos vemos que Cristo frequentemente dizia que somente aos discípulos explicava o significado completo do que queria ensinar e, ao público em geral, falava por parábolas. Se quisermos entender o que isso significa, devemos primeiro observar o que o próprio Cristo declarou, depois o que Seus apóstolos ensinaram e, finalmente, o que foi dito pelos padres da Igreja que sucederam aos apóstolos. No Evangelho segundo *São Marcos (4:11)*, Cristo diz aos Seus discípulos: "A vós foi dado saber os mistérios do reino de Deus; mas aos que estão de fora todas estas coisas se dizem por parábolas". Uns poucos versículos mais abaixo, lê-se com relação ao seu ensinamento público: "é sem parábolas nunca lhes falava; porém tudo declarava em particular aos seus discípulos"[1]. É de conhecimento geral dos estudantes que nas antigas tradições sempre se dizia haver um triplo significado em cada

---

[1] *Marcos 4:34.* (N.E.)

parábola. Em primeiro lugar, havia a história tal qual narrada – uma história para almas simples, ilustrativa; em segundo lugar, havia o significado intelectual. Por exemplo, tome a parábola do semeador. Ela conta que um semeador saiu a semear, e uma parte das sementes caiu em solo fértil, outra em solo pedregoso, outra em solo arenoso, e outra entre os espinhos. Esta é uma história que se pode contar a uma criança ou a qualquer pessoa simples. A seguir, vem a interpretação intelectual: Cristo explicava que as sementes são a palavra de Deus, e os diversos tipos de solo são as diferentes espécies de corações nos quais caem as sementes. Por detrás disso, segundo a tradição universal, estava o significado espiritual profundo, místico, que nunca era escrito, mas transmitido de boca a ouvido.

No ensinamento secreto dado apenas àqueles membros provados e experimentados que mostravam ser dignos dele, o significado interno dessa parábola refere-se à efusão da vida divina na Natureza, e os diferentes extratos que ela toca à medida que se derrama, e os resultados que pode produzir em cada nível diferente.

Então, novamente, segundo *São João (16:12),* Cristo disse na noite anterior à Sua morte: "Tenho ainda muito que vos dizer, mas vós não o podeis suportar agora." Quando iria Ele dizer este "muito" e quando estariam os apóstolos prontos para ouvir? Obviamente, deve ter sido depois da Ressurreição quando, como sabemos, Ele lhes ensinou tudo o que se referia ao reino de Deus. Mas onde está o registro desse ensinamento? É impossível supor que foi esquecido. Deve ter sido guardado como um tesouro com o resto das lembranças dos discípulos.

Existem muitos evangelhos além dos comumente conhecidos e, em alguns, há traços destes ensinamentos secretos. Um deles é o grande evangelho gnóstico chamado de *Pistis Shophia* – "A Sabedoria da Fé" onde se afirma que Cristo comunicava-se com Seus discípulos e ensinava-os após a morte; não apenas nos quarenta dias até a Ascensão, mas durante onze anos após Sua Ressurreição continuou a fazê-lo. Algumas de Suas instruções são dadas nesse mesmo livro, mas uma grande parte dele é obscura e muito difícil de entender porque passou por três traduções antes que o tenhamos lido. Se uma versão original for encontrada algum dia, provavelmente obteremos dela uma ideia muito mais clara dos ensinamentos dos gnósticos do que a hoje disponível.

O próprio Cristo, em todo o Novo Testamento, usa constantemente termos técnicos que eram empregados nos que costumavam ser chamados Mistérios "pagãos". Um desses termos, o "Reino dos Céus", já expliquei anteriormente. Depois há o texto que narra que quando um jovem chegou e perguntou como alcançaria a vida *eônica* – a vida própria àquele *eon* – Cristo disse: "Se queres ser perfeito [um termo usado nos Mistérios para indicar um certo grau – a quarta Iniciação], vai, vende os teus bens e dá aos pobres... depois, vem e segue-me." (*Mateus 19:21*). Isso significa: "Se desejas atingir o nível dos perfeitos, terás que dedicar muito tempo ao serviço, portanto deves te livrar de todas as tuas incumbências mundanas." Diz-se que o jovem retirou-se tristonho porque tinha muitas posses. Segue-se a declaração de Cristo de que é mais fácil um camelo passar pelo buraco de uma agulha do que um homem rico entrar no Reino de Deus.

Em todas as religiões tem sido dito que a pobreza, a castidade e a obediência são necessárias à forma mais elevada de desenvolvimento, e Cristo repete aqui o ensinamento dos sábios orientais: "É extremamente difícil para um homem rico tornar-se um grande Iniciado", porque, para atingir tal nível, um homem tem de devotar a maior parte de seu tempo ao estudo e ao serviço, e se ele for um homem rico, sobrecarregado com toda a espécie de preocupações de negócios e obrigações mundanas, não poderá fazê-lo bem. A riqueza mundana é um grande privilégio e é dada ao homem como uma oportunidade, como um teste, para ver se ele a usará adequadamente. Mas, além de ser um teste e uma oportunidade, implica responsabilidade muito séria. O homem que possui grande riqueza deve com certeza administrá-la para Cristo e Seu serviço, e isso quer dizer que ele tem de devotar muito tempo e atenção à tarefa. Enquanto ele estiver cumprindo sua obrigação, ser-lhe-ia muito difícil ter tempo para dedicar-se à meditação e ao avanço espiritual.

Novamente, o Cristo fala: "Não deis aos cães o que é santo, nem lanceis pérolas aos porcos, para que não as pisem e, voltando-se contra vós, vos estraçalhem".[2] Não consideramos educado em nossos dias chamar as pessoas de cães e porcos, mas esses são termos técnicos nos Mistérios. Um deles é usado em uma grande sociedade secreta atual, embora muitos de seus membros desconheçam sua origem. Provavelmente aquelas palavras foram empregadas nos Mistérios para indicar estranhos, e porque ninguém fora dos Mistérios sabia sobre eles, não havia qualquer mal-entendido.

SÃO PAULO

Os escritos de *São Paulo* também são repletos de referências ao ensinamento oculto. Ele fala dos Mistérios e usa seus termos técnicos com liberdade, como Cristo o faz. Na Primeira Epístola aos Coríntios, ele diz: "Falamos sabedoria entre os perfeitos."[3] Se isso quisesse dizer "perfeito" no sentido comum do termo, qual seria a utilidade de ensiná-los? O que ele quer dizer é: "Damos esse ensinamento elevado às pessoas a cujo grau ele pertence." Havia diferentes graus nos Mistérios assim como há em outras organizações; a cada grau correspondia um nível de ensinamento, e nunca era dado a qualquer um que estivesse em estágios inferiores. Assim ao "Perfeito" era dada a "sabedoria" ou gnose.

Gnose ou "Sabedoria" era outro termo técnico. Não significava a sabedoria comum, mas o ensinamento religioso especial dado aos que estão no estágio dos perfeitos. Toda a passagem à qual me refiro é repleta de significação. Diz o seguinte:

"Todavia falamos sabedoria entre aqueles que são perfeitos; não porém a sabedoria deste mundo, nem dos príncipes deste mundo, que se aniquilam. Mas falamos a sabedoria de Deus em mistério, a sabedoria oculta, que Deus ordenou antes do mundo para nossa glória[4]." Se *São Paulo* estava referindo-se a qualquer ensinamento cristão comum, essa afirmação seria flagrantemente falsa. Com

---

2 *Mateus 7:6.* (N.E.)

3 *Coríntios 2:6-7.* (N. do Original)

4 *I Coríntios 2:6-7.* (N. do Original)

frequência afirmou-se que todas essas menções aos Mistérios referiam-se à Sagrada Eucaristia. É verdade que somente aqueles que atingiram um certo nível puderam ter acesso a ela, mas não se tratava de um Mistério nesse sentido.

Não poderia ter sido a Sagrada Eucaristia, porque o Apóstolo estava escrevendo para a Igreja Coríntia e, a partir do que ele diz em outras partes da epístola (como naquela onde fala de certos ritos que faziam parte das celebrações da Sagrada Comunhão), é evidente que aqueles coríntios eram comungantes plenos, preparados apenas para aquela sabedoria comum. Então, certamente os Mistérios que lhes eram ocultados não eram os eucarísticos. Continuando, *São Paulo* fala do ensinamento conhecido por Deus o qual é ministrado pelo Espírito Santo. Novamente, ele emprega outros termos técnicos, chamando a si mesmo de Mestre-Construtor[5] e de Dispenseiro dos Mistérios de Cristo[6]. Fala também em empenhar-se, por qualquer meio, "para ver se pode alcançar a ressurreição de entre os mortos" (*Filipenses 3:11*). As pessoas geralmente tomam essa declaração como se ele, o grande apóstolo, não estivesse certo se ressuscitaria no último dia. Mas todos ressuscitarão de novo segundo o ensinamento, tanto os bons quanto os maus. Não é necessário esforço para isso. O que é que ele estava tentando obter com tanta determinação? Com certeza queria atingir a grande Iniciação que liberta os homens, que os coloca livres da Terra. Diz ele: "Prossigo para a meta, para o prêmio da vocação do alto, que vem de Deus em Cristo Jesus"[7] e, um verso ou dois abaixo, exorta "todos quantos somos perfeitos"[8] a lutarmos como ele, para alcançar a ressurreição dos mortos – a saída da roda do nascimento e da morte – mas não recomenda que os membros comuns da Igreja o façam porque sabe que isso ainda está fora de seu alcance. Conclui seu apelo aos "perfeitos" com estas significativas palavras: "Mas a nossa conversação está nos Céus, de onde também esperamos pelo Salvador o Senhor Jesus Cristo, que transformará o nosso corpo vil, conformando-o ao seu corpo glorioso, segundo a operação com que ele pode submeter a si todas as coisas."[9]

Clemente de Alexandria

Os padres cristãos também usam constantemente os termos técnicos dos Mistérios. São Clemente de Alexandria utiliza-se de uma frase inteira dos documentos neopitagóricos quando diz: "Não é legítimo revelar aos profanos os mistérios da Palavra." Os profanos são os que estão fora do templo. O último termo é uma tradução do grego "*Logos*". Nesta afirmação ele insere o vocábulo no lugar das deusas eleusinas, que são mencionadas no documento original.

Atualmente, o Cristianismo considera sua maior glória ter produzido Grandes Santos, embora não declare que os esteja produzindo ainda hoje. Antigamente, possuía os três graus: Purificação, Iluminação e Perfeição ou Deificação. Purificação

---

5 *I Coríntios 3:10.* (N.E.)

6 *I Coríntios 4:1.* (N.E.)

7 *Filipenses, 3:14.* (N.E.)

8 *Filipenses 3:15.* (N.E.)

9 *Filipenses 3:20-21.* (N.E.)

significava o que hoje chamamos de santidade. O homem que era purificado era aquele que levava uma vida elevada e sagrada; o segundo grau lhe dava um conhecimento dos Mistérios, e o terceiro, a unidade com o Divino em um certo estágio. Encontramos os mesmos três estágios sob outros nomes nas religiões orientais. Mais tarde, tudo isso foi posto de lado quando a parcela mais ignorante da Igreja passou a dominar; por isso hoje temos uma forma mutilada de Cristianismo que não é, de modo algum, uma apresentação das verdades eternas, tão satisfatória quanto o é nas outras grandes religiões do mundo. A Igreja agora contenta-se com a purificação preliminar, não tem Iluminação ou Perfeição a dar.

Leiamos o que São Clemente de Alexandria tem a dizer sobre este assunto. Sobre a Purificação ele escreve: "A Pureza é apenas um estado negativo[10], valioso principalmente como condição para a visão interior", isto é, não se consegue atingir estados mais elevados através da pureza apenas. Continua: "Aquele que foi purificado pelo batismo e então iniciado nos Mistérios menores (adquiriu o hábito do autocontrole e da reflexão), torna-se maduro para os Mistérios maiores, para a Epoptéia ou Gnose, o conhecimento científico de Deus."[11] Esta última afirmação é surpreendente do ponto de vista ortodoxo moderno. Poucos pregadores nos dias de hoje afirmariam possuir um conhecimento científico de Deus ou mesmo admitiriam saber o sentido dessa expressão. No entanto, ela é encontrada nos escritos de um dos primeiros e maiores padres da Igreja. Claro, sempre houve doutores da Igreja – homens que estudaram Filosofia e Teologia, mas geralmente em um espírito limitado e sectário. Desde os dias dos Grandes Mestres Gnósticos, expulsos por heresia, nada produziram que se comparasse à esplêndida metafísica e Filosofia dos hindus ou dos budistas.

Quanto ao terceiro estágio, o da Perfeição, simplesmente esqueceram tudo sobre ele; entretanto, foi amplamente admitido pelos antigos padres que o homem era capaz de alcançar a "Deificação", como este grau costuma ser chamado em seus escritos.

O que foi feito desta magnífica herança do Cristianismo? Por que esta maravilhosa sabedoria perdeu-se e como ela pode ser recuperada? Felizmente não foi extraviada. Embora a maioria ignorante tentasse destruir todos os seus traços com a fúria dos crentes, mesmo assim aqui e ali encontraram-se livros onde algo do ensinamento gnóstico havia sido preservado. Além do mais, como será mostrado nos capítulos seguintes, alguns dos poderes superiores têm pelo menos feito uma tentativa de orientar aqueles que haviam compilado esses grandes símbolos chamados de Credos, de forma que, fosse o que fosse que eles conhecessem, sua linguagem ainda transmitisse com clareza as grandes verdades dos ensinamentos originais a todos os que possuem ouvidos para ouvir; pois muito do que hoje é incompreensível naquelas fórmulas, imediatamente torna-se lúcido e cheio de significação quando compreendido nesse sentido interior que o eleva de um fragmento de biografia duvidosa a uma declaração da verdade eterna.

---

10 No sentido de "passivo". (N.E.)

11 Citado em *The Christian Platonists of Alexandria*, Dr. Biggs p.62. (N. do Original)

CAPÍTULO DÉCIMO

A ORIGEM DOS CREDOS[12]

A Igreja Cristã utiliza três credos: o dos Apóstolos, o de Niceia e o Atanasiano.[13] Aqui não devo tratar do último, uma vez que é de origem bem posterior aos dois primeiros. Conforme se encontram atualmente no Livro de Orações da Igreja da Inglaterra, estes dois credos dizem o seguinte:

O CREDO DOS APÓSTOLOS

"Creio em Deus o Pai Todo Poderoso, Criador do Céu e da Terra:

E em Jesus Cristo, seu único Filho e nosso Senhor, Que foi concebido pelo Espírito Santo, nasceu da Virgem Maria, padeceu sob Pôncio Pilatos, foi crucificado, morto e sepultado, e desceu aos infernos; ressuscitou dos mortos ao terceiro dia, ascendeu ao Céu e sentou-se à direita de Deus Pai Todo Poderoso, de onde virá a julgar os vivos e os mortos.

Creio no Espírito Santo, na Santa Igreja Católica, na Comunhão dos Santos, na Remissão dos Pecados, na Ressurreição da carne e na vida eterna. Amém."

O CREDO NICENO

"Creio em um Deus, o Pai Todo Poderoso, Criador do Céu e da Terra, e de todas as coisas visíveis e invisíveis:

E em um Senhor Jesus Cristo, o unigênito Filho de Deus, gerado de Seu Pai antes de todos os mundos, Deus de Deus, Luz da Luz, o Deus Verdadeiro do Deus Verdadeiro, gerado e não criado, feito da mesma substância que o Pai, por meio de

---

12 O tema deste e dos capítulos seguintes também já foi tratado pelo autor no livro intitulado *O Credo Cristão* (de autoria de C.W. Leadbeater). (N. do Original)

13 H.P. Blavatsky, ao comentar as semelhanças da Trindade cristã com a egípcia, considera: "Atanásio, o padre da Igreja que definiu a Trindade como dogma, teve pouca necessidade de buscar inspiração ou de torturar seu próprio cérebro; teve apenas de dirigir-se a uma das inúmeras trindades dos credos pagãos ou aos sacerdotes egípcios, em cujo país teria passado toda a sua vida. Modificou ligeiramente apenas uma das três "pessoas". Todas as tríades dos pagãos eram compostas do Pai, da Mãe e do Filho [por exemplo, a Trindade egípcia: Osíris, Ísis e Hórus, respectivamente, (N.E.)]. Transformando a tríade em "Pai, Filho e Espírito Santo", mudou o dogma apenas exteriormente, uma vez que o "Espírito Santo" foi sempre feminino e, segundo os Evangelhos gnósticos, Jesus dirigia-se ao Espírito Santo como sua "mãe". Todas as Trindades, nas religiões antigas, têm uma DEUSA, inseparável das mesmas. O dogma da Imaculada Conceição não é exclusivo da Igreja Católico-Romana; é universal, pois a vemos em todas as teogonias antigas. Apenas quando os estudos de Mitologia comparada e os linguistas colocaram a descoberta o conceito arcaico da pura matéria primitiva na qual começa a evolução, graças à ação do Espírito, da qual resulta o Universo manifestado (o filho da mãe virgem), é que a Igreja Católico-Romana converteu em dogma a concepção imaculada de Maria... (*Glossário Teosófico.* São Paulo, Ground, s.d. p. 705). (N.E.)

Quem todas as coisas foram feitas: Quem, por nós homens, e para nossa salvação, desceu do Céu e encarnou pelo Espírito Santo da Virgem Maria, e se fez homem. E também por nós foi crucificado sob Pôncio Pilatos. Padeceu e foi sepultado, e ao terceiro dia ressuscitou conforme as Escrituras, e ascendeu ao Céu, e está sentado à direita do Pai. E deverá retornar com glória para julgar tanto os vivos quanto os mortos: cujo reino não terá fim.

E creio no Espírito Santo, o Senhor e doador da vida, Que procede do Pai e do Filho, Que juntamente com o Pai e o Filho é louvado e glorificado, Que falou por meio dos Profetas. E creio em uma Igreja Católica e Apostólica. Reconheço um Batismo para a remissão dos pecados. E espero a Ressurreição dos Mortos, e a vida do mundo que virá. Amém".

Há um século atrás, a opinião geral era a de que o Credo dos Apóstolos tinha sido o mais antigo dos três e os outros dois eram meras amplificações dele, mas agora acredita-se que o Credo de Niceia tenha sido o mais antigo. Algum tipo de credo parece ter sempre estado em uso na Igreja desde o início. De fato, nos dias em que os cristãos eram perseguidos, utilizavam uma forma muito reduzida do Credo como uma espécie de senha para assegurar o ingresso em seus encontros; umas poucas palavras tais como: "Creio em Deus Pai, em Quem tudo está e em Deus Filho, por quem tudo é", mas a forma variava bastante em diferentes lugares e em épocas diferentes.

A menção mais remota que encontramos do Credo dos Apóstolos é do século IV, feita por Rufino, que afirmava que cada um dos doze apóstolos escreveu uma de suas doze cláusulas. Devo dizer que Rufino não é um autor confiável e que esta sua curiosa ideia não encontra respaldo em nenhum estudo do presente. O indício mais antigo do Credo dos Apóstolos, em uma forma similar à atual, encontra-se nas Igrejas de Roma e da Inglaterra do século VIII, e os historiadores que investigaram a questão pensam tratar-se de um mero conglomerado, um ajuntamento de vários credos separados e menores.

O Credo de Niceia

Quanto ao Credo de Niceia, não há dúvida com relação às suas origens. Foi redigido, embora não exatamente como o conhecemos hoje, no ano 325, no Concílio de Niceia. Esse Concílio foi convocado para tratar do que se chamou a heresia ariana. Havia um padre de nome Arius que declarava que as crenças ortodoxas eram, em muitos sentidos, imprecisas e, como consequência de seu ensinamento, grandes controvérsias surgiram entre seus seguidores e a facção eclesiástica materialista referentes a se o Pai tinha existido antes do Filho, e se o Pai e o Filho eram da *mesma* natureza ou de natureza *semelhante.* Em português, temos duas palavras distintas para expressar esta diferença de significado, mas, em grego a diferença é feita por um pequeno detalhe. "Da *mesma* natureza" é *homos*; "de natureza semelhante", *homoios.* É *oi* em vez de *o*, e quando o "i" aparece em uma palavra assim, geralmente é escrito em minúscula, porém quando é a segunda letra de um ditongo, frequentemente é escrita na forma de pequeno ponto. Então, a diferença pela qual a Igreja lutou durante anos era só questão de um único pontinho!

Quando pensamos que a verdade exata sobre o assunto é algo que nenhum ser humano poderia conhecer e, sobretudo, que não nos faria a menor diferença qual das teorias estivesse correta, torna-se claro que a discussão era fútil e desnecessária. Observa-se em todas essas controvérsias teológicas que, quanto menor a diferença de opinião, maior o volume de ódios e mágoas provocados a seu respeito; provavelmente nunca tenha havido maior conflito na Igreja. Portanto não é de surpreender-se que Arius afirmasse ter o Pai existido antes do Filho; há um certo componente lógico nessa ideia. Contudo, o Concílio de Niceia, em grande parte dirigido pelo Imperador Constantino, decidiu que não era assim, mas que eram reciprocamente eternos e iguais. Sem dúvida o são, de um ponto de vista, pois não se deve restringir-se a concepções materiais do Pai e do Filho quando essas palavras são empregadas em uma ótica simbólica. O Credo de Niceia, conforme concebido pelo Concílio, omitindo as cláusulas finais (termina com uma terrível maldição contra todos os que não o aceitarem) é o seguinte:

"Cremos em um Deus, o Pai Todo Poderoso, Criador de todas as coisas visíveis e invisíveis; e em um Senhor, Jesus Cristo, o Filho de Deus, gerado pelo Pai, filho unigênito, ou seja, da substância do Pai, Deus de Deus, Luz da Luz, Deus verdadeiro do Deus[14] verdadeiro, gerado, não feito, de substância una com o Pai, por quem tudo foi feito, tanto as coisas no Céu quanto as coisas na Terra – Aquele que por nós homens e para nossa salvação desceu e se fez carne, e se fez homem, padeceu e ressuscitou ao terceiro dia, ascendeu ao Céu e voltará para julgar os vivos e os mortos, e no Espírito Santo".

Comparando-o com a forma em que aparece no Livro de Orações da Igreja da Inglaterra, observamos várias diferenças. Não há uma palavra sequer sobre Cristo ter sido crucificado. Não menciona o nascimento do Espírito Santo, ou pelo Espírito Santo da Virgem Maria, o que é encontrado na versão mais moderna e é uma tradução equivocada. Também observamos que nada aparece sobre Pôncio Pilatos e, além disso, toda a última parte foi omitida. Isso, com exceção das palavras "e o Filho", foi acrescido durante o Concílio de Constantinopla, no ano de 381, de modo que, de fato, a versão do Credo que a Igreja usa hoje é antes a de Constantinopla e não a de Niceia. Outra inclusão importante, a palavra *filioque*, que significa "e o Filho", foi feita pela Igreja Ocidental no Concílio de Toledo em 587, e nela apoia-se toda a diferença entre a Igreja Grega e a Igreja Ocidental de Roma e da Inglaterra, quanto à procedência do Espírito Santo somente do Pai, ou do Pai e do Filho.

Três Fontes

Essa é a história do Credo como é geralmente aceita. A investigação clarividente modificou estas conclusões em certa medida. Mostrou que existem três fontes separadas que devemos levar em consideração se quisermos entender como evoluíram os credos até o que são hoje. São elas: (1) uma fórmula antiga, explicando a descida à matéria, dada pelo próprio Cristo aos essênios; (2) a rubrica para orientação

---

[14] Significando Deus do próprio Deus, Luz nascida da Luz, Deus verdadeiro vindo do Deus verdadeiro. (N.E.)

do hierofante na forma egípcia da primeira Iniciação e (3) a tendência materializante que tentou trazer todo o ensinamento para o Plano Físico e interpretá-lo como ligado à biografia de um indivíduo.

Consideremos cada uma destas fontes mais detalhadamente. Cada religião no mundo tem alguma teoria, alguma doutrina sobre como o mundo foi criado. Infelizmente, no Cristianismo, tem sido aceita a doutrina judaica que contém duas versões contraditórias. No Livro do *Gênese*, encontramos uma doutrina bastante elaborada que vai do primeiro capítulo até o terceiro versículo do segundo capítulo, e então inicia-se uma outra, em completo desacordo com a anterior. Nenhuma dessas doutrinas é clara ou abrangente, e cada uma precisa de muita explicação para estar de acordo com nosso conhecimento científico. Com certa amplitude, pode ser traduzida em uma espécie de símbolo da ordem em que as coisas foram surgindo da Deidade. A ideia da criação em seis dias é, naturalmente, absurda, e todos os críticos mais aptos concordam que aqueles dias eram imensos *eons*. Mesmo assim, a doutrina dada no Credo é a mais clara e a melhor, se as pessoas ao menos se dessem ao trabalho de vê-la; mas, em vez de aceitá-la, os cristãos preferiram a versão judaica.

A fórmula da cosmogênese ensinada por Cristo a Seus discípulos foi, com certeza, a primeira fonte de nosso Credo. Não pretendo ser capaz de dar as palavras exatas empregadas pelo Cristo, mas apenas uma paráfrase de seu significado como foi recebido nos corações daqueles aos quais foram ensinadas. Como segue:

> "Cremos em Deus Pai, de quem provém o sistema – sim, nosso mundo e tudo o que nele há, visível ou invisível;
>
> E em Deus Filho, o santíssimo, o único nascido de Seu Pai antes de todos os *eons*, não feito mas emanado, sendo da mesma substância do Pai, Deus verdadeiro do Deus verdadeiro, Luz verdadeira da Luz verdadeira, por quem todas as formas foram feitas; que por nós homens desceu do Céu e penetrou no denso mar, e ainda assim dali ressurgiu novamente em maior glória para um reino sem fim;
>
> E em Deus Espírito Santo, o Doador da Vida, também emanado do Pai, igual a Ele e ao Filho em glória; que se manifestou através de seus Anjos.
>
> Reconhecemos uma fraternidade de homens que conduz à Grande Fraternidade Superior, uma Iniciação para a emancipação dos grilhões do pecado, e para a evasão da roda de nascimento e morte em direção à vida eterna."
>
> Esta é uma aproximação muito grosseira da fórmula original como foi dada pelo Cristo – não ao público em geral, mas aos essênios, a comunidade na qual Jesus cresceu.

Ao considerar a segunda fonte, é preciso lembrar que nos Mistérios do Antigo Egito existia um ritual simbólico muito elaborado, no qual o candidato à Iniciação era levado a representar o papel de um herói mítico; ele era obrigado a passar por uma morte, por um sepultamento e por uma ressurreição figurativos, e era posto sobre uma cruz de madeira em dado momento da cerimônia. Foi aí que surgiu a ideia da crucificação de Cristo. Ela não é histórica, porque a morte de Jesus aconteceu antes que os romanos ocupassem a Judeia, e a crucificação era uma forma de punição romana e não judaica. Mas a rubrica para orientação do hierofante oficiante no ritual egípcio veio a incorporar-se ao nosso Credo, embora tivesse existido milhares e milhares de anos antes da época de Cristo. Jesus visitou o Egito e lá foi Iniciado; por isso, o Cristo devia estar inteiramente familiarizado com todas essas ideias, como estava a maioria dos essênios a quem Ele ensinou. Portanto, é muito natural que Ele tenha usado aquela rubrica para ilustrar a descida do *Logos* em Seu Segundo Aspecto à matéria.

A Tendência Materializante

Examinemos agora a terceira fonte, a tendência materializante. Em um período muito remoto da história do Cristianismo, encontramos três escolas ou seções da Igreja, que surgem de três diferentes fases do trabalho de Cristo. Lemos nos Evangelhos sobre Sua pregação ao povo. Em uma passagem, temos a impressão de que Ele o fez durante um ano apenas, porém, em outras passagens, há a ideia da pregação ter durado três anos. De fato, Ele ensinou por três anos depois que se apossou do corpo do discípulo Jesus em seu batismo feito por São João Batista. Dois desses anos foram devotados ao ensinamento da alta Filosofia à comunidade dos essênios, um povo já altamente treinado em termos espirituais. Esse ensinamento velado continha certas fórmulas secretas que nunca eram escritas. Mais tarde, quando a comunidade essênia original foi desfeita, apenas as diferentes seitas gnósticas representavam algo do ensinamento interno dado aos essênios, embora em muitos casos ele fosse consideravelmente influenciado por crenças zoroastrianas ou por ensinamentos assírios e babilônicos. Desse modo, encontramos vários fragmentos de credos muito misturados e, com frequência, bastante confusos e contraditórios entre si.

Após sua permanência entre os essênios, o Cristo fez, por um ano, o que relatam os Evangelhos – percorreu o país pregando para o povo. Durante esse tempo parece ter proferido dois tipos de discursos: o primeiro, os *logia* ou provérbios, uma série de pequenas frases isoladas contendo uma importante verdade ou uma regra de conduta, e o segundo, as *parakléteria* ou "palavras de conforto", movidas pela profunda compaixao que sentia pela miséria e a degradação das classes inferiores. As *logia* são citadas pelos padres da Igreja . Encontramos uma série delas nos Evangelhos em sua forma atual: "Eu sou a Luz do Mundo"; "Não julgueis e não sereis julgados"; "O que quer que desejeis que os homens vos façam, fazei-o também para eles" e assim por diante. Durante os primeiros dois séculos após a morte de Cristo, muitos de Seus discípulos parecem ter feito e registrado uma compilação de provérbios que Lhe eram atribuídos por tradição oral.

Houve um grande tumulto quando Grenfell e Hunt, trabalhando no Egito, encontraram parte de uma dessas compilações. Muitos dos provérbios ali contidos eram aqueles já existentes na Bíblia, mas havia também alguns novos, de grande força e beleza. Um deles, excepcionalmente belo, diz assim: "Corta a madeira e nela encontrar-me-ás; levanta a pedra e lá estarei." Esta é uma afirmação muito bela da onipresença da Deidade, da imanência de Deus. Havia muitos cristãos que tomavam essas *Logia* como diretrizes de vida. Eram pessoas tranquilas e respeitáveis que não se indispunham com as autoridades ou envolviam-se em confusões, mas que silenciosa e firmemente procuravam seguir estes ensinamentos. Eles representavam o que se poderia chamar de ala moderada da Igreja.

A terceira seção consistia de um turbulento e problemático conjunto de "pobres homens" cuja única religião era uma vaga esperança de revolução. Nosso Senhor impressionou-se muito com a terrível opressão das classes inferiores, com a escravidão, que era universal, nessa época, e com a degradação e o desespero que dominavam toda essa gente infeliz, e era no esforço de confortá-los e ajudá-los que Ele proferia as *parakléteria* ou "palavras de conforto". Reiteradamente Ele lhes dizia para suportarem com dignidade até o fim, mas nunca aconselhou a revolta. Dizia: "Se apenas seguirdes meus ensinamentos, de vossos sofrimentos com certeza surgirá um tempo melhor, tanto após a morte quanto em vossas vidas futuras. Trabalhai bastante, tende coragem; chegará o tempo em que aqueles que vos oprimem sofrerão, e vós, que tendes sido oprimidos, ascendereis em condição mais elevada e mais feliz. "Como havia muito das limitações da natureza humana no século I tanto quanto há no século XX, não há dúvida de que, comparativamente, as pessoas a quem esses discursos eram dirigidos logo esqueciam os requisitos: "Se suportardes tudo com nobreza, se viverdes segundo meu ensinamento", e eles interpretavam Suas palavras como uma vaga ideia geral de bonança vindoura. A maioria pensava que a injustiça da qual sofriam seria corrigida com a retribuição da iniquidade; imaginavam um tempo em que seriam eles os opressores e aqueles que então os tripudiavam viriam a sofrer em suas mãos.

Essa porção mais inferior da Igreja Cristã primitiva tornou-se como a Caverna de Davi em Adullam, onde se reuniam todos os que estavam em desgraça, em pecado ou descontentes. De fato, havia muito do que se poderia chamar de ralé na Igreja cristã primitiva, e eles logo eliminaram de sua doutrina a condição de viver para o bem e, simplesmente, agruparam-se como crentes na bonança vindoura, quando possuiriam riquezas e viveriam no luxo. À proporção que essa tendência se desenvolveu, imbuíram-se de toda a sorte de ideias políticas e revolucionárias, e foi esta massa de ignorantes seguidores de Cristo que gerou todo o conflito entre a Igreja e o governo romano. Suponho que nunca houve um governo mais tolerante que o de Roma com relação às crenças religiosas. Ele inclusive não poupou esforços para levar em conta todas as religiões de todos os povos que estavam a ele sujeitos. Por exemplo, tão logo chegou ao conhecimento das autoridades romanas que Cristo estava sendo adorado como uma deidade, prontamente erigiram-Lhe uma estátua no Panteão. A maioria deles não possuía crenças e não se preocupava com o que os outros acreditavam. Mas os romanos estavam muito interessados no que os outros faziam, e quando as curiosas crenças revolucionárias de alguns desses cristãos primitivos resultaram em oposição ao governo, foram imediatamente reprimidas com dureza, não pelas crenças em si, mas pelo que eles faziam ou deixavam de fazer.

Com o passar do tempo, estas pessoas ignorantes tornaram-se invejosas dos gnósticos e de seus ensinamentos elevados. Censuravam terminantemente a ideia de que era necessário que alguém soubesse mais do que eles próprios. Assumiam que os ensinamentos cristãos eram revelados aos ingênuos e viam a ignorância quase como um requisito para a salvação. À medida que o Cristianismo se expandia, e a Igreja obtinha alguma influência, as pessoas respeitáveis que seguiam os *Logia* e os "homens pobres" foram, aos poucos, unindo-se para formar a assim chamada facção ortodoxa. Unidos em sua descrença nos ensinamentos superiores dos gnósticos, foram compelidos a desenvolver uma espécie de sistema doutrinário a ser oferecido no lugar do gnóstico. A fórmula dada aos essênios por Cristo já se tinha tornado, nessa época, conhecida por eles em várias formas mais ou menos perfeitas, e foram aceitas sem muita compreensão como Credo. Naturalmente, precisavam produzir alguma interpretação para contrapor àquela exposta pelos gnósticos. Traduziram, então, o grande drama dos Mistérios aquela bela ilustração alegórica da descida à matéria da Segunda Pessoa da Trindade, contida no ritual simbólico da Iniciação egípcia – na história da vida de um ser humano a quem identificavam como Jesus, o Nazareno. Assim, através dessa materialização, foi atribuída à ilustração uma significação que nunca se imaginara antes relacionar-se a ela. Se tentarmos contê-la, em sua totalidade, dentro dos limites da história de vida de um homem, ela simplesmente não se ajustará; como uma história no Plano Físico, possui grandes lacunas. Não é coerente; é contraditória com a história da época. Nenhuma ideia poderia ter sido mais inadequada ou enganadora e, no entanto, pode-se compreender sua aceitação por pessoas ignorantes, pois se aproxima mais do alcance de sua limitada capacidade mental do que a magnífica abrangência de sua interpretação verdadeira.

As pequenas adições necessárias para unir essa teoria ao Credo que se formava foram feitas sem dificuldades e, não muito depois, começaram a ser feitas versões fragmentárias dele por escrito. Esses fragmentos primitivos são registros imperfeitos de uma tradição oral, da qual foi por fim compilada uma representação bastante fiel do original. Essa foi adotada formalmente pelo Concílio de Niceia.

Vimos assim que, embora o Credo, como no geral imagina-se, seja uma aglomeração formada aos poucos, a verdadeira gênese de sua maior parte é de procedência elevada, vinda diretamente do próprio Cristo. É a quase histórica corrupção materialista dos séculos que tem obscurecido as magníficas verdades que ele corporifica. De que maneira essas grandes verdades espelham-se no que ainda restou dos Credos eu pretendo mostrar ao considerá-los, cláusula por cláusula, nos capítulos seguintes.

CAPÍTULO DÉCIMO PRIMEIRO

O PAI TODO PODEROSO

O Credo Niceno começa "Creio em um Deus, o Pai Todo Poderoso, Criador do Céu e da Terra, e de todas as coisas visíveis e invisíveis".

Quando pensamos em Deus Pai, parece-me que temos em mente três ideias simultâneas.

(1) Deus em abstração – onipresente.

(2) Deus Pai como a Primeira Pessoa da Santíssima Trindade.

(3) Deus como protetor e pai de Seu povo.

Todas as nossas ideias ligadas à Deidade são excessivamente vagas. Em certo sentido, é claro, precisam sê-lo, porque Deus está muito além, fora de nossa visão e compreensão. E, ainda assim, ao mesmo tempo em que são vagas e usualmente nada filosóficas, são também com frequência antropomórficas demais. Há muitos dentre nós que ainda creem em um Deus que é uma Providência, preparado para interferir na ação de suas próprias leis a um pedido nosso. Sem dúvida esta é uma teoria confortante para os que desejam sentir que têm a Deidade a seu lado nas dificuldades pessoais, mas dificilmente será uma concepção muito digna ou filosófica. Todas estas ideias limitadas e materiais da Deidade devem-se em grande medida à nossa herança das tradições judaicas do Antigo Testamento. Não resta qualquer dúvida de que o Jeová judeu era uma deidade tribal – uma entre tantas, sempre afirmando sua superioridade em relação aos outros deuses; ciumento e temeroso de ser abandonado por seu povo que poderia apegar-se a outra deidade. Há muitas afirmações bíblicas que comprovam este fato. Por exemplo, há uma frase muito contundente no primeiro capítulo do Livro dos Juízes, onde se diz que o Senhor estava com Judá, e ele prosperou muito e expulsou todos os habitantes das montanhas, mas não podia expulsar os do vale porque suas carroças eram ferradas – um texto que mostra claramente tratar-se não de um Deus supremo e infinito, mas de uma deidade tribal de poder limitado.

Mais tarde, o poder da Deidade infinita e abarcante foi amalgamado a essas concepções mais primitivas e toscas. Sem dúvida, alguns dos profetas tiveram vislumbres deste Credo maior e, quando foram levados para a Babilônia em cativeiro, depararam-se, provavelmente, pela primeira vez, com uma grande religião filosófica e civilizada. Sei que existem textos atribuídos a uma data anterior ao cativeiro que podem ser assim interpretados; mas é preciso lembrar que todos os livros sagrados foram escritos de memória após seu regresso do cativeiro, de modo que podem bem ter recebido um toque do pensamento caldeu. Muitas de nossas Igrejas adotam afirmações muito primitivas sobre Deus e, assim, incorrem nas mais extraordinárias inconsistências.

O *Logos* de Nosso Sistema Solar.

Do Absoluto, do Infinito, nada podemos postular a não ser que Ele *é*. Dentro Dele estão milhares de Sistemas Solares, provavelmente outros Universos além dos que conseguimos enxergar; e embora Nele nós vivamos, nos movamos e tenhamos nosso ser, nossa ligação ou relação com Ele deve dar-se em um plano tão elevado que só pode representar pouco para nós. Para todos os fins práticos, Ele nos é representado por alguém que é, na verdade, uma parte Dele, apesar de que mesmo essa palavra é uma concepção errônea e uma materialização. Ele é representado pelo que às vezes é chamado de *Logos* do Sistema Solar, ou a Deidade Solar. Nosso Sistema Solar é uma expressão parcial Dele. Toda a matéria física nele contida é Seu corpo físico; a matéria astral é Seu corpo astral e assim por diante. Aceitamos a ideia panteísta de que tudo que é, é Deus, mas avançamos ainda além dizendo que Ele também é transcendente, que possui uma vida magnífica acima e além da manifestação em Seu sistema. Como expressa uma antiga Escritura indiana: "Tendo criado este Universo com um fragmento de Mim mesmo, Eu permaneço"[1].

Vimos que essa Deidade Solar é citada em todas as religiões como uma tríade; na religião cristã, a Primeira Pessoa é chamada de Deus Pai. É Ele o Grande Arquiteto do sistema, pois Seu pensamento cria o Mundo inteligível dos gregos, quer dizer, a forma-pensamento na qual a matéria do sistema é construída. Vindas dele, pertencentes a Ele, e parte Dele, são as Mônadas ou o Espírito eterno no homem. Dele tudo originou-se e a Ele tudo deverá um dia retornar.

Em terceiro lugar, existe a ideia de Deus como pai e protetor de Seu povo. Apesar de toda a tristeza e sofrimento que presenciamos, de todas as terríveis catástrofes que acontecem, tudo está realmente unido para o bem; de modo que a ideia de Deus como um pai amoroso, que Cristo nos apresenta, pode ser aceita como razão. Não se pode sempre justificar se vemos e julgamos apenas do Plano Físico – a parte mais inferior de Sua manifestação; mas tão logo alguém desenvolve a visão superior e é capaz de olhar de cima para baixo, descobre-se que todas as evidências apontam para uma deidade benevolente e percebe-se que para a alma humana tudo sempre vai bem.

"Criador do Céu e da Terra"

No Credo dos Apóstolos isso se refere evidentemente ao *Logos* do nosso Sistema Solar. O símbolo niceno, se entendido de forma mais abrangente, é concebido em uma forma igualmente aplicável à Primeira causa entre todas, e por isso fala de Um Deus criador não somente do Céu e da Terra, mas de *todas as coisas visíveis e invisíveis*. A ideia de "Céu e Terra" parece ser uma corruptela do que está mais claramente expresso na fórmula onde Cristo indica que o *Logos* trouxe à existência "o esquema ou sistema" [nosso Sistema Solar] "sim, nosso mundo e todas coisas que nele existem, sejam visíveis ou invisíveis."

---

1 *Bhagavad Gita, 10:42.* (N.E.)

Há uma interpretação errônea comum associada ao termo "Céu". Deriva de *heven* [2] que significa "aquilo que é alçado ou erguido". Uma grande confusão formou-se em consequência de seu uso em dois sentidos totalmente distintos – primeiro, o Céu físico, as nuvens, o Sol e as estrelas; segundo, o glorificado estado de felicidade não-físico, que é a parte que corresponde ao homem após o término de sua vida astral. Os líderes da comunidade essênia já estavam de posse de fragmentos com informações mais ou menos precisas com relação à origem de tudo. Seu conhecimento da Astronomia caldeia e egípcia sem dúvida habilitava-os a identificarem os planetas de nosso sistema e as estrelas fixas que são os sóis de outros sistemas, portanto, eles podiam entender o exato significado do ensinamento de Cristo.

A facção ignorante da Igreja naturalmente atrapalhar-se-ia nesse ponto e colocaria milhares de Sistemas Solares sob o controle de um único *Logos*. Mais tarde, os teólogos ainda menos entendidos importaram o conceito da morada de felicidade *post-mortem* – uma localização física no espaço da qual a maioria dos homens deverá ser excluída – e assim todo o conhecimento do sentido original desapareceu.

---

[2] O autor refere-se às origens arcaicas do termo em inglês. (N.E.)

CAPÍTULO DÉCIMO SEGUNDO

O FILHO

Há três ideias separadas envolvidas nas palavras do Credo dos Apóstolos: "Em Jesus Cristo seu único Filho, nosso Senhor". O cristão médio, ouvindo a simples fórmula que finaliza quase todas as orações – "por Jesus Cristo, nosso Senhor" – pensa em uma Pessoa que é tanto Deus quanto homem. Vê Jesus como Deus no mesmo sentido que o Pai. Para o estudante de Ocultismo, entretanto, essa frase transmite três ideias separadas: primeiro, Jesus, o discípulo, que não era um grande Adepto, embora tivesse um caráter muito santo e belo; segundo, o Cristo, o grande Instrutor do Mundo; e terceiro, Nosso Senhor, quer dizer, a Segunda Pessoa da Santíssima Trindade. Tentaremos explicar como essas três ideias estão relacionadas, e como estão intimamente ligadas. Primeiro, com relação a Jesus, o grande discípulo. Para tornar inteligível sua posição é preciso entender que Cristo é o Instrutor do Mundo, um grande oficial da Hierarquia dos Adeptos que rege o mundo em nome da Deidade Solar. Sabemos que Deus manifesta-se em muitos níveis; que enquanto existe, sem dúvida, a Deidade suprema, eterna, que tudo abarca, da qual nada sabemos a não ser que Ela *é*; o representante dessa Deidade, com o qual entramos em contato, é o *Logos* ou Deidade de nosso Sistema Solar, que em Si é três Pessoas como o é o Ultérrimo, o Absoluto, o Supremo entre todos.

A Deidade do Sistema Solar é representada em cada planeta pelo Rei espiritual daquele mundo. Esse Rei espiritual tem seus ministros, como um rei terreno, sob seu comando. São encarregados de diferentes departamentos do trabalho: os Grandes Santos, Adeptos e Mestres. Um dos mais importantes desses departamentos é o do Instrutor do Mundo, que vem não para pregar uma fé particular, mas para prover o mundo com religiões. Todas as religiões são apresentações diferentes de uma eterna verdade. A verdade é una, mas tem muitos lados e muitas facetas, não sendo possível a um homem ou a um grupo de homens possuí-la em sua totalidade. É necessário observar que ao falarmos da Sabedoria Antiga (que é a verdade subjacente a todas as religiões) aos cristãos, eles dizem: "Você está nos dando algo do Hinduísmo, do Budismo", e se pregarmos a mesma grande verdade aos budistas, eles a dirão: "Com certeza você está tentando nos cristianizar." Toda grande religião faz parte da verdade central subjacente a todas as outras religiões. Isso é demonstrado pelo fato de que cada pessoa considera o que é novidade para si como se pertencesse a alguma outra religião. Ela sempre pensa que estamos tentando tirá-la de sua própria religião, em lugar de explicar-lhe seu significado interior.

O Instrutor do Mundo

O grande Instrutor do Mundo poderia ser descrito como o Ministro da Religião e da Educação. Sua missão não é pregar uma fé particular, mas apresentar a eterna verdade una sob diversas formas, em diferentes períodos, a homens em variados estágios de desenvolvimento, de modo que seja assimilável por todos. O erro que muitos cometem com relação à religião é procurar, e enfatizar, a diferença entre sua apresentação particular e aquela que outra nação ou grupo de pessoas recebeu, em vez de tentar encontrar a base comum que subjaz aos pontos nos quais todas as religiões concordam, e buscar harmonizar os pontos menos importantes em que diferem. É verdade que elas diferem em nome, em aspectos externos, em vários assuntos superficiais, mas a parte importante de cada religião é o ensinamento pelo qual as pessoas orientam suas vidas. Elas podem apresentar diferentes métodos para atingir o Supremo, porém todas concordam quanto ao tipo de vida que um homem deve levar. Se nós, como bons cristãos, comparamos o ensinamento que nos é dado, não com formas externas de adoração mas com a ética do Hinduísmo ou do Budismo, vemos que o bom hindu ou o bom budista vive precisamente como nós; que ele também reconhece o amor, a bondade, a fraternidade, a honra e a decência como qualidades que os homens bons devem possuir. Concorda que o homem mau é egoísta, passa por cima dos outros, é grosseiro, sem amabilidade, sem respeito para com os outros, rouba, mata e maltrata. Todas as religiões sem distinção concordam nesses três pontos porque todas derivam de um grande Instrutor. Ele já apareceu sob muitas formas diferentes, pois quando o mundo Dele necessita, ou Ele próprio vem e ensina novamente, ou então envia um de Seus discípulos para pregar novas formas da fé eterna *una.*

Essa é, portanto, a concepção do Cristo mantida pelo estudante de Ocultismo. Ele é um poderoso Instrutor que cuida não apenas de uma, mas de todas as religiões do mundo, e faz uma nova declaração da verdade sempre que achar que o mundo dela necessita. Todas as religiões decaem um pouco à medida que o tempo passa. Primeiro são ensinadas pelo próprio grande Instrutor, que conhece aquilo de que fala. Ele geralmente cerca-se de um grupo de discípulos que também conhecem, em primeira mão, aquilo de que falam; todavia estes, com frequência, são seguidos por uma geração que não possui aquele conhecimento, precisa confiar no que foi dito ou escrito. Surgem, então, várias tradições e apresentações da verdade ligeiramente diferentes até que pelo seu tempo de existência, a partir de aproximadamente mil anos ou mais, a religião tenha se revestido, aos poucos, de erros e distorções. Assim, no Cristianismo temos um grande número de seitas diferentes, todas reclamando para si o genuíno ensinamento do Cristo. Sem dúvida cada uma delas contém um ou dois pontos, mas somente tomando-as em conjunto, e não qualquer uma delas individualmente, é que poderemos chegar à verdade real daquilo que Cristo desejou que Seu povo acreditasse e praticasse.

Este grande instrutor do Mundo é conhecido e Dele se fala; Sua vinda é esperada em outras religiões além da nossa. Os budistas acreditam na vinda do Senhor Maitreya Buda; os que viveram em países budistas sabem que este futuro Instrutor é representado de forma bem diferente do Senhor Gautama Buda, o Instrutor do passado. O Senhor Gautama Buda é representado como um oriental, sentado de pernas cruzadas e, com frequência, tendo pele escura. O Senhor Maitreya, o Instrutor vindouro, é sempre retratado como um homem branco, sentado tal qual um europeu. O grande Kalki Avatara também é esperado na Índia. Nos países muçulmanos o povo acredita que Imã Mahdi virá e restabelecerá a verdade, e que isso acontecerá em breve. As pessoas de mais idade talvez lembrem um grande conflito no Sudão, na África Central, anos atrás, onde surgiu um homem proclamando-se o grande Instrutor, atribuindo-se o título de Mahdi e, consequentemente, milhares de nativos o seguiram. Ele era um impostor, porém o verdadeiro Imã Mahdi virá algum dia, e é idêntico ao Senhor Cristo que os cristãos esperam.

Todas as religiões deterioram-se e se corrompem mais ou menos à medida que o tempo passa. Chega, então, o momento em que uma religião torna-se tão emaranhada em ideias meramente humanas, quando já está tão distante da simplicidade da doutrina original, que perde sua utilidade exceto para aqueles poucos que conseguem enxergar por detrás do que se acrescentou e voltar à pureza original. Quando uma religião chega neste estágio, o Instrutor do Mundo vem novamente e faz uma nova apresentação adaptada às novas condições e ao novo conjunto de pessoas. Isso com certeza também acontecerá à nossa religião. Tivemos um avanço tão grande na Ciência e no conhecimento em geral que a apresentação condizente aos judeus na Palestina há dois mil anos atrás necessita de uma outra roupagem para ser apropriada a nós. Uma visão muito mais ampla da verdade poderia nos ser apresentada agora, visão essa que teria sido incompreensível para eles.

Jesus, o Discípulo

Quando o Instrutor do Mundo vem à Terra não pode permitir-se perder tempo. Não é apenas quando vem ao mundo e funda uma religião que Ele está fazendo o trabalho que Lhe compete. Em todas as épocas Ele está dirigindo as grandes religiões do mundo e inspirando cada homem que se abre à Sua influência. Possui centenas, talvez milhares de ajudantes trabalhando para Ele – grandes anjos e grandes homens, tanto vivos quanto mortos. Ele tem as mãos sempre mais do que repletas de trabalho, e quando abandona por um tempo o nível superior, no qual geralmente trabalha, para poder descer à Terra e reapresentar a religião, Ele não deseja dispender mais tempo fazendo o trabalho além do absolutamente necessário. Por consequência, é muito raro que assuma um corpo no sentido comum da palavra. Leva tempo demais nascer, entrar no corpo de um bebê e viver o tempo de crescimento e educação daquele corpo; seria inútil para Ele esperar até ser maduro o suficiente para pregar e ensinar. Portanto, o procedimento usual é que um grande instrutor, na Terra, tome o corpo de um de Seus discípulos. O discípulo torna-se mais do que feliz por emprestá-lo ao Instrutor, ele é tomado de reverência e regozijo com a honra que lhe é dada. Num tal caso, o discípulo pode ter que deixar o corpo permanentemente, ou pode aguardar e retomá-lo quando o Cristo não o estiver usando; pouco lhe importa, pois encara como a maior das honras poder ajudar no poderoso trabalho.

Assim Cristo tomou o corpo do discípulo Jesus, que é agora um dos Mestres de Sabedoria. Aquele discípulo deve ter sido um homem muito puro e santo. Existem muitos indícios disso na história do Evangelho que nos contam que ele foi um nazareno a partir da juventude; que permaneceu casto, que desenvolveu sua mente em toda a sabedoria dos essênios ao dirigir-se para o Egito. Esse grande discípulo Jesus cedeu seu corpo para o Cristo no Batismo por São João, no Rio Jordão. Naquela hora, quando a voz do Céu falou: "Este é o meu Filho amado em quem me comprazo"[1], e o Espírito Santo pairou sobre ele sob a forma de uma pomba, o Cristo tomou posse do corpo e começou a trabalhar por meio dele.

Jesus era um homem nobre de nascimento, um descendente da linhagem real do Rei David. Por volta dos trinta anos de idade, cedeu seu corpo para o uso do Cristo que o manteve então por três anos, dos quais Ele passou dois ensinando, principalmente na comunidade dos essênios, na Palestina oriental, e um viajando por todo o país pregando para as pessoas.

O Cristo é o Mestre dos Mestres: Ele está bem acima de todos os Grandes Santos, porém ainda assim próximo e acessível. Não pensamos Nele como estando longe em algum Céu distante, mas sim trabalhando constantemente neste mundo, embora saibamos que, por enquanto, Ele só é visível aos que possuem a visão interior e superior. Mesmo agora Ele pode ser visitado por eles, e Dele se pode obter informações e ensinamentos como os que deu muitas vezes no passado.

Abraão e Melquizedec

Embora estejamos assim apresentando uma ideia de Cristo diferente da usualmente aceita, nada há de vago nela. Estamos falando daquilo que nós mesmos vimos e sabemos. Nossas próprias Escrituras nos contam estes fatos, se as pessoas pudessem ao menos compreender. Não disse Cristo: "Antes que Abraão existisse, Eu sou"? Esta frase é geralmente atribuída a Seu Deus Pai, mas antes Ele já dissera aos judeus: "Abraão, vosso pai, exultou por ver o meu dia, e viu-o, e encheu-se de alegria"[2]. Mas quando viu Abraão a Jesus de Nazaré? Naturalmente, não O viu; com certeza viu o Cristo, o grande Instrutor do Mundo, manifesto na augusta personalidade do misterioso Melquizedec, do qual se diz que foi "sem pai, sem mãe, sem genealogia, não tendo princípio de dias nem fim de vida; mas feito à semelhança do Filho de Deus" (*Hebreus 7:1-3*) que, ao trazer pão e vinho (o símbolo sacramental da Iniciação em um mistério superior), instruiu Abraão no fato supremo da manifestação do Cristo Cósmico. Por esta razão, aquele foi para Abraão um dia de Cristo, um dia no qual ele realmente exultou porque foi de grande iluminação espiritual para ele. As pessoas leem estes trechos na Bíblia e pensam vagamente que a linguagem é bela e as enleva; todavia é raro que tentem adicionar qualquer significado a elas. Sempre existe um significado, se nos dermos ao trabalho de compreender.

---

1 *Mateus 3:17.* (N.E.)

2 *João 8:56-58.* (N. do Original)

A Segunda Pessoa da Trindade

Com muita propriedade nós podemos chamá-Lo de "Nosso Senhor" como é feito no Oriente, mas quando esse termo é empregado no Credo quase sempre refere-se ao Cristo Cósmico, a Segunda Pessoa da Santíssima Trindade. Mas o grande Instrutor do Mundo está tão mística e maravilhosamente próximo da Segunda Pessoa, que não é de surpreender-se se esse fato provocar certa confusão. Ele é uma manifestação tão completa da Segunda Pessoa que, de fato, ambas parecem ser Uma única – única de um modo muito além de nossa compreensão, mas manifesta e verdadeiramente única, pois o Deus Pai resplandece através dele de tal forma que podemos dizer que Eles são indistinguíveis. Há, na verdade, uma diferença, mas para nós que olhamos de baixo para cima é difícil diferenciar entre um e outro.

No Credo de Niceia temos a frase, "o unigênito Filho de Deus". Essa é uma tradução muito inadequada da palavra grega *monogenes*, pois *genes* significa nascido, e *mono (monos)* significa um. Não quer dizer "único gerado" mas "nascido sozinho". Para descobrir seu sentido real devemos estudar a Filosofia daquela época. Sabemos que as palavras alteram seus significados com a passagem do tempo; encontramos muitos exemplos disso na língua portuguesa. Mas mesmo com essa distância no tempo, a palavra *monogenes* não poderia ser legitimamente traduzida como "unigênito". A interpretação correta é "nascido sozinho", ou seja, nascido de um e não de uma combinação ou par. Tudo o mais na vida física é produzido pela interação de um par, sejam elas duas entidades separadas como costumam sê-lo, ou simplesmente dois pólos inclusos dentro do mesmo organismo. Sempre existe a interação de dois para produzir um terceiro. Só uma vez na Natureza houve alguém nascido sozinho, pois a maneira pela qual a Segunda Pessoa originou-se é absolutamente diferente de todos os processos de geração posteriores. Logo pode-se ver que essa passagem refere-se não a Jesus ou ao Cristo, o Instrutor do Mundo, mas à Segunda Pessoa da Santíssima Trindade, que surge do seio do Pai, chamada à vida pela mera ação de Sua vontade.

Daí vem a expressão: "antes de todos os mundos". É sem dúvida verdadeiro que a Segunda Pessoa da Santíssima Trindade surgiu da Primeira "antes de todos os mundos", mas isso não altera o fato dessa ser uma flagrante má tradução das palavras gregas, que nada mais significam que "antes de todos os *eons*". Para aqueles que estão familiarizados com a Filosofia dos gnósticos ou de Fílon, o Judeu, ou com a Filosofia hermética, o significado desses termos é bem conhecido. A Segunda Pessoa do *Logos* é a primeira no tempo de todos os *eons* ou emanações de Deus Pai, diferindo de todas as demais, e, portanto, "o primogênito de muitos irmãos".

A seguir vem a afirmação enfática e reiterada de que Cristo é "feito da mesma substância que o Pai", é idêntico em todos os aspectos a Ele, de Quem originou-se, salvo apenas que Ele desceu à matéria e assim limitou por um período a totalidade de Sua expressão, de modo que possui um aspecto dual. Conforme expressa o Credo atanasiano, Ele é "igual ao Pai no tocante à sua Divindade e inferior ao Pai no tocante à sua Humanidade". Ainda assim a eterna unidade é triunfantemente proclamada pois "embora seja Deus e homem, ainda assim não são dois, mas um Cristo", hoje como sempre, "Deus de Deus, Luz da Luz, Deus verdadeiro do Deus verdadeiro". Deve ser lembrado que aqui não se trata de caso genitivo; a palavra grega *ek* significa "fora de" e assim, essa expressão deveria ser lida como "Deus vindo de Deus, Luz vinda da Luz, Deus verdadeiro vindo do Deus verdadeiro".

A Segunda Pessoa do *Logos*, o Filho, sacrificou-se por nós através de Sua descida à matéria; Ele colocou de lado Sua coroa real, desceu à Terra e vestiu a roupagem da carne, o véu da matéria. Ele é tanto Deus fora da matéria quanto homem dentro dela, e, ainda assim, igualmente divino na matéria, embora não mostrando Sua divindade por inteiro. Esta Sua essência divina que nos trouxe à existência ascende de volta a Ele através de nós. A culminância, o ponto mais elevado dessa ascendência é o Cristo. Ele é o ápice e a vanguarda da humanidade, o mais elevado homem vivente, a ponta de lança da humanidade fluindo de volta para Deus. Apenas Ele, na raça humana, trouxe de volta Sua humanidade até esse estágio de proximidade com o Deus Pai, portanto Ele é uma expressão da Segunda Pessoa da Santíssima Trindade em um grau e de um modo que escapam ao nosso alcance. É esse o significado das palavras do credo atanasiano, e com certeza não existe maior declaração da verdade eterna do que Ele ser "Um; não pela conversão da Divindade em carne" [pela descida à matéria] "mas pela transmutação da Humanidade em Deus" – pelo poder de levar de volta ao Altíssimo todo o fruto dessa descida.

Há uma elevada união mística entre Cristo e Seu povo, mas devemos lembrar que ela sempre deve ser compreendida em dois sentidos. Cristo está dentro de cada homem porque este é o plano de Deus para a evolução de Seu mundo. Mas lembrem-se de que o Cristo é tanto Deus quanto homem; Ele tem de ser encarado sempre sob esses dois pontos de vista. É muito difícil para nós separá-los em nossas mentes, e, às vezes, seria bom que o fizéssemos para tentar entender o que acontece e qual o real significado de Seus magníficos dons para Sua Igreja.

Cristo, o Filho de Deus, é sempre a Segunda Pessoa da Eterna Santíssima Trindade, o Segundo Aspecto do *Logos* Solar, mas Cristo, o Instrutor do Mundo, é um homem como nós, porém perfeito onde somos imperfeitos. Ele também é o Cristo: Ele é uma expressão ou manifestação tão completa da Segunda Pessoa da Santíssima Trindade que, para nós, em nosso estágio, não é possível distingui-Los – um é a própria encarnação do outro.

Cristo como Deus, Cristo como Segundo Aspecto do *Logos* de nosso Sistema Solar, está dentro de cada um de nós[3], e toda a nossa vida espiritual é um esforço para trazer o Cristo interior à plena atividade[4], de forma que ele possa ser uno com o Cristo exterior, que todos os nossos veículos possam estar permeados com os Seus. Encontramos muitas afirmações curiosas nas Escrituras cristãs, algumas aparentemente contraditórias com outras, mas, em muitos casos, se tivermos em mente estes dois aspectos do Cristo, veremos que algumas dessas referências dizem respeito a um aspecto, e outras, ao outro. O Cristo dentro de nós é sempre o princípio Crístico manifestando-se através daquilo que em nós é uma expressão dele próprio – *Buddhi* ou a sabedoria intuicional do homem. Ela repousa em cada um de nós, mas tem de ser despertada. Até mesmo esta declaração é dúbia; o princípio Crístico em si não pode ser despertado, pois já é o Cristo, é Deus, porém temos que aprender a nos adaptar a ele de modo que nossos veículos possam ser, cada qual em seu nível, expressões perfeitas daquela Divindade oculta em nosso interior.

---

3 *Colossenses 1:27.* (N.E.)

4 *Efésios 4:13.* (N.E.)

CAPÍTULO DÉCIMO TERCEIRO

A ENCARNAÇÃO

Não fosse pela descida da Segunda Pessoa à matéria, nunca poderíamos ter existido; isso é verdade, e o é de uma maneira muito bela, pois "por nós homens e por nossa salvação [Ele] desceu do Céu." De fato poderíamos dizer, "por nós homens e por nossa própria existência [Ele] desceu do Céu." É certo que o espírito imortal do homem é da mesma natureza que o do próprio Pai. Mas pelo sacrifício do Filho, que verteu Sua substância como essência monádica dentro das limitações do corpo causal, o Céu e a Terra nunca poderiam ter se aproximado, nem "este mortal ter se revestido de imortalidade". Então o Cristo é ao mesmo tempo Criador e Salvador dos Homens, porque sem Ele os homens não poderiam ter existido; sem Ele a ponte entre espírito e matéria nunca poderia ter sido construída e a individualidade – a alma no homem – nunca teria existido.

"E Encarnou do Espírito Santo e da Virgem Maria"

Esta expressão necessita de consideração especial porque contém um erro. Nenhum conhecimento da língua grega é exigido para apreciar este ponto particular que está relacionado às duas preposições *por* e *de*. No original grego só existe uma preposição. A expressão ali significa que Ele se fez carne ou encarnou "de" ou "a partir de" o Espírito Santo, *kai*, "e" a Virgem Maria. Não existe nenhuma palavra entre "Espírito Santo" e "a Virgem Maria", exceto a palavra *kai* que significa "e". Então é injustificável traduzi-la assim: "E encarnou pelo Espírito Santo *da* Virgem Maria" e, desta forma, inserindo-se outra preposição, tornar a função do Espírito Santo inteiramente diferente daquela da Virgem Maria. O sentido real é que Ele encarnou do, ou se fez carne do Espírito Santo e da Virgem Maria, e nada mais pode-se inferir daí. Se um estudante com conhecimentos rudimentares de grego traduzisse *kai* como foi feito no Livro de Orações teria problemas com seu professor!

Este equívoco na tradução não é de agora; foi São Jerônimo, que traduziu o credo grego para o latim, quem primeiro o cometeu, e sua perpetuação deve-se à tendência que cegou os olhos dos tradutores a qualquer outra interpretação senão a materialista, e introduziu em seu lugar uma ideia totalmente diferente.

A expressão não é encontrada no Credo de Niceia original. Ali o texto diz: "Aquele que por nós homens e para nossa salvação desceu e se fez carne, e se fez homem. Não há uma palavra sequer sobre a Virgem Maria ou o Espírito Santo; tudo isso foi inserido depois, provavelmente com a louvável intenção de deixar mais claro seu sentido. Foi corretamente mencionado no Credo de Constantinopla. E não foi senão pelo menos um século mais tarde que a tradução latina causou tal confusão.

Esta mesma tradução latina tem sido usada desde então e, aparentemente, ninguém jamais pensou em consultar o original grego. No Credo dos Apóstolos, que, tanto quanto sabemos, foi construído no século oito, a ideia tornou-se ainda mais grosseiramente materializada e hoje temos a expressão: "Concebido pelo Espírito Santo, nascido da Virgem Maria", trazendo assim o assunto para o nível de um casamento no Plano Físico.

O verdadeiro significado é que o Segundo Aspecto da Vida Divina, o Filho, já tendo sido emanado de Sua substância como essência monádica, agora materializou-se ainda mais além ao assumir a matéria visível, tangível; ao tomar a forma não da matéria virgem, mas da matéria vivificada na qual a força enviada pela Terceira Pessoa da Santíssima Trindade, Deus Espírito Santo, já descendera. Ele não chega ao simples mar de matéria primordial (a verdadeira Virgem Maria), mas aos mares sobre os quais o Espírito Santo pairou. Esse é um ponto importante a observar porque esta raiz de matéria, esta matéria primordial à qual o nome "virgem" tem sido com frequência aplicado, quando intocada pela ação do Espírito Santo, não se agrega ou entra em uma combinação de seu próprio movimento, porém permanece na condição atômica na qual é inerte e infrutífera.

A vida do Espírito Santo, que na primeira efusão interpenetra aquela matéria e a vivifica, não pode estar separada dela. De fato, conforme vimos em nossa investigação, não existe tal coisa como matéria morta. Nesta matéria viva descende a segunda efusão da vida divina, dando-lhe mais poderes de combinação e criando a partir daí as múltiplas formas da Natureza. Assim a Segunda Pessoa da Trindade toma para si uma vestidura ou roupagem, não somente da matéria virgem, mas da matéria que já é instinto e que está pulsando com a vida da Terceira Pessoa, de modo que, na verdade, Ele "encarnou do Espírito Santo e da Virgem Maria."

Aqui podemos dirigir a atenção para um surpreendente exemplo da introdução de uma ideia bem diferente a partir de uma alteração bastante trivial. Em alguns dos antigos manuscritos, encontramos o nome da Virgem Santíssima não como "Maria" mas sim "Maia", que significa mãe, senhora ou mãe adotiva. É curioso que na mitologia grega, Maia era uma filha de Atlas, que carregava o mundo sobre os ombros; e ela foi a mãe de Hermes, que era o mensageiro dos Deuses. Para os cristãos, a Virgem Santíssima é a mãe do Cristo, que é o mensageiro dos Poderes Superiores desse sistema. Quando lembramos que Maya era o nome da mãe do Senhor Buda, e que esta palavra sânscrita também é usada para o véu ilusório da matéria que o *Logos* acumula ao Seu redor, em sua descida, começamos a perceber que tudo isso são símbolos.

O Nascimento Virgem

Quando o Credo é traduzido do grego para o latim, há a possibilidade de um jogo com a palavra Maria (que em latim significa *mares*), e ainda uma outra sugestão para o sentido real da descida aos mares de matéria virgem – a Virgem Maria que, embora impregnada e permeada pela vida do Espírito Santo, permanece contudo pura ou virgem porque, ao se retirar essa vida, a matéria volta a ser como era antes. Essa é a ideia original por detrás do dogma do Nascimento Virgem, acerca do qual surgiu tanta controvérsia, sendo as dificuldades, é claro, causadas apenas pela tendência materializante mencionada anteriormente.

Atrás desse mistério existem na verdade três significados; primeiro, o nascimento ou manifestação na matéria da Segunda Pessoa da Santíssima Trindade; segundo, o nascimento da alma humana, a individualidade; terceiro, o nascimento do princípio Crístico dentro do homem[1] em um estágio mais avançado de seu desenvolvimento. Já tratamos do nascimento do *Logos* na matéria e do nascimento da individualidade que é feita à Sua imagem. Neste último caso, podemos imaginar o corpo causal – o corpo permanente que se perpetua de vida para vida – como a mãe, ela própria concebida sem mácula pela ação da Segunda Pessoa em matéria já preparada pelo Espírito Santo. Mais tarde, após o homem, a alma, ter desenvolvido o intelecto, temos o terceiro significado desse simbolismo, a saber, o nascimento do princípio Crístico na alma do homem, quando a sabedoria intuicional é desperta. Então, de fato, a alma torna-se uma criancinha novamente, renasce na vida mais elevada do Iniciado que é o verdadeiro reino dos Céus. Esse é o sentido do chamado "segundo nascimento". Lembremo-nos de que Cristo disse a Nicodemos: "Não te maravilhes de eu te haver dito: Necessário vos é nascer de novo"[2] E, quando Nicodemos não conseguiu compreender, foi-lhe perguntado: "Tu és mestre de Israel e não sabes dessas coisas?"[3] significando "Deves compreender; isso faz parte do ensinamento interno de seus livros sagrados."

Devemos lembrar que a doutrina da Imaculada Conceição, como entendida pela Igreja Romana, nada tem a ver com o nascimento do Cristo, mas refere-se ao nascimento da própria Virgem Maria. Os teólogos romanos asseguram que Seu corpo nasceu do modo comum, de Joaquim e de Anna, mas que Sua alma estava livre do pecado original que supostamente foi herdado de Adão.

"E Se Fez Homem"

Essa cláusula não aparece no Credo dos Apóstolos. Sua inserção no Credo de Niceia é significativa enquanto mostra que a chegada da essência Monádica ao nível da humanidade foi uma etapa separada e posterior à descida à matéria e que, portanto, o encarnar do Espírito Santo e da Virgem Maria, previamente mencionado, não podia e não se referia a um nascimento humano. Isso é mostrado, ainda com mais clareza, na minuta feita pelo Concílio de Niceia, onde se lê: "E se fez carne, e se fez homem", a menção da carne referindo-se, claramente, à passagem prévia da essência monádica pelo reino animal. Aqueles que consideram tudo isso como relacionado ao nascimento físico de um ser humano tomam as três etapas como sendo uma e a mesma coisa. Mas quando entendemos a significação simbólica das cláusulas, torna-se evidente que elas pretendem descrever três estágios distintos na descida e nada têm a ver uma com a outra, exceto que são sequenciais.

---

1 *Gálatas 4:19.* (N.E.)

2 *João, 3:7.* (N. do Original)

3 *João 3:10.* (N.E.)

"Padeceu Sob Pôncio Pilatos"

Nesta cláusula temos um notável exemplo da influência reducionista da tendência materializante, pois pela inserção da menor letra do alfabeto grego (o *iota*, frequentemente representado por um ponto) no manuscrito, a ideia original foi inteiramente perdida e esquecida. A palavra *pontos*, significando "um mar", foi assim alterada para Pontius, um nome próprio romano. Em vez de Pontius Pilatos, todos os manuscritos gregos mais antigos, que os investigadores clarividentes foram capazes de encontrar, mencionam *pontos piletos*. (Deve ser lembrado que o intercâmbio de "a" e "e" não é de forma alguma pouco frequente em vários dialetos gregos.) Pilatus é outro nome próprio, mas *piletos* significa grosso, sólido, de modo que *pontos piletos* quer dizer realmente um mar condensado ou denso, o que não é uma má descrição do Plano Astral, que é, com frequência, simbolizado pela água. Esta cláusula devia ser interpretada como "Ele suportou o mar denso", ou seja, Ele se permitiu ser limitado e aprisionado na matéria astral.

Uma consequência da alteração foi ter fixado a morte do Cristo em data errada porque Ele já estava morto muitos anos antes de Pilatos ter nascido. Estas coisas podem ser conhecidas por certos eruditos, mas geralmente não o são pelo homem comum, pois poucas pessoas têm tempo ou inclinação para estudar obras teológicas. Essa alteração em especial pode ter sido feita facilmente pelo copista, imaginando que estava apenas corrigindo um erro trivial de algum antigo escriba.

Naqueles idos tempos as pessoas não tinham ideia de fidelidade literária. Hoje em dia nos esforçamos para ser exatos; consideramos errado inserir uma passagem de algum outro lugar e não assinalá-la com aspas, mas, naquela época, eles simplesmente incluíam tudo o que achassem bom, fosse quem fosse que o tivesse dito, e provavelmente consideravam estar fazendo um favor ao autor original! Naqueles séculos primitivos, não havia a imprensa por meio da qual milhares de cópias do mesmo trabalho podem ser tiradas sem qualquer possibilidade de erro. Até o século XV, todo livro era escrito a mão e, portanto, em cada cópia encontram-se erros. Existe algo em torno de dois mil desses livros manuscritos; dificilmente dois deles são iguais. Erros infiltraram-se em todos eles, resultando com frequência em leituras bastante contraditórias. Está claro também que, em alguns casos, a diferença não se deve a um erro por parte do escriba, mas surgiu porque foi feita uma cópia do original ligeiramente modificado.

Originalmente a maioria desses textos era escrita de memória. Os discípulos ouviram o que Cristo disse, mas um intervalo bastante grande pode ter passado antes que o escrevessem. Se os membros de qualquer congregação tentassem escrever o que lembrassem de um sermão ouvido na Igreja, não é provável que o resultado fosse semelhante em cada caso. A mesma ideia geral poderia ser apresentada, mas haveria considerável variação e, com certeza, duas pessoas não usariam exatamente as mesmas palavras. O mesmo é verdadeiro no caso dos apóstolos. Suas memórias não eram em absoluto infalíveis. Eles cometeram erros em seus relatos como qualquer pessoa faria, e é surpreendente que não tenhamos ainda mais variações do que as de fato existem, uma vez que cada relato foi copiado centenas de vezes.

Finalmente, devo chamar a atenção para a ordem em que as cláusulas dessa parte do Credo aparecem. Nenhum dos Credos conforme se apresentam hoje contém na íntegra a ideia original. No Credo dos Apóstolos, embora a ordem seja precisa, diversas etapas são omitidas. Enquanto o Credo de Niceia é mais completo, há uma confusão na organização. Entretanto, está perfeitamente claro que em ambos existe uma tentativa definida de simbolizar os diversos estágios da descida à matéria, e isso é ainda mais evidente na minuta do Concílio de Niceia. Primeiro, "por nós homens e para nossa salvação" o Filho "desceu do Céu"; isto é, Ele veio de um nível mais elevado. Então, tendo feito isso, Ele "se fez carne"; quer dizer, Ele entrou em associação com formas vivas e finalmente chegou ao reino animal. Depois que Ele tinha assumido a carne, como um passo completamente separado, Ele "se fez homem"; a força ou vida divina, elevando-se do reino animal, ingressou no humano ao receber aquela outra emanação da Primeira Pessoa, que dá a centelha divina ao homem e cria sua alma permanente, ou Ego, que persiste através de todas as suas vidas até que ele ultrapasse a necessidade de renascer. Então veio o padecimento sob "Pôncio Pilatos", ou descida ao mar astral; e só depois disso a crucificação na cruz da matéria física, na qual Ele é graficamente descrito como "morto e sepultado". Considerar todos estes detalhes como referindo-se à história de vida de um homem no Plano Físico não os explica minimamente sequer, enquanto que se tomarmos o significado simbólico, imediatamente vemos que todos estão na ordem correta e chegamos a uma interpretação que é possível de ser aceita por Seres racionais.

CAPÍTULO DÉCIMO QUARTO

A CRUCIFICAÇÃO

"Foi Crucificado, Morto e Sepultado"[1]

Aqui temos um equívoco de proporções colossais – a espantosa transformação de uma alegoria perfeitamente razoável em uma biografia humana absurda. Isso teve um efeito muito triste sobre a Igreja Cristã e a fé que ela prega, porque estabelece como fato algo comprovadamente falso, uma falácia que deve parecer a qualquer ser pensante como desprovida de todo sentido racional a menos que, e é este o caso, haja uma interpretação simbólica mais elevada.

O corpo usado por Cristo não foi crucificado, mas apedrejado, sendo este o método judeu de execução. Retrocedendo o nascimento de Cristo para sua data real, que é 105 anos antes[2] do tempo geralmente fixado para ela, vemos que Sua morte aconteceu *antes* que os romanos conquistassem a Palestina[3] e, portanto, sem dúvida, ele foi condenado à morte pelos judeus, do modo judeu, e não pela crucificação, que se diz ter sido introduzida pelos romanos. Assim, muita solidariedade e devoção têm sido sentidas através dos tempos, as quais estão relacionadas com uma história de terrível sofrimento, que é somente fruto da imaginação. Essa tem sido talvez a mais extraordinária e lamentável perda de energia psíquica em toda a história do mundo. Pois nem o Credo nem os Evangelhos foram originalmente concebidos para relatar a história da vida do Cristo, senão pretendiam ser uma alegoria explanando a evolução de cada homem, e não de uma encarnação em particular.

Essa teoria não é nova; Orígenes, o maior e mais erudito dos padres cristãos, entendeu isso completamente. Ele fala de "Fé popular irracional" (baseada somente na

---

1 Sobre este assunto, o autor considera: "O Cristo foi verdadeiramente crucificado sobre a cruz da matéria. Em nenhum momento negamos que isso tenha sido um sacrifício muito real e inefável..." Tal citação do capítulo trigésimo segundo "Uma Nova Atitude em Relação ao Pecado" deste mesmo livro parece-nos oportuna e elucidativa como sugestão de leitura correlacionada ao tema ora tratado. (N.E.)

2 A tese de que Jesus teria nascido em 105 a.C. é também sustentada pela Dra. Annie Besant (*O Cristianismo Esotérico.* São Paulo, Pensamento, s.d. p. 79) e por Geoffrey Hodson (*Clairvoyant Investigations of Christian Origins and Cerimonial.* Ojai, USA, St. Alban Press, 1977). Também sustentam o nascimento de Jesus cem anos antes, o pesquisador G.R.S. Mead (*Did Jesus Live 100 b.C.? An Inquiry into the Talmud Jesus Histories.* London, Theosophical Publishing Society, 1903.), baseado em passagens do Talmud, e o historiador Dr. Dupont Sommer (*The Dead Sea Scrolls.*. Oxford, Basil Blackwell, 1952.), que sustenta, baseado em estudos dos papiros da antiga comunidade essênia do Mar Morto, que Jesus era o Mestre da Justiça dos essênios. Dra. Annie Besant também sustentava que Jesus, em sua juventude, depois de uma permanência em Jerusalém, "entrou para o mosteiro essênio que estava localizado perto do monte Serbal" (op. cit., p. 79). (N.E.)

3 Foi Pompeu quem anexou toda a Judéia ao Império Romano em 63 a.C. (conforme DURANT, WILL. *A História da Civilização.* Rio de Janeiro, Record, 1971. vol. 3. p. 416). (N.E.)

história do Evangelho) e comenta a respeito: "Que método melhor poderia ser elaborado para auxiliar as massas?" Ele aponta que a multidão ignorante é melhor ensinada através de histórias, pois assim pode ser levada a captar algo das coisas superiores. Mas o cristão espiritual não mais necessita do Cristo crucificado, porque sua fé está fundamentada sobre o conhecimento definido das verdades das quais estes relatos são apenas símbolos.[4]

A crucificação e a ressurreição claramente pertencem à alegoria do Cristo; isso é evidente a partir do fato de que a data de sua comemoração pela Igreja não é fixa, como seria o aniversário de um evento real, pois é móvel e determinada pelos movimentos dos corpos celestes, mostrando estar claramente associada à sua adoração em épocas pré-cristãs. A Páscoa sempre é celebrada no domingo seguinte à primeira lua cheia após o equinócio vernal[5]. Esse seria um método grotesco de fixar a data de um aniversário histórico como, por exemplo, o da batalha de Waterloo. Porém, uma comemoração, cuja data depende de cálculos de Astronomia, não é uma comemoração no sentido comum, e só pode ser entendida quando a consideramos em relação aos festivais ligados à adoração do deus-Sol há milhares de anos antes do nascimento de Jesus.

A bem da verdade, essa parte do Credo provém diretamente do ritual da Iniciação egípcia[6] que pretendia ilustrar os últimos estágios da descida da essência monádica à matéria. Consideremos primeiramente como essa descida veio a ser simbolizada como uma crucificação e, então, como foi representada aos olhos dos neófitos no antigo Egito.

O Simbolismo da Cruz

Para entendermos isso com clareza devemos primeiro tentar apurar o sentido atribuído ao emblema da cruz nos sagrados Mistérios da Antiguidade.

Cada forma de cruz[7] tem seu significado particular. A cruz grega é o símbolo de Deus Espírito Santo, a Terceira Pessoa da Santíssima Trindade. A Suástica e a Cruz de Malta, pertencentes a um elaborado conjunto de símbolos com os quais alguns

---

[4] Vide W.R. Inge, *Christian Mysticism* p. 89 (N. do Original)

[5] No Hemisfério Sul, equinócio outonal. (N.E.)

[6] A tese de que Jesus, depois de ingressar num mosteiro essênio, teria recebido, ainda em sua juventude, a Iniciação no Egito, "a consagração solene, que o preparou para o Sacerdócio Real que devia atingir mais tarde". (*O Cristianismo Esotérico.* São Paulo, Pensamento, s.d. p. 79), é sustentada pela Dra. Annie Besant. Tal fato explicaria as inúmeras semelhanças da religião egípcia com a cristã, além de ser muito plausível que Jesus tivesse procurado o maior centro cultural da região que, na época, era indubitavelmente Alexandria. (N.E.)

[7] A cruz é um símbolo universal que, portanto, está muito longe de ser exclusivamente cristão, conforme considera H.P. Blavatsky em seu *Glóssário Teosófico* (São Paulo Ground, s.d.): "É símbolo da fraternidade das raças e homens, e colocavam-na sobre o peito dos cadáveres, no Egito, como atualmente a colocam sobre os corpos dos defuntos cristãos e, em sua forma *svástika (croix cramponnée)*, sobre o coração dos Budas e Adeptos budistas". "A cruz *ansata* era símbolo da imortalidade". "Hórus aparece, algumas vezes, com a grande cruz latina. A cruz pastoral grega é egípcia. Foi qualificada pelos Padres da Igreja de 'invenção do Diabo antes de Cristo'. A Cruz *ansata* figura nas antigas moedas de Tarso, como figura a cruz de malta sobre o peito de um rei assírio... A cruz do Calvário, tão comum na Europa, encontra-se no peito das múmias"... (N.E.)

estudantes estão familiarizados, são, ambas, símbolos do Espírito Santo em atividade. Primeiramente, Deus Pai é simbolizado como um ponto dentro de um círculo. Então o ponto estende-se em uma linha e divide o círculo em duas partes, e esse é o símbolo de Deus Filho, que sempre é representado como dual. Em alguns casos, essa dualidade é expressa como masculino e feminino tal qual Osíris e Ísis no Egito; às vezes, é representada como Deus e o homem como no esquema cristão, mas sempre a Segunda Pessoa é dual. Então, a Terceira Pessoa, ainda não manifesta, é representada por uma segunda linha cruzando a primeira em ângulos retos, de modo que obtemos uma cruz dentro de um círculo.

Quando Ele se prepara para a descida mais profunda, o símbolo altera-se. Às vezes, o círculo desaparece completamente, deixando a cruz grega de braços iguais como sinal do Terceiro *Logos*, a Atividade Divina, pronta para manifestar-se como "Criador" no início de um grande ciclo. A próxima etapa é a suástica que implica movimento – o poder criativo em atividade; pois as linhas adicionadas, em ângulos retos, aos braços da cruz, representam chamas tremulando para trás à medida que a cruz gira e, assim, elas indicam duplamente a eterna atividade da vida universal, primeiramente pela incessante efusão de fogo do centro para os braços, e em segundo lugar pela rotação da própria cruz. Encontramos a mesma ideia na Cruz de Malta onde os braços, divergindo a partir do centro, mais uma vez tipificam a energia divina, espalhando-se em todas as direções do espaço.

Conforme outra linha de simbolismo, a cruz, ao invés de perder o círculo completamente, estende-se em todas as direções fora do círculo e, desta forma, temos a cruz de braços iguais com um pequeno círculo em sua intersecção. Depois, o pequeno círculo transforma-se em uma rosa, dando-nos um emblema que é bem conhecido em um dos graus superiores da maçonaria. Novamente, não só a cruz carrega a rosa mística em seu centro, como ela própria torna-se rosada enquanto símbolo do amor divino que é o começo e o fim de todas as coisas.

A Cruz Latina

A Cruz Latina que possui uma haste longa e um braço horizontal menor na parte superior é, com frequência, representada de forma mais específica na Igreja Romana – sob a forma de um crucifixo com o Cristo pregado na cruz. Quando nossos investigadores começaram a traçar retroativamente o seu simbolismo, através das eras, esperavam que a figura desaparecesse, encontrando simplesmente a cruz, como supunham ser sua forma primitiva. Ficaram muito surpresos ao descobrir que acontecia justamente o inverso e, nas primeiras representações da crucificação, a cruz desaparecia, e a figura de braços estendidos persistia.

A cruz tem sido através dos tempos um símbolo da matéria. O Homem Divino está inseparavelmente ligado a ela, restringido e confinado por Sua descida à matéria, que Ele toma sobre si mesmo a fim de que nós possamos existir. Esta é a verdadeira ideia que subjaz a este símbolo e a outros a ele relacionados – os pregos, as feridas, o sangue.

Por muitos séculos, o Cristo foi sempre descrito como reinando a partir da cruz com as mãos levantadas em bênção e sem marcas de sofrimento. Foi somente no século XIII, no tempo de Cimabue e Giotto, que Ele parou de ser representado como vivo e triunfante na cruz. Essas etapas diferentes podem ser vistas em pinturas consecutivas na Galeria Uffizi em Florença.

Existem certas passagens em algumas das Escrituras apócrifas que são muito significativas. Em *Os Atos de Judas Tomé* [8] (*The Acts of Judas Thomas*), há uma bela descrição do Cristo de pé, glorioso acima da cruz, e também de uma esplêndida visão de uma cruz de luz, em relação a qual, olhando-se dentro e através, todos os mundos manifestos podiam ser vistos. Ao mesmo tempo, a aura do Cristo incluía e interpenetrava todos eles. Essa é certamente a verdadeira interpretação mística e gnóstica; nada tem a ver com as teorias comuns de crucificação, mas pretende simbolizar claramente a descida da Segunda Pessoa da Trindade à matéria.

A cruz, apesar de o corpo usado pelo Cristo nunca ter sido nela pregado, ainda permanece como um símbolo do inefável autossacrifício da Deidade, quando Ele descendeu à matéria, e da enorme paciência com que Ele se mantém dentro desta limitação, de modo que as múltiplas formas que Ele assume possam expandir-se gradualmente e não se rompam pelo movimento e expansão demasiado rápidos da vida interior. Ainda é para nós o símbolo do mais poderoso sacrifício que o mundo jamais conheceu. A limitação do Ser Divino deve ser para Ele, senão exatamente um sofrimento, então uma verdadeira morte por estar ligado a e confinado por todas estas formas inferiores. Esse sacrifício Ele assume e pacientemente sustenta "por nós homens e por nossa salvação", para que possamos vir à existência e, por fim, retornar ao nível do qual viemos originariamente.

Esse símbolo também pode ser usado para lembrar-nos de que o homem, como parte do Divino, está ele próprio assim crucificado, se ao menos estivesse consciente disso. A alma, o Cristo que vive dentro dele, ainda está cegamente identificando-se com a cruz da matéria na qual está aprisionado – com os veículos físico, astral e mental que não são ele próprio, mas seus instrumentos para controlar e usar. Assim, sempre que encontrarmos como que dois eus guerreando dentro de nós, devemos lembrar que somos na verdade o superior e não o inferior – o Cristo, não a cruz. O símbolo da cruz pode, então, ser para nós uma pedra de toque do amor autossacrificial para distinguir o bem do mal nas dificuldades da vida.

Ainda hoje, em certos Mistérios internos, o discípulo é ensinado que somente aquelas ações através das quais brilha a luz da cruz são dignas de um discípulo. Com isso, ele é ensinado a testar a si mesmo, a testar suas ações e seus pensamentos e ver se são produto do egoísmo, conquanto delicado e sutil, ou se são realmente movidos pelo amor autossacrificial. Somente no último caso é que a luz da cruz brilhará em sua vida. Menciona-se ainda nestes Mistérios internos: "Quando o discípulo ingressa no caminho, deixa seu coração sobre a cruz; quando o coração e a cruz forem um só, ele terá alcançado a meta." Isso deve lembrar-nos também de que todo o verdadeiro sacrifício deve ser igual ao do *Logos* – um sacrifício de boa vontade; enquanto causarnos dor e sofrimento ainda não atingimos a meta. Somente quando o autossacrifício

---

[8] Texto gnóstico compilado por Leucius, que contém o *Hino do Manto de Glória*, escrito por Bardesanes. (N.E.)

for natural para nós; quando, percebendo a oportunidade para tal, não pudermos fazer de outro modo a não ser aceitá-lo; somente quando desejarmos doar-nos absoluta, completa e livremente, poderá nosso sacrifício ser uno com o Dele; então, e somente então, teremos de fato nos persignado com o sinal da cruz do Cristo eterno.

O Antigo Ritual Egípcio

O grande sacrifício da descida do Segundo Aspecto do *Logos* à matéria na forma de essência monádica foi, de certo modo, expresso de maneira elaborada em símbolo no ritual da forma egípcia da primeira das grandes iniciações. Não é difícil notar que a ideia da crucificação do Cristo originou-se da rubrica ou instrução dada ao hierofante em exercício, a qual dizia o seguinte:

"Então o candidato deve ser atado à cruz de madeira; deve morrer, deve ser sepultado e deve descer ao mundo inferior. Após o terceiro dia, deve ser trazido de volta dos mortos e levado ao Céu para estar à direita Daquele de quem veio, tendo aprendido a guiar (ou reger) os vivos e os mortos."

O recinto da Iniciação era geralmente subterrâneo. É provável que o fosse tanto para manter o sigilo quanto por fazer parte do simbolismo. Na culminância de uma longa cerimônia, o candidato voluntariamente deitava-se sobre uma gigantesca cruz de madeira que era escavada de modo a receber e sustentar a figura humana. Seus braços eram, assim, levemente amarrados, ficando cuidadosamente solta a ponta da corda para caracterizar a natureza voluntária do cativeiro. Em seguida, entrava em um transe profundo e, nesta condição, seu corpo era levado a uma cripta abaixo do solo do recinto da Iniciação e colocado num imenso sarcófago – processo que, no que diz respeito ao corpo físico, não era de todo indevidamente simbolizado como morte e sepultamento.

CAPÍTULO DÉCIMO QUINTO

A DESCIDA AO INFERNO

Nos Credos dos Apóstolos e no de Atanásio, encontramos as cláusulas: "Desceu ao inferno" e, "ao terceiro dia, ressuscitou". Com relação a essas passagens têm havido muitos equívocos. Já indiquei[9] que as palavras "inferno" e "danação" no original grego ou hebraico de forma alguma significam o que usualmente se supõe. Mencionei que a nossa palavra inglesa *hell* (inferno) é derivada de *helan*[10], que significa cobrir, ocultar, de modo que "inferno" significa "lugar oculto". Conforme explicado antes, os antigos imaginavam esse mundo como um vasto plano flutuando no espaço, e pensavam que os mortos passavam para uma região situada sob esse plano. Por consequência ele era denominado "submundo" ou Hades, que era o termo comumente empregado pelos gregos. Esse mundo oculto é, sem dúvida, um fato na Natureza, mas não está no lado inferior de um grande plano porque esta Terra é de fato uma esfera.

Quando um homem passa pela transformação a que chamamos de morte, ele abandona seu corpo físico justamente da mesma maneira que um homem pode tirar um casaco. Quando um homem remove seu casaco, ele ainda está vestido. Exatamente o mesmo ocorre com o homem que se despe do corpo físico ao morrer; ele permanece naquilo que São Paulo chamou de "corpo espiritual", que é seu corpo astral ou emocional.

O Mundo Astral

No mundo astral há uma série de subdivisões grosseiramente organizadas de acordo com a densidade da matéria de que são compostas. Encontramos a mesma organização também no Plano Físico. Em termos gerais, a maior parte da matéria física está sob nossos pés, embora haja uma certa quantidade flutuando na atmosfera como fumaça, e a maior parte da água do globo está sobre a superfície da matéria sóli da, apesar de um pouco da matéria líquida interpenetrar a sólida, pois há rios e lagos subterrâneos. O ar está tanto sobre o sólido quanto sobre o líquido, e acima dele há vários tipos de éter. Esses são ainda mais sutis e, embora interpenetrem todos os outros tipos de matéria, estão predominantemente acima do ar, bem mais longe do centro da Terra do que seu invólucro atmosférico. No geral, conquanto haja uma boa

[9] Conforme foi mencionado no texto introdutório "Como foi preparada esta Edição", os textos sobre "inferno" e "danação" não foram publicados nesta edição. (N.E.)

[10] O autor refere-se às origens arcaicas do termo em inglês. (N.E.)

dose de mistura, os vários componentes do Plano Astral estão dispostos do mesmo modo – a matéria mais densa no fundo e a mais sutil em cima. Assim, a matéria astral mais densa está abaixo no Plano Físico; logo acima dela vem a próxima variedade mais sutil de matéria astral – a que chamamos de sexta subdivisão; sobre ela, mas também interpenetrando-a, a quinta, a quarta, a terceira e assim por diante. Todas elas se interpenetram entre si, mas se agregam principalmente em seus próprios níveis.

No corpo astral de cada um de nós existe matéria de todos esses tipos diferentes, assim como na composição de nossos corpos físicos existe matéria sólida densa, uma grande proporção de líquido e uma considerável quantidade de ar e gás de vários tipos. Também há matéria etérica dentro e ao redor de nossos corpos.

Quando passamos a viver no corpo astral, há uma grande diferença na maneira pela qual percebemos as coisas. Nesse corpo físico, através dos lentos passos do curso de nossa evolução, especializamos para nós mesmos órgãos de percepção – olhos para ver, e ouvidos para ouvir – mas ainda retemos o sentido do tato sobre todo o corpo físico. No corpo astral, o que corresponde ao sentido da visão ou da audição está disseminado em toda a sua superfície. Não existe órgão de visão astral especializado, mas podemos ver com todas as partes do corpo astral. Enquanto estamos, como dizemos, "vivos", todos os diferentes tipos de densidade da matéria astral – estão misturados no corpo astral. Após a morte, estes tipos de matéria reorganizam-se, e a mais densa e mais sólida é impelida para a superfície de maneira a minimizar a desintegração da matéria pela fricção e, dessa forma, prolongar a vida astral tanto quanto possível. Uma vez que aquilo que se poderia chamar de visão do corpo astral está espalhada sobre toda a sua superfície, é lógico que tendo a matéria mais densa e mais grosseira por fora, as únicas vibrações às quais o homem morto consegue responder são aquelas provenientes do nível inferior e mais grosseiro do Plano Astral. Essa parte de nosso mundo oculto é, no conjunto, distintamente desagradável devido ao fato de que toda essa matéria grosseira é o veículo para as vibrações pertencentes às qualidades mais indesejáveis.

Quando um homem morre não se torna de súbito um homem diferente, muito pior ou muito melhor do que era antes; não adquire repentinamente novos hábitos, mas permanece exatamente o mesmo. Se viveu uma vida comum decente e não tinha o hábito de ceder a desejos grosseiros e inferiores, ele pode ter uma certa porção de matéria grosseira organizada na superfície de seu corpo astral e pode, naquele momento, ser desligado, por aquela mortalha, das vibrações mais elevadas e belas do Plano Astral. Mas, porque não estava habituado a usar a matéria mais grosseira, permanece para todos os fins e propósitos adormecido durante esse estágio inicial de sua vida após a morte. Ele é cercado por todos os tipos de influências desagradáveis, porém sua consciência não pode ser afetada por elas; então, flutua imperturbado em meio a todo o turbilhão e a desordem emocionais. Quando, gradualmente, a matéria mais grosseira esvai-se, e o tipo mais sutil de matéria, que ele tinha por hábito usar, vem, por sua vez, à superfície, ele se torna consciente dos impactos externos e é capaz de apreciá-los.

Purgatório

De acordo com a teoria de nossos irmãos romanos, citada de modo muito geral, os irremediavelmente viciosos vão para o inferno de imediato, enquanto os santos vão direto para o Céu, de forma bem semelhante ao que se diz ter acontecido com Nossa Senhora em Sua Assunção. O bom homem comum entre estes dois extremos possui muitas falhas e defeitos que, sem dúvida, o incapacitam a subir imediatamente à presença de Deus no Céu convencional, e ele se sentiria com certeza bastante desconfortável e deslocado ali. Além disso, essas falhas e defeitos seriam ofensivos aos que ali já se encontram. Uma vez que ele ainda não está preparado para o Céu, pensa-se que necessita de uma permanência maior ou menor em uma condição intermediária onde suas faltas serão eliminadas por um processo doloroso.

Dentro de certas limitações, essa teoria da Igreja de Roma pode ser considerada suficientemente verdadeira. Claro que não existe algo como o inferno eterno. É um ultraje ao bom senso e com toda a certeza dá um conceito totalmente errôneo de Deus a qualquer homem que nisso acredite. Quanto ao Céu, segundo a teoria romana, ele não é bem assim; contudo, existe uma condição a que podemos chamar de mundo celeste, da qual tratei em outra passagem. E é verdade que o santo, o homem especialmente bom, não permanece neste mundo intermediário que denominamos astral, mas passa quase que imediatamente para essa vida celeste superior. Todavia a grande maioria das pessoas, que não são nem grandes santas nem o que poderíamos chamar de distintamente más, passam por ambos os estágios, primeiramente por aquele descrito como purgatório e depois, pelo mundo celeste. Não é uma questão de "ir para o Céu" ou para o "inferno", mas, antes, de passar por ambas as condições – primeiramente a inferior e depois a superior – e toda a diferença é o relativo espaço de tempo dispendido nas duas condições.

Este "purgatório" não é em absoluto assim chamado erroneamente, porque é, de fato, um lugar onde acontece uma grande dose de refinamento e melhoramento. É a parte inferior do que comumente chamamos de mundo astral, à qual o homem passa quase que imediatamente após à morte. A doutrina Católica Romana contém muita verdade, mas é adulterada pela teoria das indulgências que assegura a possibilidade de um homem comprar sua saída desse estágio inconveniente sem passar pela purificação, para o qual ele existe.[11] Não existe tal possibilidade; nem milhões de libras fariam um centavo de diferença para o que acontece a um homem após sua morte. Ninguém pode comprar sua libertação da ação das leis da Natureza.

Naturalmente, está claro que todas essas ideias materiais, tais como o queimar no fogo, são símbolos; não poderiam ser nada além. Primeiramente, devemos eliminar todas as ideias do purgatório como punição. Deus não age como um professor de escola mal-humorado, procurando uma oportunidade para punir as pessoas. Como um Pai amoroso, Ele, para o bem de Sua criação e para a evolução desta criação, estabeleceu certas leis eternas. Se não existissem leis da Natureza (e as

[11] Essa noção não corresponde, é claro, ao ensinamento atual da Igreja Católica Apostólica Romana. (N. do Original)

leis da Natureza significam a expressão da vontade de Deus), estaríamos vivendo no caos sem nada em que pudéssemos nos apoiar.

A primeira e a maior de todas estas leis é a da evolução. O homem e todas as demais criaturas sobre a Terra estão lenta, porém firmemente evoluindo, tornando-se melhores do que eram antes. Mas eles crescem sob uma lei de causa e efeito que é sempre e inexoravelmente justa. A lei funciona de maneira automática, e não podemos de modo algum evitar sua ação. Se caímos de um precipício, temos os ossos quebrados ou somos seriamente feridos ao alcançar o chão devido à lei da gravidade; a razão pela qual caímos no precipício não faz diferença alguma. Se caímos, caímos, e obtemos o desconfortável resultado da queda; não nos ocorreria dizer que Deus nos puniu. Tampouco devemos dizer que Deus nos pune quando, como resultado de alguma de nossas ações, o efeito daquela ação recai sobre nós.

E assim, na vida após a morte, pode haver sofrimento para o homem que quebrou a lei, mas não é uma punição. É simplesmente o resultado de uma causa que o próprio homem pôs em movimento. É o único processo efetivo, e portanto mais misericordioso, para a eliminação dos desejos equivocados ou maus, porquanto é realmente este o sofrimento que às vezes ocorre após a morte. Mas, em quase todos os casos, a vida após a morte é bem mais elevada, agradável e feliz que a vida na Terra, mesmo no caso daqueles a quem chamaríamos maus. É uma vida melhor para tais pessoas porque, ao invés de continuarem a fazer o mal, eles são habitualmente reprimidos em sua carreira maléfica pelo sofrimento que lhes sobrevém, uma vez que a maioria das más ações são causadas pelo mau desejo e, através do sofrimento, o mau desejo esvai-se de forma que na próxima vida o homem está livre dele.

Um homem que tenha sido do tipo inferior e grosseiro na Terra, só teria consciência da maioria das vibrações que pertencem aos níveis inferiores, embora elas não parecessem a ele tão terríveis quanto ao homem mais desenvolvido, por já estar habituado a responder a tais vibrações. Mesmo assim, ele certamente sofreria agudamente pelos desejos que não conseguiria satisfazer, e esse sofrimento continuaria até que o tipo mais inferior de matéria fosse eliminado de seu veículo. Assim, cada homem, nessa etapa inicial da vida após a morte, encontra-se exatamente no tipo de ambiente que merece. Ele somente estará consciente daquelas impressões a que tinha por hábito responder durante a vida física.

A Origem da Ideia de Inferno

Qual é a origem da ideia de que o inferno é uma punição? Primeiramente, tomemos o caso de um bêbado ou de um sensualista que recém-morreu. Esses não são, na minha opinião, os piores crimes; existem muitas maldades que são males piores, mas eu os tomo aqui para ilustrar o que quero dizer. No primeiro caso, o homem tem estado sob o domínio do desejo mais intenso. O anelo do bêbado pela bebida é tão poderoso que ele esquece a honra e o dever e até seu amor pela esposa e filhos, no louco desejo de satisfazê-lo. Após a morte, ele terá o mesmo tremendo anseio a torturá-lo. Ele estará completamente consciente na parte inferior do mundo astral e, tendo perdido seu corpo físico, único meio pelo qual ele consegue satisfazer seu vício, a condição em que se encontra parecer-lhe-á um inferno real e, embora em termos de tempo terrestre, possa não durar muito – apenas o tempo necessário para extinguir o desejo e livrar-se dele – poderá parecer-lhe de fato longo devido ao sofrimento a ele relacionado.

O mesmo seria verdadeiro para o sensualista ou para quem morre imerso em ciúmes, por exemplo. Vi um caso em que um homem passou um mau momento por causa do ciúme. Ele passava o tempo todo observando o objeto de sua afeição ciumenta. Era capaz de ver o suficiente para conscientizar-se do que ela estava fazendo, mas, tendo perdido o poder de interferir, ele foi compelido a permanecer uma testemunha desamparada, e assim sofreu intensamente até que a matéria mais grosseira esvaiu-se. Contudo, estava absolutamente em seu poder suspender de imediato todo o problema. Nem o bêbado nem o sensualista teriam sido capazes de cortar de repente os desejos que tinham estado nutrindo com afinco pela vida afora; teria sido necessário algum tempo para conquistar esses desejos. Mas o homem ciumento só tinha que esforçar-se para superar seu mau sentimento, e não haveria mais sofrimento. A qualquer momento, ele poderia ter declarado: "Desisto de ter ciúmes; pensarei apenas na felicidade daquela a quem amo; se ela ama outra pessoa, que assim seja." Se ele tivesse tido a força de vontade de enquadrar-se nessa linha de pensamento, seu sofrimento teria terminado. Talvez esses exemplos possam servir para mostrar que não existe injustiça e não existe punição imposta do exterior; existe o resultado que sucede às próprias ações humanas, a consequência absolutamente natural e inevitável daquilo que se fez durante a vida.

Alguns dos antigos escritores hindus foram, evidentemente, observadores desses fatos. No *Garuda Purana*, por exemplo, que trata dessas condições inferiores de vida do ponto de vista popular e bem conhecido, diz-se que o avarento sai gritando: "desista, desista da minha riqueza; do mundo de Yama[12], vejo minha riqueza ser desfrutada por vós." É verdade que o povo que habita o mundo astral inferior está com frequência muito longe da felicidade, e, às vezes, intensamente infeliz, e embora a existência dessa condição possa ter ajudado a inspirar o conceito popular de inferno, esse inferno não existe a não ser na confusa imaginação das pessoas.

A Descida ao Inferno

Vamos agora considerar o significado da Descida do Cristo ao inferno. Vimos que na cerimônia de Iniciação egípcia há uma etapa em que o candidato é tirado de seu corpo físico, o qual é deixado em uma condição de transe profundo. Durante esse tempo, o próprio homem está atuando em seu corpo astral e está plenamente vivo e consciente naquele mundo inferior. Como cada homem no curso de seu desenvolvimento deve um dia fazer, o Cristo deixou seu corpo físico e passou, não ao inferno da grosseira concepção cristã, mas ao Hades, o mundo dos que partiram. Contam-nos que durante os três dias antes Dele ressuscitar dos mortos, Ele foi e pregou aos "espíritos em prisão" (*Pedro. 3.19*) e, com certeza, aqueles recentemente saídos desta vida podem ser imaginados como estando aprisionados, enquanto estiverem cedendo a essas vibrações mais grosseiras. Conforme foi dito antes, o

---

12 Deus da morte na mitologia hindu. (N.E.)

homem médio decente estaria inconsciente durante este período e não precisaria assim de auxílio, exceto, talvez, de um pequeno estímulo para ajudá-lo a ascender dali para condições mais elevadas. Mas foi para essas criaturas infelizes que haviam há pouco partido desta vida e ainda estavam aprisionadas e cativas nos níveis inferiores do Plano Astral por desejos inesgotados e paixões indomadas, foi para esse vasto exército de desafortunados que o Cristo veio, a fim de ajudá-los indicando o caminho verdadeiro de sua evolução e o melhor método de acelerá-lo.

Há uma bela história no *Evangelho de Nicodemus*[13] sobre a entrada do Cristo no Hades. Ela conta como Adão veio recepcioná-Lo e, ao prostar-se diante do Cristo, o Senhor tomou-o pela mão e conduziu-o para fora do inferno, bem como aos muitos santos e profetas pré-cristãos que estavam em sua companhia. Assim, segundo essa história, visto que Adão foi o primeiro a morrer, também foi o primeiro a ser libertado. Isso é apenas uma lenda, mas mostra como pensavam acerca dessas coisas na Igreja primitiva. Eles acreditavam que a entrada do Cristo naquele mundo oculto libertaria todos aqueles que, tendo tido a infelicidade de viver em épocas remotas, pudessem obter assim a salvação, após a morte, apenas por escutarem e aceitarem a fé cristã.

É como um protótipo de todos os homens cristãos que o Cristo desceu ao inferno. Todo o Cristo que desça ao inferno pregará aos espíritos em prisão e tentará ajudá-los. Mesmo agora, cada vez que um candidato é recebido na Grande Loja Branca, a Fraternidade dos Adeptos, ele também tem que passar por essa experiência. Ele é examinado e questionado: "Aqui está tal caso; como você trabalharia para auxiliá-lo?" Então ele é enviado para praticar sua primeira experiência de pregação aos espíritos em prisão a fim de fazer sua primeira tentativa de ajudar o povo infeliz no mundo astral que ainda não atingiu a parte superior onde poderia ser feliz – a menos que, por acaso, ele tenha sido previamente ensinado a fazê-lo, caso em que a cerimônia de sua Iniciação seria consideravelmente encurtada.

Um Campo Para o Trabalho

Mas bem antes que esse grande avanço chegue para um homem, é possível a ele ajudar neste trabalho quando ele abandona seu corpo físico e passa ao mundo astral durante o sono. Ele também pode "pregar aos espíritos em prisão" na exata medida em que possua o conhecimento que o habilita a dizer-lhes como escapar de suas diferentes limitações. Antes que ele possa fazê-lo com eficácia, deve, é lógico, conhecer algo sobre aquele mundo superior, deve aprimorar-se nos conselhos que poderá dar segundo os casos que porventura se lhe apresentarem. Com certeza, se resolvemos dar tal ajuda e buscar oportunidades de auxiliar, devemos fazê-lo. Qualquer resolução deste tipo que tomemos com a consciência desperta, será posta em prática naquele mundo superior porque, embora a maioria de nós não consiga trazer a recordação do que acontece naqueles planos superiores, a recordação do mundo inferior passa automaticamente ao superior.

---

13 Uma obra apócrifa também referida como os *Atos de Pilatos*. A passagem mencionada encontra-se na parte II, 8:1-2. (N. do Original)

Assim, quando vamos dormir à noite, devemos nos lembrar de nossas intenções com clareza, mas, quando voltarmos aos nossos corpos físicos na manhã seguinte, é bastante incerto que tenhamos alguma lembrança do que fizemos no mundo astral. Tudo o que a pessoa comum pode esperar trazer é um sonho ocasional e vívido de ter feito ou dito certas coisas.

Existe uma vasta necessidade de ajuda e de mais auxiliares. À medida que o tempo passa, mais e mais pessoas elevar-se-ão à condição de poderem ser auxiliares efetivos durante suas vidas físicas e, depois, quando se tiverem despido do corpo físico e estiverem elas próprias vivendo no mundo astral, será uma de suas principais ocupações ajudar os outros, dando-lhes conselhos e assistência.

Assim, a descida ao inferno é uma oportunidade para o trabalho semelhante ao do Cristo no alívio do sofrimento. Esse mundo oculto – oculto de nossos olhos físicos, contudo perfeitamente claro e aberto à nossa visão astral – é um campo aonde podemos ir e trabalhar; onde, a cada noite, durante o sono e após a morte, podemos levar as boas novas àqueles que estão sobrecarregados de tristeza ou remorso, e erguê-los de seu sofrimento, da escuridão para a luz.

CAPÍTULO DÉCIMO SEXTO

A RESSURREIÇÃO

"Ao Terceiro Dia Ressuscitou dos Mortos"

Segundo a história do Evangelho, Cristo morreu na sexta-feira à tarde ou à noite[1]; os diferentes relatos não concordam quanto à hora exata. É dito então que Ele ressuscitou à meia-noite entre sábado e domingo. Tem sido argumentado, um pouco ardilosamente, que isso preenche a ideia da ressurreição ao terceiro dia; que se a sexta--feira (que, entretanto, já estava quase terminando quando Ele morreu) for contada junto com o sábado e o domingo (em cuja aurora Ele ressuscitou), pode-se dizer que "ao terceiro dia Ele ressuscitou dos mortos". Mas isso não está de acordo com outra frase atribuída ao Cristo que diz "... assim estará o Filho do homem três dias e três noites no seio da Terra."[2]

Já chamei a atenção à rubrica egípcia que o próprio Cristo parece ter empregado para ilustrar o ensinamento que deu a Seus seguidores acerca do progresso do homem pelos diferentes estágios de Iniciação. Ali está dito que o candidato deve morrer e ser sepultado e passar ao mundo subterrâneo e que, após o terceiro dia, ressuscitará. Por três dias e três noites o candidato foi deixado em um estado de transe; então, na manhã do quarto dia, ele era erguido de seu sarcófago, levado para o ar fresco e deitado contra o lado oriental da Grande Pirâmide, de forma que os primeiros raios do Sol nascente pudessem recair sobre seu rosto e acordá-lo do longo sono. Mas isso foi clara e definitivamente após três dias e três noites, portanto, se essa tradição está baseada naquela rubrica (e sem dúvida o está em uma grande medida) três dias e três noites seriam o período apropriado.

Isso parece ter sido universalmente aceito nos primórdios dos Mistérios; todavia, como é bem sabido, os Mistérios deterioraram-se com a passagem do tempo, e os candidatos eram aceitos por serem pessoas importantes ao invés de espiritualmente desenvolvidas. Nos primeiros tempos dos Mistérios de Elêusis, na Grécia, ninguém, nem mesmo o maior dos reis, teria sido aceito a menos que estivesse pronto em todos os sentidos. Em uma época posterior, mais decadente, os Mistérios tornaram-se amplamente difundidos, e é evidente que não pode ter sido muito difícil às pessoas fazerem parte dos mesmos, porquanto tem-se conhecimento, através de leitura, de um encontro de um dos graus o qual foi assistido por nada menos que trinta mil Iniciados. É certo que alguns dos últimos candidatos não conseguiam preencher todas as exigências e eram incapazes de permanecer em transe ou mesmo no sono

---

1 No original em inglês *evening.* (N.E.)

2 *Mateus 12:40.* (N. do Original)

durante o período original de setenta e sete horas. Então, "após o terceiro dia", transformou-se em "ao terceiro dia". Claro que essa mudança não poderia ter sido feita até que a intenção original fosse esquecida ou permitida a negligência a seu respeito.

Existe uma razão definida para que esse período de tempo em particular tenha sido escolhido; refere-se ao outro lado do simbolismo – a descida da Segunda Pessoa da Santíssima Trindade à matéria. Os estudantes estão cientes de que esta descida divide-se em grandes períodos chamados "rondas", devido ao fato de a onda de vida divina passar sete vezes ao redor de uma "cadeia" de sete mundos durante o período de vida da assim chamada "cadeia planetária". A descida à matéria leva três e meia dessas rondas. Por três longas jornadas ao redor de nossa cadeia terrena, e parte de uma quarta, a essência monádica penetra cada vez mais fundo na matéria densa. Lemos em *A Doutrina Secreta* que *fohat* (nome tibetano para uma das manifestações da Vida Divina) levou três voltas e meia. Foi só a partir do meio da quarta ronda que certos Seres poderosos desceram à nossa Terra e deram um tremendo impulso à evolução humana. Portanto, no simbolismo do ritual, o Cristo é sepultado no seio da Terra por três dias e três noites, e somente então é trazido à superfície e ressurge, simbolizando assim o momento em que a essência monádica inicia aquele poderoso movimento de seu arco ascendente e que, ao final, sentar-se-á "à direita do Pai".

Outros Significados

Existem outros sentidos envolvidos neste simbolismo, os quais posso apenas mencionar aqui. Na Epístola aos Romanos, São Paulo escreve: "... nós fomos sepultados com ele pelo batismo na morte para que, como Cristo ressuscitou dos mortos... assim andemos nós também em vida nova".[3]

Morremos com Cristo; quer dizer, assim como a Segunda Pessoa desceu à matéria, também nós, como almas, descemos à encarnação repetidamente. Por isso devemos também ascender da matéria com Ele para a vida superior e mais plena.

Na Primeira Iniciação – o primeiro nascimento de um homem na vida superior – dizemos que ele ressuscitou dentre os mortos porque, do ponto de vista mais elevado, aqueles que vivem no mundo e para o mundo podem ser considerados como mortos – mortos ainda para as possibilidades superiores à sua frente, mortos para o lado espiritual de suas vidas – e, assim, o homem que alcança tal nível está daí por diante "salvo" para sempre e ressurgiu definitivamente dessa morte para a vida. Tudo o que muitas pessoas pensam ser a vida – ambição mundana, poder e autoindulgência – é simplesmente, do ponto de vista mais elevado, uma espécie de morte viva, e o homem que vive para tais fins ainda não ressuscitou da morte no sentido místico e interior.

A ressurreição dentre os mortos também faz parte do simbolismo da Quarta Iniciação. Ligado a tal fato há sempre muito sofrimento, pois o homem deve resgatar todo o *karma* que possa ainda estar remanescente. Perto do final, alguns dos resultados de suas ações apegar-se-ão a ele, sejam bons ou maus, e nessa Iniciação ele finalmente

---

3 *Romanos 6:4.* (N. do Original)

encerra toda a ligação com os assuntos terrenos. O homem que atingiu tal nível não precisa mais nascer na Terra, a menos que o queira, embora ele quase sempre decida nascer de novo a fim de ajudar a humanidade, pois seja qual for o avanço que um homem obtenha, seja a primeira ou a quarta Iniciação, ele não o ganha para si, mas em benefício de todos nós. A "grande humanidade órfã", através dele, dá mais um minúsculo passo em direção à sua libertação coletiva da cadeia da matéria. Quando um grande ser ressuscita dos mortos, o mundo inteiro aproxima-se um pouco mais de sua própria ressurreição, e há grande regozijo entre os anjos de Deus, cujo grande objetivo (aqueles cujo trabalho pertence a esse lado das coisas) é auxiliar na evolução.

O mundo inteiro rejubila-se quando o *arhat* se realiza; "toda a Natureza vibra de reverente alegria" conforme expressa aquele maravilhoso livro, de H.P. Blavatsky, *A Voz do Silêncio.* Em *A Luz da Ásia,* Sir Edwin Arnold descreve com muita beleza como, na Iluminação do Senhor Buda, o mundo inteiro foi afetado e sentiu um pulsar de solidariedade; o prisioneiro saltou para a liberdade, os doentes acamados sentiram-se naquele momento melhores e mais fortes sem saber por quê. Se tudo isso ocorre no Plano Físico não sei dizer; é bem provável que sim. Mas, pelo sim pelo não, posso testemunhar pelo que eu mesmo vi que assim o é em todos os Planos superiores. Talvez alguém possa dizer que, afinal, isso é pouco, porque o que representa um avanço tão estupendo para um só homem é, quando dividido entre centenas de milhões no mundo, apenas um pequenino progresso para cada um, porém, ainda assim, significa uma elevação definitiva para todos. Tão verdadeiro é o fato de que a humanidade é Una.

Ressuscitaremos Com Cristo

Portanto, aqueles entre nós que compreendem um pouco da verdade estão ansiosos para progredir, por assim dizer, e determinados a trabalhar com afinco pela evolução, ao invés de demorarem-se e se permitirem ser carregados pela corrente. Se estamos desejosos de avançar mais depressa a fim de podermos auxiliar nossos companheiros e podermos tomar parte no grande plano da evolução; se estamos agindo sem egoísmo e trabalhando no espírito de Deus, então ressuscitaremos como fez o Cristo. Como o Cristo tinha a Divindade atrás de si, assim nós temos dentro de nós o mesmo poder, embora ainda não tão plenamente desenvolvido quanto o Seu. Contudo ele está ali; e é apenas uma questão de desenvolvimento, e esse desenvolvimento é absolutamente certo.

Devemos de fato ressuscitar com Cristo, e nossa ascensão deve ser continuamente repetida porque sempre existem níveis cada vez mais altos a ser alcançados. Devemos continuar a deixar para trás os fardos que nos mantêm no chão e, constantemente, embora de maneira lenta, ascender em direção à glória que se estende à nossa frente no futuro. "Cristo, uma vez ressuscitado dentre os mortos, já não morre; a morte já não tem mais domínio sobre ele. Porque, morrendo, ele morreu para o pecado de uma vez por todas; mas, vivendo, ele vive para Deus".[4] Isso é

4 *Romanos 6:9-10.* (N. do Original)

verdadeiro não apenas para Cristo, mas para todos os homens. Todos temos que morrer para o pecado, e, uma vez que o tivermos feito e ressuscitado, viveremos em Deus para sempre. Quando tivermos ascendido acima das tentações do mundo inferior, viveremos para o Cristo e para Seu mundo e não mais para o eu pessoal. Essa é de fato a verdadeira ressurreição, e a meta que devemos nos propor atingir. Quando tivermos deixado para trás tudo o que nos pode aprisionar, será de fato verdade que "a morte já não tem mais domínio" sobre nós, pois teremos ressuscitado com Cristo e seremos participantes da glória e da vida superior do próprio Deus.

CAPÍTULO DÉCIMO SÉTIMO

A ASCENSÃO

"Ele Ascendeu ao Céu"

A narrativa da Ascensão apresentada pela Bíblia afirma que Cristo elevou-se do solo, perante os olhos de Seus apóstolos, e flutuou no ar até que uma nuvem acolheu-O para além da visão deles. Esta narrativa não precisa ser encarada como histórica. Toda a história do Evangelho é um drama de mistério que mostra as etapas do desenvolvimento espiritual de cada cristão.

A narrativa apresentada no Novo Testamento não é tão definida quanto se esperaria de um fenômeno tão singular. Existe apenas uma referência a esse fenômeno no final do *Evangelho Segundo São Marcos*, e a história tal qual a conhecemos depende da narrativa de *São Lucas*. O Evangelho que é atribuído a São Lucas (nada sabemos acerca do autor) e os *Atos dos Apóstolos*, supostamente também escritos por ele, contêm dois relatos contraditórios deste acontecimento. No Evangelho consta que a ascensão teve lugar no mesmo dia que a ressurreição; que o Cristo ressurgiu talvez à meia-noite ou de madrugada, enquanto ainda estava escuro e, no anoitecer do mesmo dia Ele ascendeu ao Céu. Nos *Atos dos Apóstolos*, há quarenta dias de intervalo. Em *Pistis Sophia* diz-se que um período de dez anos separou os dois eventos.

Estas discrepâncias tornam-se pouco importantes quando consideramos o sentido simbólico. Dizer do homem arquetípico – neste caso Cristo – que "Ele ascendeu ao Céu", significa que Ele atingiu um determinado nível superior. No antigo ritual egípcio, conforme consideramos anteriormente, enquanto o candidato estava em transe profundo, ele tinha que ingressar não só no mundo astral das emoções e aprender a atuar e ajudar ali, mas precisava também experimentar seu primeiro toque de consciência no nível *Buddhico* ou intuicional. Era a experiência transcendente alterando, como de fato o fazia, toda a sua concepção da vida e da evolução, a qual se dizia ser a ascensão ao Céu.

Novamente, em um nível superior, o da quinta Iniciação ou *Asekha*, a ascensão ao Céu significa a obtenção do Adeptado, o nível no qual o homem nada mais tem a aprender no que diz respeito a esta cadeia de mundos em particular. Significa que o Cristo, nascido nele, uma vez mais tornou-se uno com o Pai. Esse é o sentido mais elevado que podemos atribuir ao simbolismo.

O Mundo Celeste

Esta interpretação simbólica está, naturalmente, distante da ideia ortodoxa de Céu, algum lugar afastado ao qual são conduzidos os redimidos ou os salvos, e onde eles passam a eternidade tocando harpas e cantando hinos. Essa visão é, para dizer o mínimo, imprecisa. Com certeza existe um Céu, mas ele não é eterno; tampouco é um lugar, mas *um estado de consciência*, uma condição pela qual a pessoa passa ao deixar para trás seu corpo astral.

Quando começamos a entender o que é a morte, conscientizamo-nos de que a alma é o verdadeiro homem retirando-se, gradualmente, de seus veículos. Ao abandonar seu veículo mais externo – o corpo físico – ele continua a viver no corpo astral. Depois, gradualmente, esse corpo vai refinando-se à medida que as partículas mais grosseiras são lançadas à superfície e consumidas pela fricção. Assim, pode-se dizer que o homem atravessa dois estágios de vida astral – um mais grosseiro e, em seguida, outro de maior refinamento. Estes estágios correspondem ao purgatório e ao paraíso do cristão comum. Ao final, ele abandona o corpo astral durante a assim chamada segunda morte, e se encontra vivendo em seu corpo mental, no que, via de regra, seria denominado sua mente. Uma vez que a vida nesse veículo não pode ser vista de outra maneira que uma vida de bem-aventurança quando comparada a qualquer coisa que nós conhecemos aqui na Terra, ela é chamada de vida celeste.

O nível mais elevado que cada homem consegue tocar é para ele o Céu. O índio pele vermelha da América do Norte que aprecia sobretudo o sucesso na caça, busca a passagem aos "felizes territórios de caçada" – o estado mais elevado de bem-aventurança que ele pode compreender e desfrutar. Se, por acaso, ele se encontrasse no Céu cristão, com harpas, nuvens, palmas e coroas, estaria inteiramente fora de seu elemento e, como se pode imaginar, muito desconfortável. Cada homem consegue aquilo para o que está preparado, por isso ele ficaria nos níveis inferiores do mundo astral, onde seria capaz de imaginar-se caçando, sendo esse todo o Céu que ele é capaz de apreciar. O Céu ortodoxo é encontrado em um nível ligeiramente superior, mas ainda pertence ao mundo astral como todos os Céus materiais dos crentes medianos de outras fés. Existem subdivisões ainda mais elevadas, onde o homem mais altamente evoluído pode viver uma vida feliz e útil, enquanto seu veículo astral está gradualmente se extinguindo.

Quando esse veículo tiver sido por fim abandonado, o homem alcança o verdadeiro mundo celeste onde vive em seu corpo mental. Essa condição é sempre de indescritível bem-aventurança, glória e regozijo. Não há nada comparável a ela nessa vida física. Lá temos tudo o que o coração pode desejar e somos inteiramente livres de todas as incumbências inferiores. O homem comum não desenvolveu esse veículo completamente, e por isso acha-se encerrado em um corpo, parte do qual apenas responde à sua vontade, embora ele não o saiba. Isso é tudo o que ele jamais sentiu ou conheceu do corpo mental, portanto, quando eleva-se a esse nível, fica perfeitamente satisfeito com tal estado. Não tem ideia de que existem possibilidades que ele não consegue vislumbrar. Não existe sentimento de dúvida ou limitação; ele está perfeitamente feliz em seu Céu, seja ele qual for. Há um provérbio oriental que diz que "todo homem traz sua própria taça, e qualquer que seja o tamanho dessa taça, Deus a encherá". Ela está sempre cheia; o homem possui o máximo que pode perceber e apreciar. É um mundo pleno de toda a felicidade possível, um mundo de pensamento divino, e cada homem retira desse pensamento divino o que é capaz de retirar. Deve haver sempre algo no pensamento de Deus, que está muito além de nossa capacidade de resposta, mas desse algo cada homem retira o que quer, e tudo o que quer, tudo o que possa precisar, e assim faz seu próprio Céu.

NOSSOS AMIGOS E ENTES QUERIDOS

Muitos de nós precisamos mais do que tudo da companhia e do afeto daqueles que amamos. Nenhum Céu, por mais glorioso, poderia ser perfeito para nós sem isso. Como isso será resolvido quando, daqueles a quem amamos, alguns estão aqui na Terra e outros faleceram há muito tempo? Como é possível tê-los todos ao nosso redor? Do modo mais natural do mundo. Sempre que pensamos em uma pessoa, fazemos dela uma imagem na matéria mental. Se pensamos com frequência em uma pessoa em especial, então temos flutuando à nossa volta uma imagem-pensamento[1] daquela pessoa. Aqui no cérebro físico, nosso pensamento é algo comparativamente pobre, mas no mundo mental onde não existe mais um cérebro físico com partículas pesadas e inertes a serem postas em movimento, onde não existe mais interferência das vibrações astrais, onde não existem sentimentos exceto as emoções mais elevadas e altruístas de amor, solidariedade e devoção – onde nada há que interfira em nosso pensamento – a construção de uma imagem astral definida e poderosa de nosso amigo constitui um apelo direto para ele, e ele responde imediatamente.

O erro geralmente cometido pelas pessoas é que elas pensam no corpo físico como o homem real; por isso, quando ele se aparta daquele corpo, pensam ter perdido o amigo. Não é assim; o homem ainda está lá, mas, analogicamente, tudo se passa como se ele tivesse tirado o seu casaco e, porque eles estavam acostumados a ver apenas o casaco, pensam que o perderam. Ele está lá do mesmo modo; e reage ao nosso amor tanto quanto antes, e preenche a imagem que fazemos dele no mundo celeste. Se ele estivesse vivendo na Terra, o cérebro físico poderia não saber disso, mas ele, a alma, sabe disto perfeitamente, e preenche a imagem[2] que fizemos, e através dela está muito mais próximo de nós do que estava através de seu corpo físico, quando ambos estávamos juntos no mundo físico, pois o corpo é uma limitação constante.

O amigo a quem tanto amamos pode ter um outro aspecto do qual poderíamos não gostar muito, caso o víssemos completamente. Esse "outro aspecto" pode, às vezes, intrometer-se aqui no Plano Físico, mas não poderia fazer o mesmo no mundo celeste porque a manifestação de nosso amigo ali é exatamente da forma como a construímos. Ele pode se mostrar para nós através da forma-pensamento, somente como imaginamos que ele seja. O fato de ele ter outra manifestação que continue se expressando no mundo físico não faz a menor diferença. Não o impede de pensar e sentir de tal modo mais do que me impediria de segurar dois objetos separados, um em cada mão, e sentir a ambos. Posso notar a diferença entre esses dois objetos enquanto, ao mesmo tempo, estou tão consciente de um quanto do outro. Exatamente do mesmo modo nosso amigo está tão perfeitamente consciente através de duas manifestações

---

[1] No sentido teosófico de "forma-pensamento". (N.E.)

[2] No original inglês: *he pours himself into the image*. (N.E.)

suas, ou de duzentas, ao mesmo tempo, ou mesmo em muitos milhares, como bem pode ser o caso de uma personalidade muito amada e de renome mundial.

O Mundo da Alma

Com certeza, a alma está preenchendo todas essas formas-pensamento absoluta e perfeitamente, embora o cérebro físico aqui embaixo possa nada saber a respeito delas. Os dedos separados não "sabem" o que a mão está sentindo, mas o cérebro, onde todas as linhas encontram-se, sabe tudo; do mesmo modo, a alma conhece todas as manifestações através das quais ela funciona. É no mundo celeste que encontra plena fruição toda a força espiritual que um homem pôs em movimento durante sua vida terrena. Todos os nossos pensamentos e aspirações elevados pertencem ao reino da alma desagrilhoada, e este mundo inferior é incapaz de prover um campo para seu preenchimento ou realização. Ninguém sabe disso melhor que o artista ou o poeta. Um homem que pinta um quadro ou escreve um poema espera com isso transmitir aos outros o que captou em uma visão daquele mundo superior; ninguém sabe melhor do que ele o quanto a expressão do pensamento pode falhar completamente, e como a mais satisfatória reprodução do pensamento que ele é capaz de criar, apresenta-se infinitamente menor que a realidade. Sendo assim, todos estes ideais e aspirações superiores permanecem como uma imensa força armazenada, que nunca pode ser esgotada no Plano Físico ou durante a vida física. Mas existe este mundo oculto superior de beleza transcendente e inimaginável esplendor, onde há possibilidade de todas estas forças mais grandiosas expressarem-se. Todas as religiões têm tentado descrever suas glórias, mas todas têm se apresentado pobremente pequenas perante a grandeza da verdade.

Deve ser admitido que o Céu ortodoxo com suas harpas, palmas e coroas pode não ser inteiramente satisfatório a todos. Algumas pessoas não são musicais, e outras são tão musicais que a harpa pode não preencher suas aspirações por completo. A ocupação do cantar incessante ao som daquele instrumento tampouco pode ser igualmente apreciável por todos. Não se consegue pensar em qualquer esquema objetivo onde todas as pessoas tenham a máxima satisfação. A única maneira possível para isso acontecer é precisamente o que consideramos ser a verdade, ou seja, que cada pessoa construa seu próprio ambiente e que tudo ali seja para ela como ela quer que seja, na maneira pela qual pensa a respeito.

Do insondável mar da consciência divina, cada homem retira aquilo para o qual ele se preparou para retirar, aquilo que é compatível com ele, aquilo a que ele é capaz de responder. Se um homem possui uma riqueza de grandes aspirações, ele receberá de cima a efusão correspondente. Se outro só possui uma mínima porção de altruísmo em sua natureza, mesmo esta mínima porção ainda lhe produzirá um resultado apropriado. Além do mais, não é uma questão de um entrar e outro permanecer do lado de fora; não se destina apenas a uns poucos fiéis, mas a todos que ali conseguem chegar. Nem todos são igualmente felizes, tampouco são todos felizes da mesma maneira, mas cada indivíduo é feliz na medida máxima de sua capacidade. Cada recipiente é carregado até o máximo; embora alguns recipientes sejam pequenos e outros sejam grandes, todos eles são carregados até suas respectivas capacidades.

O Juízo

Ele sentou à direita de Deus, o Pai Todo Poderoso; de lá virá para julgar os vivos e os mortos. O Credo seguiu de perto a rubrica egípcia pelas frases que analisamos nos últimos capítulos, e que, presume-se, popularmente, façam referência à história do Cristo.

Aqui, pela primeira vez, há uma clara divergência de significado, embora haja alguma evidência de que ele já esteve mais próximo da fórmula original.

Na rubrica egípcia essa cláusula é apenas uma extensão da precedente. Nela o texto diz: "Ele deve ser levado ao Céu para tornar-se a mão direita Daquele de quem veio, tendo aprendido a guiar os vivos e os mortos." Isso expressa com beleza o objeto de todo o curso da evolução. Há um vestígio deixado nos escritos exotéricos que sustenta a ideia de que essa pode ter sido a forma original. Na *Regula* de Apelles, que foi discípulo de Marcion, essa cláusula diz o seguinte: "Ele está sentado à direita do Pai de onde ele tem vindo para reger[3] os vivos e os mortos." Essa é uma divergência muito leve do Credo como o temos, mas o significado é completamente diferente. Ela apaga de vez qualquer referência ao esperado segundo advento de Cristo, e por isso torna-se uma declaração muito importante que enfatiza não apenas o grande fato de que a vida que é emanada retorna em plena medida a Ele de quem proveio mas também declara que todo o vasto processo da evolução foi empreendido precisamente para que a humanidade, assim retornando, fosse a mão direita do Pai no trabalho de guiar os vivos e os mortos. Talvez a grande verdade seja a de que todo o poder ganho somente é mantido em confiança, e nos é dado não para nosso próprio uso, ou melhor, não para nosso próprio benefício, mas para ser usado no auxílio ao próximo. Essa ideia raramente tem sido expressa com maior clareza do que naquelas palavras.

Outro ponto acerca do qual há muita incompreensão é o significado da palavra "julgar". A ideia está arraigada na maioria de nós pela tradição de referir-se à segunda vinda de Cristo, quando Ele julgará os homens entre os bons e os maus, e repartirá eterna recompensa ou punição respectivamente. Existe alguma verdade na ideia do dia do juízo, mas não é disso que se trata aqui. Na época em que a Bíblia foi traduzida ao inglês, muitas palavras possuíam uma significação mais geral do que agora é a elas atribuída, e esse termo "julgar" é um destes casos. Veremos que é assim se examinarmos certos textos da Bíblia. No quarto capítulo do Livro dos Juízes, declara-se que Débora "julgava a Israel naquele tempo"[4]. Evidentemente significa que Débora era a governante de Israel, porque na época não havia reis. No capítulo décimo do mesmo livro, lemos que "depois dele se levantou Jair, um Gileadita, e julgou a Israel vinte e dois anos."[5] Aqui, novamente, "julgar" é só um sinônimo de "reger". Isso nos aproxima muito mais da magnífica concepção de guiar e ajudar que é dada na fórmula egípcia. Pode-se bem dizer, nas palavras do símbolo niceno, sobre um regente[6] espiritual que só existe para guiar e ajudar seu povo, que "Seu reino nunca terá fim."

---

3 No original em inglês: *to rule.* (N.E.)

4 *Juízes 4:4.* (N.E.)

5 *Juízes 10:3.* (N.E.)

6 No original em inglês: *ruler* (N.E.)

CAPÍTULO DÉCIMO OITAVO

O ESPÍRITO SANTO

"Creio no Espírito Santo"

A declaração aparece nesta fórmula simples também no Credo dos Apóstolos. Ela foi muito ampliada pelo Concílio de Constantinopla em 381, quando as seguintes cláusulas foram acrescentadas: "O Senhor e doador da vida, Que procede do Pai e do Filho, Que juntamente com o Pai e o Filho é louvado e glorificado, Que falou por meio dos Profetas." Temos visto que as cláusulas ligadas à descida do Cristo à matéria – Sua crucificação, Sua ressurreição e Sua ascensão – foram moldadas com base na rubrica pertencente ao ritual egípcio de Iniciação. Na cláusula agora considerada, voltamos à fórmula original conforme dada pelo Cristo.

Já mencionei anteriormente que o Espírito Santo é a Terceira Pessoa da Eterna Santíssima Trindade, o aspecto sob o qual o *Logos* do Sistema Solar manifesta-se a Seu mundo. É, em grande parte, através desse aspecto e por esse aspecto de atividade da Deidade que o trabalho realiza-se aqui na Terra. Contudo, embora existam passagens na Bíblia que são passíveis de levarem a esta ideia, não devemos sequer por um momento pensar que Deus, o Espírito Santo, seja um mero instrumento ou mensageiro.

O próprio Cristo disse a Seus discípulos ao lhes comunicar que em breve os deixaria: "Rogarei ao Pai, e Ele vos dará outro Consolador."[1] E mais tarde Ele explica que o Consolador é o Espírito Santo. Isto soa como se o Espírito fosse "algo" que pudesse ser enviado – uma emanação ao invés de uma parte de Deus Pai, que atuaria em Seu nome. É bem mais próximo da verdade se pensarmos Nele como o braço do Senhor, estendido, em atividade.

Das Pessoas da Santíssima Trindade, o Espírito Santo é, como se diz, o mais próximo de nós, e é principalmente através Dele que a força divina é emanada sobre a Terra. Quando um candidato apresenta-se para confirmação, primeiro fazemos o tradicional chamado que tem sido sempre endereçado a Ele, ao qual Ele sempre está pronto para responder – o *Veni Creator*: "Vinde, Espírito Santo[2], nossas almas inspirar." Esse hino tem sido empregado desde os primórdios da Igreja para invocar a descida dessa força poderosa.

Depois, o Bispo coloca a mão sobre a cabeça do candidato e ora: "Recebei o Espírito Santo para o doce perfume de uma vida piedosa." Que ninguém duvide um momento sequer que a Terceira Pessoa da Santíssima Trindade de fato desça quando

---

1 *João 14:16 e 26.* (N. do Original)

2 Outra versão tradicional inicia assim: "Vinde Espírito Criador..." (N.E.)

assim invocada; Sua força é diretamente vertida sobre o candidato, e essa força permanece para sempre a encorajar, fortalecer e ajudar. Sua influência abre certos canais que não estavam abertos antes e amplia aqueles que já estavam abertos. É através dele que todas as bênçãos e toda a força santificante descendem, seja na consagração de uma Igreja, na bênção da Água Benta ou da congregação pelo padre ou bispo. A bênção sempre é dada em Nome do Pai, do Filho e do Espírito Santo, e assim três variedades ou tipos de poder são enviados nessa bênção, mas todos provêm através do aspecto mais inferior, ainda assim tão inconcebivelmente elevado – Deus Espírito Santo.

O Paráclito

A característica mais proeminente do terceiro aspecto da Santíssima Trindade com relação a nós é a de Encorajador. Esse é o real significado da palavra *Paráclito*, que é muito frequentemente empregada referindo-se a Ele, e muitas vezes traduzida no Novo Testamento como o Consolador. Essa palavra é derivada de um termo grego, cujo sentido principal é animar ou encorajar. Em verdade, ela também pode ter para nós o significado de "consolar" porque, se um homem está triste ou em dificuldade, animá-lo significa de fato consolá-lo. Sem dúvida, Ele é um conforto para Seu povo quando este se encontra triste ou com problemas, mas Ele é muito mais do que isso, pois seja qual for o estado em que possam estar, em qualquer ponto do berço ao túmulo, Ele está constantemente nos encorajando e fortalecendo, animando e estimulando para o melhor e o mais elevado.

Deus Espírito Santo habita sempre dentro de nós; Ele está sempre perto quando O chamamos; Sua força é vertida sobre nós sempre que nos dirigirmos a Ele para obter ajuda e encorajamento. Ele é Deus Encorajador, Deus Fortalecedor, sempre trabalhando dentro de nós em direção à retidão.

Todo o objetivo do homem, tendo vindo do divino, é ascender de volta à sua origem; no curso dessa constante evolução, quando ele entra em contato com o divino, é natural que ele deva entrar em contato primeiro com o ponto inferior. Usamos a expressão "inferior" sem qualquer sentido de comparação ou implicação de maior ou menor. Mas é verdade que o Espírito Santo incide mais profundamente em nosso mundo do que as outras Pessoas, e, portanto, é com Ele que o homem que começa a ser mais que homem entra primeiro em contato, na parte superior do plano mental. Ele se faz uno com Deus nesta, se assim podemos chamar, mais externa manifestação da Deidade. Isso é ilustrado no drama do Cristo quando o Senhor ascende ao Céu.

Quando um homem abandona as etapas da humanidade comum, ele se eleva ao estágio ulterior à humanidade e se torna uno com Deus – ele ascende ao Céu e senta à direita do Pai. Mas imediatamente após o Festival da Ascensão vem o Festival de Pentecostes, que celebra a efusão do Espírito Santo. O Adepto, depois de ter passado além da humanidade comum, verte sobre seus amigos e discípulos o poder da luz e da vida divinas – verte a si mesmo como o fogo Divino, sendo esse um termo com frequência aplicado ao Espírito Santo. Ele também é às vezes denominado a Chama de Deus ou o Fogo do Amor Divino, porque Ele é especialmente uma manifestação daquele amor que é a própria vida de Deus. Seu símbolo é o fogo – uma ilustração muito hábil do amor incandescente muito acima de toda a paixão ou emoção terrena, daquele maravilhoso amor espiritual que, na mais verdadeira alquimia, queima toda a impureza, tudo o que não é bom, tudo o que não é parte do supremo, tudo o que não consegue manter-se na chama de seu fogo consumidor.

"O Senhor e Doador da Vida"

Esta expressão geralmente significa "o Senhor da Vida e o Doador da Vida", uma construção aliás injustificada. No original grego há uma vírgula após a palavra Senhor, e então o belo nome – Doador da Vida – é dado como um título separado. A tradução adequada é, portanto, "O Senhor, o Doador da Vida".

Deus Espírito Santo é o doador da vida em não menos que três sentidos distintos. Vimos que a vida derivou Dele no início, quando Ele pairou sobre a face das águas do espaço e trouxe à existência a matéria como hoje a conhecemos.

É a Sua vida que pulsa nos átomos físicos ultérrimos e lhes dá o poder de combinarem-se de certas maneiras, de modo a formarem os elementos químicos. Assim, os átomos dos quais a Química moderna trata são monumentos de Seu trabalho. Sua ação trouxe-os à existência em uma certa ordem definida, uma ordem que, até onde a investigação nesse assunto tem sido feita, parece corresponder àquela de seu peso atômico, de modo que as substâncias dotadas de elevado peso atômico tais como o chumbo, o ouro ou a platina, são de formação muito posterior à dos elementos de baixo peso atômico tais como o hidrogênio, o hélio ou o lítio. Sua grande efusão de vida ainda continua, e temos razões para acreditar que elementos químicos de tipo ainda mais elaborado estejam em processo de criação, como deveremos descobrir com a passagem do tempo. Provavelmente Seu "laboratório" encontre-se no centro da Terra.

Há uns poucos anos atrás, supunha-se que um átomo de qualquer destes elementos não podia ser quebrado em qualquer partícula ainda menor. Entretanto, recentemente, foi descoberto que esses assim chamados átomos não são, absolutamente, átomos verdadeiros. "Átomo" significa aquilo que não pode ser cortado, que não pode ser mais subdividido, e por isso é o ultérrimo ao qual algo pode ser reduzido. Foi descoberto que os átomos químicos de todos os tipos são construídos por corpos infinitamente menores denominados elétrons.

Há muito tempo atrás, Sir William Crookes[3] e o Sr. Sinnett[4] engajaram-se em uma pesquisa nessa linha, e tive a honra de auxiliá-los em um grande número de suas experiências. Tentamos descobrir o que existia por trás de todos estes elementos químicos, e Sir William Crookes chegou à conclusao de que havia uma substância da

3 Sir William Crookes (1832-1919): Cientista britânico, membro da *Royal Society*. Dentre suas muitas descobertas estão o metal tálio, o radiômetro e o tubo de alto-vácuo empregado nas técnicas de Raio-X.(N. do Original)

4 A.P. Sinnett (1840-1921): Jornalista e escritor. Editor de *The Pioneer* (Índia). Presidente da Loja de Londres da Sociedde Teosófica, mais tarde Vice-Presidente Internacional da Sociedade Teosófica. (N. do Original)

qual todos eles se formavam chamada "protilo"[5], significando a primeira forma de matéria. Naturalmente, o elétron, desde que foi descoberto, retrocede ainda mais. O que tínhamos encontrado era a primitiva forma física da matéria – a condição primordial na qual ela pode ser considerada como realmente física – que é constituída daquilo que os ocultistas chamam de átomos físicos ultérrimos.

Os Átomos Físicos Ultérrimos

Esses são muito menores que os átomos químicos. Por exemplo, dezoito átomos ultérrimos formam um átomo químico de hidrogênio.

Os átomos ultérrimos são todos semelhantes, exceto que alguns são positivos e outros negativos. Um determinado número deles, organizados de uma certa maneira, forma um átomo químico de hidrogênio, e uma quantidade maior organizada de fórma diferente forma um átomo de chumbo, ou prata ou ouro e assim por diante. É possível traçar uma linha de desenvolvimento distinta sem interrupção nesses átomos químicos.[6]

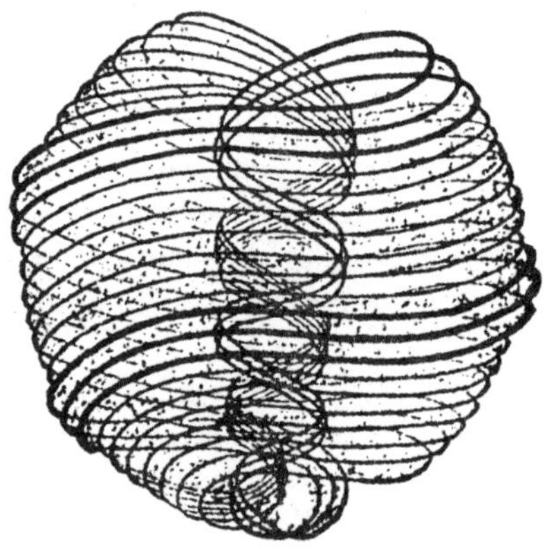

Diagrama 3 – Um Átomo Físico Ultérrimo

O átomo em si nada mais é do que a manifestação de uma força; a Deidade quer uma determinada forma que chamamos de um átomo físico ultérrimo, e através desse esforço de Sua vontade, aproximadamente 14 bilhões de "bolhas no *koilon*" são mantidas naquela forma específica. O átomo aqui representado é masculino ou positivo. É uma estrutura em formato de coração, composta, aparentemente, de dez conjuntos de "fios" organizados em espiral, dos quais três conjuntos são mais espessos que os outros. Sob observação, um átomo é visto como extremamente ativo, sendo notados três movimentos em especial; primeiro, ele gira com rapidez sobre seu eixo; segundo, move-se com rapidez ao redor de uma pequena órbita; terceiro, expande-se e se contrai, pulsando como um coração. Todos os assim chamados elementos químicos são feitos de grupos destes átomos ultérrimos geometricamente organizados.

---

5 No original em inglês: *protyle.* (N.E.)

6 Desenhos desses átomos bem como maiores detalhes sobre o assunto podem ser encontrados em *Occult Chemistry* de A. Besant e C.W. Leadbeater. (N. do Original)

No princípio, eles compõem-se de um mero feixe de tubos, ou, às vezes, espigas, através das quais a força é emanada ou recolhida, dependendo de serem eles positivos ou negativos. Mas, em dado momento, um globo central feito de uns poucos átomos ultérrimos é formado no meio disso. À medida que seguimos a linha da evolução dos átomos químicos dos mais leves aos mais pesados, essa pequena esfera central torna-se maior até que, no rádio, descobrimos que é muito distintamente a parte principal do conjunto, e o resto da estrutura – as espigas e os funis – existem somente devido a essa esfera central. Ela se torna cada vez mais ativa, desenvolvendo mais poder de movimento, e desenvolvendo, de todas as maneiras, qualidades insuspeitadas até que, no rádio, é suficientemente ativa para atrair matéria do exterior e expeli-la de novo e, desse modo, continua capaz de emanar força por milhões de anos. A razão pela qual consegue fazer isso ainda não foi descoberta pelos cientistas, mas algum dia eles descobrirão que assim acontece porque é como uma célula viva, um esporo vivo.

Esses átomos ultérrimos são complexos. Nós os chamamos de átomos físicos ultérrimos porque, quando são subdivididos tornam-se matéria astral. Há razões para crer que os elétrons da Ciência[7] são o que chamamos de átomos astrais, porque se diz que em um átomo químico de hidrogênio existe algo que varia de setecentos a mil dessas partículas. E acontece que em um átomo químico de hidrogênio existem oitocentos e oitenta e dois átomos astrais. Isso pode ser, é lógico, apenas uma coincidência, embora pareça improvável. Se há alguma conexão real entre estes dois fatos, parece que em alguns de seus experimentos nossos cientistas devem estar de fato desintegrando matéria física e jogando-a de volta ao Plano Astral.

Os átomos físicos ultérrimos são, eles próprios, construídos de corpos ainda menores a que chamamos bolhas no *koilon*[8]. Se olharmos com visão clarividente para um desses átomos, vemos que é composto por um número de espirais ou tubos, organizados em uma certa ordem, sendo cada tubo formado de sete tubos ainda menores enrolados em espiral, colocados em ângulos retos sucessivamente. Estes tubos, que denominamos espirilas, ainda não estão todos em atividade. Nós nos encontramos agora na assim chamada quarta ronda – a quarta jornada ao redor da cadeia de planetas nos quais estamos evoluindo – e apenas quatro dos sete conjuntos de espirilas estão despertos e em pleno funcionamento. Os outros três ainda não estão em atividade e, a julgar pelo passado, a cada jornada futura ao redor dos planetas, os átomos desenvolverão um outro conjunto de espirilas, até que estejam todos plenamente vitalizados, e esta parte especial do trabalho do Espírito Santo será realizada. Assim, é a Sua vida que está lentamente se expandindo nos próprios átomos dos quais nossa matéria é feita. O fato de a própria matéria estar evoluindo significa que nosso trabalho se tornará mais fácil à medida que o tempo passa. O que se chama de resistência ou inércia da matéria é uma de suas qualidades que, no presente, com

---

[7] Obviamente percebe-se que, na época em que esta obra foi escrita, o significado científico da palavra eletron, conforme hoje o empregamos, era bastante diferente e não coincidia com a constituição do átomo definida na Teoria de Rutherford-Bohr. (N.E.)

[8] Chamado também de "éter do espaço" ou raiz da matéria elementar, conforme o próprio autor considera em outra de suas obras intitulada *Compêndio de Teosofia*. (N.E.)

frequência, bloqueia nosso caminho e causa-nos problemas. Muitas dificuldades serão erradicadas para nossos descendentes remotos nas futuras rondas, porque a matéria estará, então, muito mais desenvolvida, muito mais vivificada do que essa na qual estamos agora trabalhando.

O Fogo Serpentino

Há um terceiro modo pelo qual Deus Espírito Santo é o Doador da Vida. É através da força denominada fogo serpentino ou *kundalinī*. Escrevi em meu livro *Os Chakras*[9]:

"Esta força é a manifestação no Plano Físico de mais um dos múltiplos aspectos do poder do *Logos*, pertencente à Primeira Efusão, que deriva do Terceiro Aspecto. Ela existe em todos os planos sobre os quais temos algum conhecimento ... Não é conversível nem na força primária já mencionada, nem na força de vitalidade que vem do Sol, e não parece ser afetada de modo algum por quaisquer outras formas de energia física.

"Sabemos há muitos anos que existe no âmago da Terra o que pode ser descrito como um laboratório do Terceiro *Logos*. Ao tentarmos investigar as condições no centro da Terra, descobrimos que há ali um vasto globo de força tão potente que não conseguimos nos aproximar ... A força de *Kundalinī* em nossos corpos vem desse laboratório do Espírito Santo, nas profundezas da Terra. Pertence àquele fantástico fogo brilhante do mundo subterrâneo. Esse fogo está em contraste notável com o fogo de vitalidade que vem do Sol.

"*Kundalinī* é o poder dessa efusão (a Primeira) em sua Senda de retorno. Opera nos corpos das criaturas em evolução em contato muito próximo com a força primária já mencionada. Ambas agem em conjunto para levar a criatura ao ponto onde pode receber a efusão do Primeiro *Logos* e se tornar um Ego, um ser humano, e ainda carregar os veículos mesmo após essa transformação. Deste modo, extraímos o grandioso poder de Deus tanto da Terra sob nossos pés quanto do Céu acima de nós; somos filhos da Terra tanto quanto do Sol. Esses dois encontram-se em nós e trabalham juntos para a nossa evolução. Não podemos ter um sem o outro, mas, se um deles estiver presente em excesso, haverá sérios perigos. Daí o risco de qualquer desenvolvimento das camadas mais profundas do fogo serpentino, antes que a vida do

---

9 Os *chakras* são centros psicofísicos sutis relacionados a certas glândulas e plexos nervosos de nosso corpo que, como o autor considera na obra citada, "são pontos de conexão ou enlace pelos quais flui a energia de um a outro veículo ou corpo do homem" (*Os Chakras*. São Paulo, Pensamento, 1974. p. 19). O desenvolvimento pleno destes *chakras*, através do despertar do fogo serpentino, desperta os poderes latentes e abre a percepção dos sentidos paranormais da clarividência, clariaudiência, para outras dimensões ou planos além do Plano Físico (vide "Os Planos da Matéria" no capítulo segundo "A Descida à Matéria). O autor também comenta que: "A fim de evitar desde já qualquer malentendido, convém não perder de vista que nada há de fantástico, nem contra a Natureza, quanto à potência visual que capacita alguns para perceber mais que outros, pois consiste simplesmente numa extensão das faculdades com que estamos familiarizados, e aquele que atinge essa extensão pode perceber vibrações mais rápidas que aquelas a que os sentidos físicos estão normalmente habituados a responder. "No transcurso da evolução e a seu devido tempo todos ampliarão suas faculdades ordinárias, mas há aqueles que se deram ao trabalho de aguçá-las antes que os demais, à custa de um labor muito mais árduo do que a generalidade das pessoas quereria empreender". (ibidem, p. 13-14). (N.E.)

homem seja pura e refinada. ...Mas *Kundalinī* desempenha um papel bem maior na vida diária do que a maioria de nós supôs até o momento; existe uma manifestação bem mais inferior e suave deste fogo serpentino, que já está desperta em todos nós, que é não somente inócua mas benéfica, que está fazendo seu trabalho dia e noite, enquanto estamos inteiramente inconscientes de sua presença e atividade.[10]

Vemos então que Deus Espírito Santo é um doador de vida de três maneiras. Primeiro, Ele envia Sua vida através dos átomos; depois Ele verte através deles uma outra corrente de vida que os habilita a se combinarem e a comporem os átomos químicos; terceiro, Ele trabalha nos corpos de todas as criaturas em evolução através daquela força misteriosa que chamamos de fogo serpentino.

"Que Procede do Pai e do Filho"

Tem havido muita ambiguidade acerca desta cláusula. Ela ganhou uma notoriedade, uma proeminência totalmente desproporcional à sua importância intrínseca, porque foi a causa da maior divisão já ocorrida na Igreja Cristã – a divisão entre as Igrejas Oriental e Ocidental no século XI. Toda a questão girou em torno da inserção de uma palavra. "Que procede do Pai" era a forma original da expressão, e a palavra *filioque* – "e do Filho" – foi inserida pela Igreja Romana por volta do ano 600. A Igreja Grega não fez caso disso na época, mas uns quatrocentos anos depois, subitamente descobriu que não podia estar associada com pessoas que sustentavam uma doutrina tão estranha e ultrajante. A razão verdadeira para a mudança foi política e financeira ao invés de doutrinária.

As relações entre as duas partes da Igreja estiveram estremecidas durante certo tempo. O oeste da Europa devia obediência à Sé de Roma, cuja política era a de centralizar tudo na própria Roma. Havia muitos patriarcas na Igreja Oriental que se igualavam em *status*, ao passo que só existia um chefe da Igreja Ocidental, o Papa. Ele tendia a centralizar cada vez mais autoridade em suas mãos, e a gota que fez transbordar o copo e resultou na separação da Igreja grega foi a transferência da obediência dos búlgaros antes prestada aos patriarcas, passando então ao Papa. Isso significou o desvio de uma grande soma de dinheiro de uma organização para a outra, e, assim, a Igreja Oriental apartou-se e deu como pretexto a inserção de *filioque*. A Igreja Ocidental não corrompeu de modo algum a doutrina ao acrescentar esse termo; apenas expressou em palavras o que deve ter sido óbvio desde o início para qualquer pessoa que lêsse além das meras palavras da fórmula, e, mesmo assim, houve um significado muito real no protesto da Igreja Oriental.

Já vimos que, quando a vida da Deidade aparece no mundo mais elevado de nosso Sistema Solar, ela se manifesta como uma triplicidade, como três Pessoas ou Aspectos. A Primeira dessas pessoas – o Pai – mantém-se sempre no nível da primeira e mais elevada manifestação. A Segunda descende um plano e se veste com a matéria daquele plano. A Terceira dessas três manifestações iguais desce através de dois níveis. Assim, temos três manifestações separadas a quem, com toda a reverência, podemos descrever como ocupando três estágios. Se imaginarmos para nós próprios

---

10 *The Chakras*, Quest Ed. (1974) p. 25-30. (N. do Original)

os planos como as prateleiras de uma estante, haverá três manifestações lado a lado no plano mais superior. A Primeira sempre permanece naquele plano, enquanto a Segunda descende um estágio abaixo e ali Se manifesta através da matéria daquele plano. A Terceira descende ainda além mais um estágio e ali Se manifesta. Mas, como as três coexistem igualmente no plano superior, a Segunda Pessoa deve sempre reter aquela manifestação no plano superior, embora descenda um plano abaixo. Similarmente, a Terceira Pessoa descende dois planos, mas retém sua manifestação em cada um daqueles planos superiores. Então, é evidente que não foi uma alteração da doutrina, por parte da Igreja, dizer que a Terceira Pessoa procedia da Primeira e da Segunda. Ela obviamente procede da Primeira, passando pelo nível da Segunda e descendo ao Seu próprio plano na Terceira. O que a Igreja latina queria dizer, ao incluir a palavra *filioque* em seu credo, era simplesmente que Deus Espírito Santo não desce para o terceiro plano saltando o estágio intermediário do segundo plano, mas *passa através* daquele estágio que é especialmente dedicado à manifestação de Deus, o Filho. A Igreja Grega não compreendeu essa adição e supôs que ela indicasse uma confusão das funções e da manifestação das Pessoas ou Aspectos separados da Trindade. Ambos os lados estavam certos. A Igreja Oriental estava perfeitamente certa ao dizer que havia uma clara linha de descida do nível de Deus Pai e que, portanto, o Espírito Santo não provinha da manifestação da Pessoa do Filho. São João Damasceno chegou mais perto que todos os discordantes sobre o entendimento da verdade, pois ele fez a seguinte tradução: "Que procede do Pai através do Filho" (De Hymno Trisag., n.28). Ele foi, entretanto, considerado um herege por seus contemporâneos.

Se eles tivessem invertido a expressão e dito que o Filho procede do Pai e que o Espírito Santo foi gerado do Filho, teriam se aproximado mais da verdade oculta. A segunda Pessoa da Trindade lançou-se por Sua própria vontade do seio do Pai, e nasceu assim de Um e não de Dois. Conforme já expliquei em outra parte[11], o real significado da palavra *monogenés* é "provindo de um único" e não da interação de uma combinação ou par, como em todos os outros nascimentos em nosso sistema.

A processão do Espírito Santo ou Sua geração não foi exceção à regra geral, pois em todos os sistemas o Filho é visto como dual, embora no sistema cristão moderno os dois pólos ou aspectos sejam expressos apenas como divindade e humanidade. Em muitas das Trindades anteriores, e mesmo nas tradições gnósticas, a dualidade era vista como correspondente àquela de masculino e feminino, e a Segunda Pessoa era, às vezes, chamada o Pai-Mãe e dizia-se conter dentro de Si as melhores características de ambos os sexos.

"Que Juntamente Com o Pai e o Filho É Louvado e Glorificado"

Esta frase enfatiza a igualdade das Três Pessoas, embora isso não fosse universalmente aceito. Os seguidores da heresia ariana sustentavam – certamente com uma parte de razão – que se o Filho vinha do Pai, Ele teria de ser mais jovem e, portanto, de certa maneira menos importante que o Pai. Mas a facção ortodoxa mantinha que, na essência, essas Três Pessoas sempre existiram, e que elas eram co-

---

11 *The Christian Creed* (*O Credo Cristão*), p. 57. (N. do Original)

eternas e co-iguais, verdade essa declarada nessa cláusula do Credo de Niceia e exposta de modo mais definido no Credo Atanasiano, no qual está dito que "nenhuma é anterior, ou posterior a outra; nenhuma é maior ou menor que a outra; mas todas as três Pessoas são juntamente co-eternas e co-iguais" Os Três Aspectos são na verdade igualmente dignos de nossa reverência e nossa gratidão, todos merecendo ser glorificados pelo homem, uma vez que seu débito de gratidão pelo trabalho e pelo estupendo sacrifício envolvido em sua evolução é devido a todos os três igualmente.

"Que Falou Por Meio dos Profetas"

Isso refere-se a um outro lado do trabalho do Espírito Santo e é mais um equívoco de compreensão do que um erro de tradução, porque o original grego é certamente passível dessa interpretação. Aqueles que estudaram os escritos dos padres cristãos, dos gnósticos e dos filósofos de Alexandria sabem que o sentido real dessa cláusula é obviamente algo bem diferente da interpretação dada aqui. Usamos a palavra "profeta" hoje em dia para designar uma pessoa que prediz o futuro. O termo grego *prophetai* (*phemi*, falar, e *pro*, adiante ou antes) significa discursar, pregar, transmitir uma mensagem. O significado da passagem original que essa cláusula representa pode ser talvez melhor traduzida em inglês como "Que se manifesta através de Seus Mensageiros." A palavra grega *aggelos* significa tanto anjo quanto mensageiro. Os anjos são os mensageiros de Deus, e o significado original por detrás disso não era uma referência aos profetas judeus, mas à ideia de que Deus Espírito Santo manifestava-se ao mundo através de certos Mensageiros.

Deve ser lembrado que a maioria dos primitivos cristãos eram judeus, e que estavam sempre ansiosos para ligar o novo ensinamento cristão à velha crença judaica, e fazer Cristo aparecer como o reconhecido Messias, a quem seus profetas haviam vaticinado. Os profetas escreveram e falaram poeticamente em termos amplos e gerais, mas muitas de suas declarações foram distorcidas em seu significado óbvio a fim de ajustá-las aos incidentes que supostamente aconteceram na vida de Cristo. Com muita frequência é dito que Cristo fez ou pronunciou certas coisas para que "as Escrituras pudessem ser cumpridas". Eles supunham que Ele fizera ou dissera certas coisas para ajustar-se ao que os profetas haviam falado centenas de anos antes. Era muito natural que eles devessem tentar compatibilizar estes fatos, e quando nos lembramos de sua forte convicção de serem o povo escolhido de Deus, talvez não seja tão surpreendente que encarassem esta passagem como indicativo da inspiração dos profetas hebreus.

Os Sete Raios

A fim de encontrarmos o real significado dessa cláusula, devemos voltar aos ensinamentos dos judeus, não como encontrados nos livros da Bíblia, mas sim em seus escritos místicos. Ali encontramos a tradição dos Sete Arcanjos ou Sete Espíritos perante o trono de Deus – os sete *Logos* menores que são a primeira emanação de Deus. É claro que era impossível que a passagem considerada fosse depois compreendida por aqueles já obsecados com a ideia de que tudo que era dito da Segunda Pessoa da Trindade devia ser tomado como a história da vida de um instrutor humano. Se a

Segunda Pessoa fosse apenas um homem e a Terceira Pessoa uma vaga influência procedente Dele, então os mensageiros através dos quais aquela influência fora previamente manifestada deviam obviamente ser homens também. A magnitude da verdadeira concepção estava muito acima deles.

O fato de essa "manifestação através de Seus anjos" ser uma realidade viva é conhecido por qualquer estudante de Ocultismo. Em cada plano ele encontra os sete grandes tipos, não só de matéria, mas de vida e energia. O que quer que tenha vindo de Deus, da Luz e da Vida e da Força, veio através de um ou outro desses Sete Grandes Espíritos. Eles são, de uma maneira muito difícil para nós entendermos, entidades inteiramente separadas; e ainda assim são centros de energia no próprio *Logos.* Toda a vida que é derramada é Sua vida, mas ela é derramada através de um ou outro desses grandes canais e, seja quem for que passe por eles, recebe uma marca indelével, de forma que a partir daí, sempre se pode dizer por meio de qual dos sete alguma porção particular de força, vida, saúde pode ter vindo. Encontramos essas sete linhas de energia percorrendo todos os reinos.

Nós as chamamos de Raios; falamos de indivíduos como pertencentes ao quarto ou ao sétimo ou ao quinto raio e assim por diante, de acordo com a linha ao longo da qual eles surgiram do Divino. Os homens sempre reconheceram essas divisões. Há um século atrás ou mais, eles eram chamados "temperamentos", e os homens eram classificados como sendo do temperamento linfático ou sanguíneo e assim por diante. Mais tarde, a Astrologia entrou em voga, e as pessoas foram definidas como estando sob a influência de um ou outro dos planetas.

O significado original de todas essas classificações é simplesmente que todos nós estamos em uma ou outra destas sete grandes linhas, todos nós viemos através de um ou outro desses sete grandes anjos ou mensageiros, e a vida que emergiu através de um deles sempre permanece Sua vida, embora seja também a vida do *Logos*, do qual Ele é parte. Assim, verdadeiramente, é a Vida Divina sempre manifestando-se não apenas fora de nós, mas em nosso interior, embora essa vida sempre venha através de Seus anjos ou mensageiros, através de uma ou outra daquelas magníficas luzes vivas que são, por sua vez, centros naquela Luz ainda maior que não conhece ocaso, mas brilha para todo o sempre.

CAPÍTULO DÉCIMO NONO

A IGREJA E OS SANTOS

A Santa Igreja Católica

Essa cláusula aparece no Credo de Niceia como "em uma Igreja Católica e Apostólica" e sempre tem sido entendida como referindo-se ao corpo dos crentes fiéis do mundo inteiro. A palavra "católico" (do grego *katholikos*) simplesmente significa universal. A Igreja Católica é, portanto, a Igreja universal una; não há título mais tristemente incompreendido que esse. Por que deveria uma seção particular, conquanto poderosa, conquanto apreciável, da santa Igreja de Cristo ser autorizada a apropriar-se daquele nome e excluir todo o resto? Com certeza, cada Igreja onde Cristo é verdadeiramente adorado faz parte da grande Igreja Católica.

Essa cláusula é com efeito uma declaração da fraternidade dos homens, pois ela proclama que a comunhão de interesses nas coisas espirituais reúne homens de todas as nações. Esse é o real significado da palavra "Igreja". O termo grego para Igreja é *ekklesia*, que significa o corpo daqueles que são "chamados" da vida ordinária de energia mal direcionada, por meio de seu conhecimento em comum dos grandes fatos subjacentes à Natureza. Eles são os que, não importando a que nação possam pertencer ou por que nome escolham chamar sua fé nas coisas espirituais, conhecem algo da verdade sobre Deus e Sua relação com os homens; que não conseguem viver como se não tivessem esse conhecimento e, por compreenderem a relativa importância de cada um, "colocaram seu afeto nas coisas do Alto e não nas coisas da Terra."

Nesse sentido, a Igreja é de fato uma verdadeira e grande fraternidade com os elos mais próximos possíveis entre seus membros, embora haja muitas seitas entre os seguidores de Cristo que não se conscientizaram de sua irmandade, que suspeitam e não compreendem uns aos outros. Mas, com certeza, à medida que o mundo evolui, as pessoas começarão a perceber cada vez mais como é tolo discutir sobre assuntos de crença sem importância. Homens igualmente bons em todos os sentidos pertencem a todas as religiões diferentes, a todas as diferentes seitas do Cristianismo, embora externamente difiram nas formas e nomes e cerimônias. A questão acerca de que roupa devem vestir quando louvam a Deus, se devem ser batizados quando crianças ou quando adultos, se devem usar esta ou aquela palavra, esta cerimônia ou aquela, tudo isso importa muito pouco.

O ponto realmente importante para aqueles que consideram as coisas espirituais antes das temporais é que todos eles concordam em permanecer juntos ao lado de Deus, que eles definitivamente alinharam-se ao lado do bem ao invés do mal, da evolução em vez da retardação. O compartilhar do conhecimento superior e uma comunhão de objetivos constituem um vínculo espiritual muito real, mais forte do que quaisquer das divisões externas que os separam – mais forte porque é espiritual e pertence a um plano superior a este.

Essa verdadeira Igreja do Cristo é *católica* porque entre seus membros estão homens de todas as raças e de todos os credos sob o Céu, "de todas as nações e sangues e idiomas"; é santa porque em cada ramificação da Igreja de Cristo, aqueles que realmente fazem parte dela estão tentando tornar suas próprias vidas e as dos outros mais santas e melhores; é *apostólica*, não como geralmente se pensa, porque descende dos doze apóstolos, que provavelmente são míticos[12], mas porque todos os seus membros são, na verdade, apóstolos – "homens enviados" pelo Grande Poder que guia a todos. Embora muitos deles não o saibam, cada verdadeiro seguidor do Cristo é enviado ao mundo por Ele para ser Sua expressão sobre a Terra, para que possa ser um emissário a ajudar seus irmãos mais ignorantes, não apenas por preceito, mas pelo exemplo e pela influência.

A Igreja é denominada *Una,* e ela é fundamentalmente *una* em essência, sejam quais forem suas divisões externas – "eleita de todas as nações, ainda que una sobre toda a Terra" – embora possa levar séculos antes que todos os seus membros apercebam-se de sua unidade.

Pois a verdade é que, em todo o mundo, só existem dois tipos de pessoas – as que sabem e as que não sabem. Aquelas que sabem compreenderam o plano de Deus para o homem e sabem que esse plano é a evolução – que significa progresso contínuo do bom para o melhor, aperfeiçoando-se cada vez mais. Tais pessoas têm sido comparativamente poucas até agora, mas mesmo assim, no conjunto perfazem um grande número. Depois existem os muitos que até agora nada sabem do esquema divino; vivem para si mesmos e são em grande medida escravos de suas paixões. Quando vierem a conhecer a verdade, experimentarão o que é chamado de conversão (Latim *con*: com, e *verto*: voltar-se), e começarão a mover-se em harmonia com a lei divina de evolução porque essa é a vontade de Deus para o homem. Aqueles que sabem são a favor de Deus e a favor da evolução, e não importa uma vírgula se forem budistas ou hindus, muçulmanos ou cristãos, livres-pensadores ou judeus. Essa não é em absoluto a questão; a questão é se estão, definidamente, do lado de Deus e se, na religião em que nasceram (não por escolha, mas pela vontade de Deus e sob sua grande Lei), estão fazendo o seu melhor. Se eles estão vivendo como deveriam viver, estão do lado de Deus, e são o sal da Terra; são os capazes de elevar, de ajudar o resto do mundo que tem de ser elevado e ajudado. Estes constituem a santa Igreja difundida pelo mundo, que sempre reconhece seu Chefe, embora ela possa chamá-lo por muitos nomes e imaginá-lo sob muitas formas.

A solidariedade da Igreja é bem pouco compreendida. O próprio Cristo disse, e repetidas vezes tem sido ensinado, que "nenhum homem vive para si mesmo, e nenhum homem morre para si mesmo", mas a maioria das pessoas não entende isso. Na verdade, como membros do corpo de Cristo, nada fazemos sozinhos. Existe uma

---

12 Houve apóstolos certamente, e deles vieram nossa fé e a sucessão apostólica, mas quando realizamos investigações clarividentes sobre as épocas, não encontramos aqueles doze homens específicos chamados de Apóstolos nos Evangelhos. (N.E.)

comunidade na Igreja – uma comunidade de adoração, de boas obras e de graça sacramental – e todos adoramos, recebemos e agimos não apenas para nós próprios, mas como partes do todo. Não de modo vicarial, como substitutos uns dos outros, porque isso seria subversivo à perfeita justiça, mas unificados pelo intercâmbio de bênção e de paz, por sermos todos unos com Deus. No pináculo da pirâmide da vida religiosa, há sempre uma única pedra – a do amor divino. Essa é a jóia mais brilhante de todo o Universo, a pedra de toque pela qual podemos testar tudo o mais; esse é, de fato, o ponto central para o qual todos os caminhos convergem, e as almas santas para lá migram por muitas estradas, pois todas são peregrinas viajando para um único e mesmo santuário.

A Comunhão dos Santos

Esta cláusula se encontra somente no Credo dos Apóstolos, e é interpretada de três maneiras diferentes. A primeira toma-a meramente como uma extensão da frase anterior, ou seja, "A Santa Igreja Católica [que é] a Comunhão dos Santos." Os mais ignorantes compreendem-no desse modo: acreditam que ela inclua apenas os cristãos e, com frequência, somente uma facção dos mesmos. Eles ainda não captaram a glória e a beleza do plano; ainda estão na situação da criancinha que acha (e é bastante correto em seu estágio que ela pense assim) seu pai o mais belo, o mais forte e o maior homem do mundo. À medida que ela cresce, vem a reconhecer que existem outros homens tão bons e tão grandes quanto seu pai. Portanto, quando saímos do estágio criança de nossa religião, conscientizamo-nos de que todas as religiões são muito semelhantes, diferindo, mas não sendo necessariamente uma maior do que a outra.

Uma segunda interpretação da "Comunhão dos Santos" é aquela que a considera como sendo os membros da Igreja que já morreram. A ideia é que a Santa Igreja Católica é a Igreja dos vivos, enquanto que a comunhão dos santos é a Igreja daqueles que puseram de lado o corpo físico. Essa ideia está expressa em um dos hinos:

Nele habitamos qual uma família,
Uma Igreja no Céu como na Terra,
Embora agora separados pelo rio,
O rio estreito da morte.

O terceiro método de interpretação dá um sentido mais místico à palavra comunhão e a faz significar a associação íntima que existe entre os santos.

A verdade, como ocorre frequentemente, inclui todos estes, mas ainda assim é muito maior que qualquer um deles, pois o verdadeiro sentido da expressão de crença na comunhão dos santos é o reconhecimento da existência e das funções da Grande Fraternidade de Adeptos. Eles são aqueles que passaram pela evolução humana e estão agora no limiar do que se estende para além da humanidade. Eles são "super-homens", para usar a expressão moderna, encarregados da evolução da humanidade. Essa Grande Fraternidade Branca, que dura de eternidade a eternidade, é o "reino dos Céus" do qual Cristo fala, e aqueles que ali entram são os eleitos, os escolhidos – escolhidos em virtude do trabalho que realizaram, do estágio que alcançaram antes de nós – no entanto, eles também são parte de nós, e a prova dessa unidade está em que cada homem que atinge esse nível ajuda a humanidade a avançar em direção à sua perfeição final.

Os membros dessa poderosa Fraternidade são unos em um tal grau que nos é impossível entender. Eles se tornam uma única consciência poderosa, "o Homem Celeste", como é, às vezes, chamado e, mesmo assim, ao transformarem-se nela, não perdem sequer a menor parte de sua individualidade. Não perdem qualquer sentimento de continuidade, mas com eles o senso de individualidade aumentou para abranger todo o mundo, para incluir todos aqueles que, com eles, são lançados nessa consciência divina.

Assim essa cláusula é, na verdade, uma extensão da ideia da fraternidade humana implícita na crença na Santa Igreja Católica; porém ela também envolve a associação e mesmo a comunicação mais próxima com os mais nobres daqueles que se foram antes de nós. Quando um homem compreende essa grande verdade, por mais aguçada que possa ser sua solidariedade para com os múltiplos sofrimentos da humanidade, não importando o quanto ele deixe de entender muito do que vê no mundo ao seu redor, o elemento de desesperança que, antes, tornava-o tão terrível, desaparece para sempre, pois, embora ele sinta que muitos mistérios até agora foram só parcialmente explicados, embora às vezes possam ter surgido perguntas às quais, no presente, nenhuma resposta possa ser dada, ele sabe, com a absoluta certeza nascida da experiência, que o poder, a sabedoria e o amor que guiam a evolução, são mais do que suficientemente fortes para levá-la até seu glorioso final.

Ele sabe que nenhuma solidariedade humana jamais pode ser tão grande quanto a daqueles que estão por trás da humanidade, pois ninguém ama mais do que eles que se sacrificam pelo homem. Quando um homem começa ainda que vagamente a entender estas coisas, isso traz um sentido de paz e segurança absolutas que nunca pode ser abalado ou perdido em quaisquer das mudanças e contingências dessa vida mortal.

CAPÍTULO VIGÉSIMO

A REMISSÃO DOS PECADOS

"Reconheço um Batismo Para a Remissão dos Pecados"

Essa expressão não fazia parte da minuta original do Concílio de Niceia, mas foi adicionada pelo Concílio de Constantinopla no ano 381. As palavras gregas traduzidas como "a remissão dos pecados" podem ser mais corretamente traduzidas por "o descarte do pecado"; portanto, a cláusula inteira como aparece agora realmente significa: "Reconheço um batismo para o descarte ou emancipação dos pecados." No Credo dos Apóstolos ela é traduzida como "perdão" dos pecados, mas não há ideia de perdão envolvida nas palavras gregas originais. Só podemos ler com essa interpretação se nos aproximarmos do assunto com essa ideia em mente. O pecado pode ser descartado se não formos mais escravizados por ele, ou pode ser descartado pelo perdão divino, mas não há razão para introduzir nas palavras um sentido inesperado e incomum, quando nelas já existe um sentido direto e claro. Essa é simplesmente uma declaração de que o candidato reconhece a necessidade de se livrar do domínio de todos os seus pecados antes de tentar entrar na Senda do progresso espiritual. O espírito da passagem seria traduzido com maior precisão por uma expressão de fé na "demissão" (significado original do termo) ao invés de na "remissão" dos pecados. Essa cláusula pretendia inicialmente ser um lembrete do princípio que exige desenvolvimento moral como um pré-requisito para qualquer tipo de avanço interior, e como uma advertência contra as escolas que ensinam conhecimento oculto de várias espécies sem requerer estrita moralidade como uma qualificação necessária. Os alunos de tais escolas correm sério risco porque certos poderes são colocados em suas mãos, todavia não há qualquer garantia de que eles os utilizarão do modo correto para o favorecimento da evolução. A menos que um homem esteja certo de usar seus poderes corretamente, é muito melhor para ele não tê-los, porque ele pode facilmente fazer mais mal do que bem.

Se uma pessoa está moralmente desenvolvida, se foi ensinada que o amor a Deus e o amor ao seu próximo devem vir em primeiro lugar, não é provável que cometa erros graves seja qual for a faculdade que possa desenvolver. Portanto, no esquema cristão, a purificação moral tem sido sempre reconhecida como o primeiro passo.

Esta cláusula do Credo tinha um outro sentido interno referente a um estágio mais elevado no desenvolvimento do homem, e isso é revelado com maior clareza no símbolo niceno: "Reconheço um Batismo para a remissão dos pecados." Substituindo a ideia de emancipação por aquela do perdão e lembrando que o batismo sempre foi o símbolo da Iniciação, temos uma concepção que está muito distante do desenvolvimento do dogma posterior e é idêntica ao significado vinculado a essa cláusula na fórmula original do Cristo: "Reconheço uma Iniciação para a emancipação dos grilhões do pecado." Por esta afirmação, o candidato proclama seu reconhecimento de que perante ele está aquele grande passo; que ele se devotará tanto quanto puder a essa linha de esforço, para colocar perante si mesmo, como meta, aquela primeira Iniciação dada pelo Iniciador Único, através da Grande Fraternidade Branca, uma vez que só há um Iniciador, o Rei Espiritual do Mundo, e todas as iniciações são dadas somente por Sua ordem e em Seu Nome. Através dessa Iniciação, um homem recebe o poder para libertar-se inteiramente dos três grilhões da dúvida, da superstição e da ilusão do eu, dos quais deve se livrar antes que ele possa dar um passo mais elevado.

O Batismo Único

Durante a cerimônia de sua Iniciação, o homem recebe o primeiro toque do que é chamado consciência *Buddhica* – isto é, ele definidamente percebe a unidade superior pela primeira vez, a menos que, de alguma maneira, ele tenha já contatado com ela antes, o que não ocorre com frequência. Ali é, então, dado a ele um toque do poder superior, o poder do Cristo dentro dele. E nesse toque ele não apenas recebe um vasto acréscimo de conhecimento que altera toda a face da Natureza para ele, mas também entra momentaneamente em relação com seu Mestre, de forma muito mais íntima do que o que quer que ele tenha antes podido imaginar. Nesse contato relâmpago, ele recebe um batismo muito real, pois ali é vertido em sua alma um ímpeto de poder, sabedoria e amor que o fortalece grandemente para ulterior esforço. Assim, em um sentido bem verdadeiro, esta primeira grande Iniciação é um "batismo para a emancipação dos pecados", e o batismo administrado a uma criança logo após o nascimento era apenas um símbolo e uma profecia desse fato – um tipo de dedicação da nova vida para esforço de ingressar na Senda.

Pecado Original

Quando a tendência materializante estabeleceu-se, o verdadeiro sentido disso tudo foi obscurecido, e a curiosa doutrina do "pecado original" foi inventada para fornecer um motivo para a cerimônia batismal. Em muitos ramos da Igreja, é ensinado que o batismo purifica a criança do pecado original.

De acordo com a história no *Gênese,* Adão e Eva tinham sido proibidos pela Deidade de comer um certo fruto, mas foram persuadidos pela serpente e, por esse erro comparativamente insignificante, toda a humanidade desde então tem nascido em pecado! Todo homem é responsabilizado por algo do qual nada sabia, e que ocorreu milhares de anos antes de ele nascer. Uma certa simbologia subjaz oculta, é claro, a esta curiosa história.

É somente quando aceitamos o fato da reencarnação que a ideia do pecado original se nos apresenta algo mais tangível. Aceitar esse fato esclarecedor significa acreditarmos que esta não é para qualquer um de nós a primeira aparição nesse campo de ação, não é nosso primeiro nascimento nesse mundo; que já tivemos muitas vidas antes e teremos muitas mais depois; que todas estas vidas são contínuas e progressivas e, para usar a fraseologia comum, que é a mesma alma que se manifesta repetidamente em diferentes corpos, de modo sucessivo. Sendo o mesmo homem, é natural que ele traga consigo do passado qualquer que seja o desenvolvimento que possa ter ganho em vidas prévias. Ele traz no início de cada vida tanto germes bons quanto ruins; quais deles serão desenvolvidos primeiramente depende muito de seu ambiente; é por isso que aqueles que têm crianças a seus cuidados possuem uma responsabilidade muito grande.

Muito cedo na vida os germes começam a brotar e a crescer. Se expusermos então a criança à inveja, raiva, irritabilidade e assim por diante, essas qualidades tornam-se ativas nela. Se, por outro lado, cuidarmos em cercar a criança com pensamentos bons e amorosos, o bem será estimulado primeiro e crescerá rapidamente. Isso é de enorme importância, porque o que começar a crescer primeiro deixará pouco espaço para o que vem depois. Assim, se todos os germes bons são desenvolvidos na criança primeiro, há pouco espaço para os maus crescerem;" mas, por outro lado, como frequentemente acontece, se os maus forem desenvolvidos primeiro porque ela está cercada de intrigas, raiva e vários tipos de sentimentos indesejáveis, é muito mais difícil extrair os bons sentimentos mais tarde.

O objetivo do batismo é reprimir os germes maus e fortalecer e nutrir os bons. Isso é feito em grande medida pela tremenda força do poder divino, que é vertido na criança naquela ocasião. Ela pode não estar desenvolvida o suficiente para responder, mas o mal é reprimido, e o bem é encorajado e fortalecido. O significado racional da doutrina do pecado original é que cada homem traz certas tendências maléficas como resultado de suas próprias ações em outras vidas.

O Significado do Pecado

O espectro do pecado tem provocado muito dano no mundo. O pecado é tido como algo horrível, algo que contamina, enfim, algo desesperadoramente terrível. O pecado é realmente aquilo que não está em harmonia com o plano divino; o que quer que façamos ou digamos ou pensemos que esteja contra o plano de Deus é um pecado. Seria melhor usar a palavra "erro" em vez de "pecado", pois ela comporta melhor a maneira como o próprio Deus[1] considera o assunto. Para Ele, o pecador é o homem que simplesmente ainda não sabe bem, e, portanto, comete erros; quando tiver aprendido mais, cessará de cometê-los.

Deus chamou este Universo à vida, e é a Sua vontade que mantém toda a criação funcionando. O Universo passará por seus estágios regulares de desenvolvimento e, por fim, voltará para Ele, de onde veio, mas essa consumação final ainda está muito distante. Toda a vida no Universo é vida divina. Seu propósito para o Universo é a evolução e, uma vez que é Sua vontade, o Universo é preenchido por uma pressão naquela direção. Existe uma pressão constante para o alto em cada estágio; cada um de nós, por menos que possamos conhecê-la, está sujeito a essa lenta

---

[1] Talvez seje conveniente resaltar que o autor considera aqui a palavra Deus como *Logos* conforme ele define no capítulo primeiro e não no sentido de Absoluto, que não é pessoal de modo algum. Citando o próprio autor: "O *Logos* é mais compreensível que o Absoluto porque elevou-se vagarosamente a partir de um estado semelhante à nossa própria humanidade" (p. 35). (N.E.)

e definida pressão para o alto, de modo que mesmo os piores estão gradualmente se tornando um pouco melhores do que foram. Em todos os planos existe essa forte corrente na direção do aprimoramento.

Quem quer que faça, ou diga, ou pense algo contrário a esta corrente, estabelece uma oposição, um redemoinho na corrente ao redor de si mesmo. Pode-se ver facilmente como um tal distúrbio na corrente da vida divina provoca um deslocamento para longe dela. Felizmente nosso poder para fazer isso é muito limitado; mas podemos produzir uma distorção naquilo que, caso contrário, seria um fluxo regular, e isso significa, no que diz respeito ao indivíduo, que ele colocou em sua aura uma porção de vórtices que não estão vibrando em harmonia com a corrente evolutiva.

A pressão constante da Vontade de Deus corrigirá tudo isso para ele, porém poderá levar muito tempo e, enquanto isso, esses pequenos centros desagradáveis na aura do homem estão agindo sobre ele e tendendo a provocar mais e maiores distúrbios em seus diferentes veículos e em seu ambiente. É aqui que a absolvição ou o perdão dos pecados é útil. Esse é um esquema que o próprio Cristo projetou, por meio do qual este distúrbio ou distorção pode ser regularizado muito mais rapidamente do que o seria se assim não fosse. Até que isto seja feito, não podemos introjetar em nós mesmos a bênção e o poder divino. O efeito da absolvição do sacerdote é regularizar[2] todos esses distúrbios e ajudar-nos a recomeçar. Claro que é somente quando retiramos nossa força e vida deles que o desenredamento pode acontecer. Devemos cooperar com Deus nessa medida, ou o sacerdote não poderá nos ajudar.

Assim como a ideia do pecado original descendendo de Adão é absurda, também o é a noção comum de perdão do pecado. A ideia de que Deus fez-nos como somos e que, conhecendo exatamente tudo a nosso respeito, irá voltar-se contra nós e sentir raiva porque, em nossa ignorância, fizemos isto ou aquilo, em desacordo com Seu plano, é, certamente, um ultraje à ideia da paternidade de Deus.

A Deidade sabe perfeitamente que ainda não estamos desenvolvidos por completo e que, portanto, é certo que cometeremos muitos erros. Nós não ficaríamos zangados com uma flor em nosso jardim por ela não ter crescido como esperávamos, e seria absurdo falar em "perdoar-lhe". Sabemos que é uma fraqueza humana sentir ofensa. Não temos nenhum direito de atribuir a Deus uma tal fraqueza e supor que Ele precisa ser apaziguado. Ele sabe bem melhor do que nós como e por que erramos. Ele não fica zangado com isso – talvez Ele fique feliz quando acertamos, quando aproveitamos as oportunidades que são colocadas à nossa frente, porque isso se aproxima um pouco mais do desenrolar de Seu grande Plano. Supor que Ele pudesse ficar desapontado, aborrecido ou zangado porque uma parte infinitesimal do esquema parece temporariamente falhar, é uma ideia completamente indigna. A Deidade está tão acima de nossos erros e enganos e falhas insignificantes que Ela não poderia se zangar com eles nem precisaria "perdoar-lhes". Ela não espera de nós o impossível, mas espera que tentemos fazer o melhor que possamos. Ela espera que tentemos entender o esquema e, tanto quanto pudermos, trabalhemos em harmonia com ele.

---

2 No original em inglês: *to comb out.* (N.E.)

CAPÍTULO VIGÉSIMO PRIMEIRO

A RESSURREIÇÃO DOS MORTOS

Os cristãos ortodoxos costumam crer que o homem, "no último dia", conforme o afirmam, ressurgirá em seu corpo físico – o mesmo que ele possuiu até o presente – e, então, será julgado e recompensado ou punido de acordo com seus merecimentos. É claro que qualquer pessoa que pense um mínimo sabe que isso é fisicamente impossível. Dizem-nos que o corpo inteiro, cada partícula dele, altera-se a cada sete anos ou em um período próximo disso. Em minha opinião, a mudança é provavelmente mais rápida do que isso. Todavia uma mudança constante certamente está ocorrendo; partícula após partícula está sendo expelida a cada minuto e outras partículas estão sendo absorvidas todo o tempo. O corpo físico é, por conseguinte, não um objeto permanente, mas mutável. Ninguém tem hoje nem mesmo o corpo que tinha há dez anos atrás, portanto esse corpo não poderia ser reunido em algum momento no futuro distante. Além do mais, as partículas que expelimos a cada momento podem ser absorvidas por alguma outra criatura. Deveremos então lutar para reaver essas partículas em algum tempo do nebuloso futuro, quando essa ressurreição tiver lugar? Poderia ser argumentado que teremos as partículas com que vamos morrer; mas isso não resolve o problema, porque um corpo morto desintegra-se, decompõe-se, e não é concebível que suas partículas pudessem ser coletadas e reunidas de novo.

Muitas pessoas afirmam que essa curiosa crença faz parte da fé cristã. Não há tal coisa. Seu ensinamento certamente envolve a ressurreição em um corpo, mas não no mesmo corpo. É apenas a doutrina do renascimento ou da reencarnação. Desde os tempos remotos essa foi uma crença universal, mas no Egito tardio e na Grécia clássica e em Roma, já havia desaparecido do conhecimento popular, embora sempre fosse ensinada nos Mistérios e estivesse bem claramente expressa na fórmula original dada por Cristo a seus discípulos. Havia ali uma referência à roda do nascimento e da morte, que é de fato um termo originado mais a leste da Palestina, pois foi usado pelo próprio Senhor Buda e também se encontra no ensinamento zoroastriano que, em muito, influenciou o Cristianismo primitivo.

Quando queremos entender uma religião antiga, devemos voltar às circunstâncias sob as quais ela surgiu e ver quais influências estavam agindo sobre ela. No caso do Cristianismo, houve muitas influências externas além da religião zoroastriana, dentre elas os ensinamentos internos do Judaísmo e também o ensinamento da religião babilônica como os judeus a tinham trazido em seu retorno do cativeiro. Foi somente a crassa ignorância que perverteu a simples declaração de que o homem retorna à Terra em um novo corpo no absurdo dogma de que todos coletam um certo número de partículas físicas e reconstroem um cadáver. Aquilo que ressurge é a alma incorruptível; e uma vez que ela ressurge em um corpo, deve ser num novo corpo, ou seja, no corpo de uma criança. Essa crença foi sustentada por muitas pessoas na época de Cristo. Na Cabala, o ensinamento interno dos judeus, *metempsychosis* – o movimento da alma de um veículo para o outro – era uma característica proeminente. Josephus, o historiador judeu, testemunha que os fariseus sustentavam esta doutrina de uma maneira curiosa. Acreditavam que os justos voltavam à Terra e viviam novamente, de modo a chegarem mais perto da perfeição, porém os injustos não. Há uma certa parcela de verdade nisso relacionada ao abandono das almas retrógradas na quinta ronda, que, conforme vimos, é o fato real por detrás da teoria do Dia do Juízo. Jerônimo fala da crença na passagem da alma de um corpo a outro como presente no início do Cristianismo. Orígenes, o maior de todos os padres da Igreja, sustentava-a forte e claramente[1], e é significativo que afirmasse não tê-la tomado de Platão, mas que ela lhe fora ensinada por São Clemente de Alexandria que, por sua vez, aprendeu-a de Panteno, um discípulo de homens apostólicos. Assim, temos uma afirmação clara de que a doutrina da reencarnação veio dos próprios apóstolos. Era um dos Mistérios da Igreja primitiva ensinado somente àqueles que eram dignos, que tinham ingressado no círculo interno de sua organização e haviam comprovado ser membros bons e confiáveis, aptos a receber em confiança os ensinamentos internos.

1 Orígenes de Alexandria (Alexandria, Egito c. 185 – Tiro c. 253), Padre da Igreja Católica Apostólica Romana, foi um discípulo de São Clemente de Alexandria e do neoplatônico Amônio Sacas. Deve ficar claro que nem todos os cristãos seguiam as doutrinas da Preexistência da alma, sua possível Transmigração (ORIGEN. *On The First Principles*. [Koetschau's text of *De Principiis*] 1st Introduction by Henry de Lubac. 2nd Introduction and Translation by G.W. Butterworth [Former Edition: New York, Harper & Row, 1966] Gloucester, MA, USA: Peter Smith Pub. Inc., 1973, p. xxxvii, p. 73-74, p. 145, p.325.) até a Salvação Universal (apocatástase) no juízo final que eram sustentadas pelo Pe. Orígenes de Alexandria (REALE, G. & ANTISERI, D. *História da Filosofia*. São Paulo: Paulus, 2003, v. 2, p. 46), mas sim que seus inúmeros seguidores tiveram a liberdade de sustentar por três séculos uma linhagem dentro do cristianismo, o origenismo (DICIONÁRIO Patrístico e de Antigüidades Cristãs. Petrópolis: Vozes, 2002, p. 1051.), que era oficialmente aceitável até 553 d.C., data da condenação dessas doutrinas de Orígenes no Concílio Constantinopla II, convocado arbitrariamente pelo Imperador Justiniano I, que destituiu e exilou o Papa Silvério, morto neste exílio "poucos meses depois de subnutrição" (DUFFY, Eamon. *Santos e Pecadores*: história dos papas. São Paulo: Cosac & Naify, 1998, p. 43.), num dos casos mais controversos e polêmicos de cesaropapismo, ou seja, de interferência do Estado na história da Igreja. O Papa Vigílio, indicado pelo Imperador, nem compareceu ao Concílio, inicialmente "alegando estar doente."[DAVIS, Leo Donald. S.J. *The First Seven Ecumenical Councils (325 - 787)*; Their History and Theology. Collegeville, USA: The Liturgical Press, 1990, p. 241.] "Apesar do convite do Imperador e dos Bispos, Vigílio não compareceu ao Concílio." (*Ibidem*, p. 243). Maiores detalhes sobre a pesquisa acima podem ser obtidos em minha Dissertação de Mestrado [LINDEMANN, Ricardo. *Reconciliação do Platonismo com o Cristianismo na Relação Mestre e Discípulo*: uma análise a partir de *Migalhas Filosóficas* de Kierkegaard. Dissertação (Mestrado em Filosofia) – Programa de Pós-graduação do Departamento de Filosofia da Universidade de Brasília (UnB), Brasília, 2014. Disponível em : <http://repositorio.unb.br/bitstream/10482/16594/1/2014_RicardoLindemann.pdf> Acesso em: 03 jul.2017], a partir da página 89.(N. E.)

A REENCARNAÇÃO NOS EVANGELHOS

Existem apenas poucas referências à reencarnação nos Evangelhos conforme hoje os conhecemos, mas elas são bastante definidas. Na história do homem que nasceu cego, a pergunta dos discípulos é clara: "Rabi, quem pecou, este homem ou seus pais, para que nascesse cego?"[2]

Eles reconheceram claramente que uma aflição tão terrível deve ser resultante de algum pecado ou erro do passado e, assim, perguntaram: "De quem foi o erro? Eram os pais tão maus que mereceram a tristeza de ter um filho cego, ou foi o próprio homem cego que cometeu tais crimes a ponto de precisar nascer dessa maneira?" Uma vez que ele *nasceu* cego, seja qual for o pecado de que tenha sido culpado, deve ter sido cometido antes de ele nascer, quer dizer, em outro nascimento. A pergunta dos discípulos implica as duas doutrinas nas quais colocamos tanta ênfase – a de que o homem tem um nascimento após o outro, e a de que a justiça de Deus só permitiria que algo assim acontecesse como resultado de algum pecado ou de algum erro.

A resposta do Cristo é digna de nota. Deve ser lembrado que Ele nunca demorou-se em reprovar erros ou declarações equivocadas. Ele falava franca e decididamente não apenas para Seus discípulos e aos fariseus e saduceus mas também para o público em geral. Quando Ele tinha que lhes falar de algum erro ou engano, Sua linguagem era decididamente enérgica; era, às vezes, talvez menos do que o que consideraríamos polido ou permissível nesses tempos mais formais. Nessa ocasião houve uma oportunidade para que o Cristo dissesse aos Seus discípulos: "O que é que vocês estão dizendo? É uma tolice perguntar se esse é o resultado do que o homem fez antes de nascer!" Ao invés disso, Ele disse que nenhuma de suas sugestões estava correta; que não era pelo fato de o homem ou seus pais terem pecado que ele nascera cego, mas por uma razão completamente diferente. Então há uma afirmação bem clara no *Evangelho de São Mateus* que deveria esclarecer a questão de uma vez por todas, para todos que acreditam na inspiração ou na verdade do Novo Testamento. Aqui, Cristo diz claramente a Seus discípulos acerca de João Batista: "E, se quiserdes dar crédito [isto é, se estiverdes aptos a acreditar], este é Elias que havia de vir."[3] Os comentários ortodoxos explicam que não foi literal o que Cristo disse nessa ocasião; mas que Ele meramente queria dizer que João Batista era uma espécie de Elias, era o mesmo tipo de homem que o antigo profeta.

Deve ser lembrado que Cristo estava familiarizado com a opinião popular. Ele sabia muito bem que as pessoas estavam especulando a Seu respeito; que alguns diziam ser Ele Elias, outros que Ele era Jeremias ou outro dos antigos profetas, reencarnado[4]. Ele também estava bem ciente de que o retorno de Elias fora profetizado, e que as pessoas o estavam aguardando, e portanto Ele deve ter sabido como Seus ouvintes tomariam o que Ele dizia. Ele fez uma declaração clara e inequívoca. Se Ele não quisesse dizer aquilo, significaria decepcionar intencional-

---

2 *João 9:2.* (N. do Original)

3 *Mateus 11:14.* (N. do Original)

4 *Mateus 16:14.* (N.E.)

mente o povo, e sabemos que Ele não podia fazê-lo. Ou Cristo o disse ou não o disse. Se não o disse, o que é feito da inspiração dos Evangelhos? E se Ele disse, então a reencarnação é um fato, porque existe Sua afirmação de que João Batista era Elias em um novo corpo.

Há um terceiro e muito mais elevado sentido às vezes atribuído ao Novo Testamento relativo à palavra "ressurreição". Já vimos que, quando São Paulo escreveu que ele próprio estava se empenhando, como disse: "para ver se de alguma maneira posso alcançar a ressurreição de entre os mortos"[5], está claro que ele queria dizer que estava esforçando-se para atingir aquela grande Iniciação da qual a ressurreição é um símbolo, aquela Iniciação que libera o homem tanto da vida quanto da morte, e que o eleva acima da necessidade de ulteriores encarnações sobre a Terra.

Ressurgir dos mortos então, às vezes, significa meramente reencarnar, às vezes, receber a primeira grande Iniciação segundo o rito egípcio, e, às vezes, alcançar aquela outra Iniciação, mais elevada, pela qual São Paulo estava esforçando-se, que permite ao homem escapar completamente da roda de nascimento e morte.

"E A VIDA ETERNA"

A forma semipoética com que os tradutores escreveram esta cláusula, levou os ortodoxos a verem nela uma referência à vida eterna no Céu, mas este não é o verdadeiro significado. É meramente uma declaração franca sobre a imortalidade da alma humana. No Credo céltico, a forma era ainda mais simples: "Creio na vida após a morte", enquanto o símbolo niceno expressa-o como "a vida do mundo que virá" ou, traduzindo-o mais exatamente, "a vida da era vindoura".

5 *Filipenses 3:11.* (N.E.)

PARTE III

ASSUNTOS DIVERSOS

CAPÍTULO VIGÉSIMO SEGUNDO

NOSSA SENHORA

Em todos os nossos pensamentos acerca de Nossa Senhora e de Seus festivais nunca devemos esquecer que existe um significado triplo em tudo o que é ensinado. Primeiro, a história gira ao redor da mãe histórica de Jesus, que era uma mulher nobre da casa real de Judá, e que, após alcançar o Adeptado, ingressou no Reino Angélico; e além disso há duas grandes linhas de simbolismo às quais todos os eventos de Sua vida são adaptados. Muito do que é escrito sobre Ela dificilmente pode ser enquadrado no relato histórico, mas sabemos que é acrescentado com vistas a aperfeiçoar o simbolismo, como no caso da história do Evangelho sobre o próprio Cristo. Muito do que é escrito, cantado e falado sobre Ela se refere ao aspecto Feminino da Deidade, e muito mais do que a Ela se refere diz respeito também à concepção da grande Dualidade – o grande Abismo – como é chamado, a Sabedoria Divina, a Pater-Maternidade, o mito do Espírito e da Matéria e a interação entre ambos. Tudo isso tem que ser mantido em mente no esforço para interpretar essas belas alegorias.

Estrela do Mar

Nossa Senhora Maria, a Estrela do Mar, é sempre representada em mantos da cor azul do mar e do Céu porque ela tipifica o grande Mar ou as águas do espaço sobre cuja superfície o Espírito Santo pairou e na qual Ele atuou. A própria derivação de Seu nome Maria é *maria*, que em latim é o plural de *mare* – o mar – referindo-se aos mares de matéria virgem a partir dos quais o Universo foi criado. Por que de matéria virgem?

Todo espaço está preenchido com o éter do espaço, essa substância estranha, se podemos chamá-la assim, mais prontamente afetada do que a mais sutil de todas as substâncias sutis das quais temos algum conhecimento, e ainda assim muitas centenas de vezes mais densa do que o aço mais denso. Para dentro desse éter do espaço vem o Sopro do *Logos*. Esse Sopro penetra o éter quase do mesmo modo como o ar é bombeado na água a fim de mineralizá-la, e, a partir das bolhas assim formadas pelo Sopro Divino, a matéria é construída – construída, na verdade, do nada; pois esse é o real sentido da estranha teoria oriental que diz ser toda a matéria nada senão uma ilusão. Em certo sentido é bastante verdadeiro, porque a partir dessas bolhas (se podemos chamá-las de bolhas) o mundo é construído, pois os elementos químicos formam-se de combinações entre elas. Mas quando aprouver ao Supremo retirar Seu Sopro de novo, o Universo deixará de ser, porque essas bolhas, que são os próprios tijolos dos quais o

Universo é formado, desaparecerão. E quando o Sopro é retirado, a matéria permanece virgem, imaculada, exatamente como era antes da evolução começar.

Esse é o significado interno da história da Imaculada Conceição. Não é em absoluto uma questão de contato físico ou sentido físico, mas refere-se simbolicamente ao fato científico de que o éter do espaço é a base de toda manifestação, e que ao ser retirada a manifestação, ele volta a ser do mesmo modo como era antes, não mostrando sequer um sinal de tudo o que aconteceu.

Portanto Nossa Senhora é descrita como a Mãe de todos, e, todavia, a Virgem Imaculada. Mas além disso, Ela é de fato uma luz brilhante de pureza para nosso exemplo e por isso Ela é chamada de Estrela e é descrita como coroada de estrelas e vestida de Sol.

Devemos lembrar, ao louvarmos Nossa Senhora por Sua pureza e agradecermos a Deus pelo exemplo que Ela nos dá, que não estamos aplicando apenas o sentido que a palavra "pureza" geralmente tem. A palavra veio a significar pureza em relação a um tipo especial de vulgaridade física, mas essa não é de modo algum a única faceta de seu sentido original. Existe pureza de intenção bem como pureza de pensamento, pureza de sentimento bem como pureza de ação. Pureza também significa unidirecionalidade, e, portanto, é puro o motivo ao qual nada é misturado; a devoção absoluta também é pureza, e é nestes sentidos bem como no sentido puramente físico que Ela é um exemplo para nós todos.

Verdadeiramente para nós, para a humanidade, Ela realizou esse grande serviço de conferir um corpo para o Senhor Jesus – um corpo que depois foi tomado e utilizado pelo próprio Cristo; e devido à grandeza que A fez merecer ser escolhida para tal, foi possível a Ela se tornar mais tarde a Rainha dos Anjos, elevada dentre a prole desse nosso pequeno ciclo de evolução. É verdade que têm havido outros tão grandes quanto Ela; mas para este nosso ciclo Ela está numa posição deveras elevada. E assim somos gratos a Deus, não só pela ajuda que a Mãe Divina presta a tantas pessoas, mas porque Nela, a humanidade tem se socorrido, tem obtido uma vitória tão grande, tem feito tanto progresso.

Mãe do Mundo

Assim como existe a função do Bodhisattva ou do Instrutor do Mundo, também existe a função da Mãe do Mundo. Essas funções são desempenhadas por grandes Adeptos que atingiram o ponto máximo de desenvolvimento primeiro dentro da humanidade e depois avançaram um passo além da humanidade e se tornaram super-humanos.

Essa função da Mãe do Mundo é desempenhada por Maria, Nossa Senhora. Nossos irmãos romanos reportam-se a Ela como sendo a Mãe de Deus, a Mãe de Cristo. Nossa Igreja encara o fato de maneira ligeiramente diferente. Nós diríamos que a Santa Senhora Maria foi a mãe do corpo do discípulo Jesus – o corpo que foi tomado pelo Cristo e utilizado por Ele em Sua última aparição na Terra como Instrutor do Mundo, e que, devido ao nobre trabalho que Ela realizou naquela vida, em virtude da maravilhosa pureza e da grande sabedoria e devoção que Ela mostrou, pela esplêndida paciência e coragem com que Ela suportou os terríveis sofrimentos que lhe advieram quando viu Seu Filho incompreendido e assassinado, por tudo isso ela fez grande progresso na Senda e tornou-se de fato uma Adepta.

O Adeptado pode ser alcançado tanto em um corpo de mulher quanto no de um homem, embora depois que essa posição seja alcançada, aquele que tiver dado tal passo possa usar o veículo que melhor se adapte ao seu trabalho, seja o de um homem ou o de uma mulher. Na verdade, ele não necessita em absoluto de um corpo físico; ele pode permanecer em planos mais elevados se assim escolher, e de lá verter suas bênçãos se perceber que assim é mais útil.

Depois de ultrapassar a humanidade, e por tudo o que Ela fez, Nossa Senhora Maria foi escolhida para a grande missão de Mãe do Mundo. No mundo inteiro, aquela parte da Igreja Cristã que mantém a sucessão apostólica – nossos irmãos romanos, nossos irmãos da Igreja Grega, nossos irmãos da Igreja da Inglaterra – e que respeita os sacramentos em sua plenitude, reverencia Nossa Senhora. Eles Lhe atribuem muitos títulos bonitos, alguns bastante simbólicos, como quando chamam-Na A Estrela do Mar, referindo-se ao símbolo de feminilidade na própria Deidade e ao desenvolvimento dos mundos quando o Espírito e a matéria agiam um sobre o outro.

Rainha dos Anjos

Como Rainha dos Anjos, Ela é a líder de muitos milhares de anjos que são seus representantes, os quais Ela envia ao mundo. Pois Ela está presente, através de seus representantes, em cada nascimento que ocorre no mundo. Nunca nasce uma criança seja onde for sem que o representante da Mãe do Mundo ali esteja para prestar tanta ajuda, força e conforto quanto o *karma* possa permitir.

Este grande departamento de maternidade é um dos mais importantes para a continuidade do trabalho e da vida do mundo. Por isso é de fato muito bom que, ao pensarmos com amor e reverência em nossa própria mãe, não nos esqueçamos da existência da grande Mãe do Mundo que é a Mãe de nós todos, e que devemos colocar nosso amor e devoção aos Seus pés.

Nós não pedimos a Ela, como o fazem nossos irmãos romanos, para interceder por nós junto a Seu Filho. Não pensamos que o Cristo, que Se sacrificou para que o mundo pudesse existir, precise ser lembrado disso. Não consideramos que seja necessário pedir a Ele para fazer o melhor por nós. Sabemos que Ele está fazendo por nós tudo o que pode ser feito considerando o *karma* e as circunstâncias do caso. Portanto, nem mesmo pedimos a Nossa Senhora para orar por nós, mas pensamos Nela com grande amor e devoção, e se rezamos para Ela não é para que Ela interceda por nós, mas para que Ela nos utilize em Seu trabalho, para derramar através de nós a força que Ela está distribuindo sobre o mundo e, principalmente, sobre as mulheres do mundo.

Pedimos que Ela nos torne canais para Seu poder e Sua graça, Sua sabedoria e Seu amor, que Ela nos utilize para satisfazer Seu desejo de que todo nascimento seja cercado das mais perfeitas condições físicas, mentais e emocionais. Ela desejaria que a mais elevada distinção fosse prestada à maternidade e que o maior carinho e amor cercassem cada nascimento e a educação de cada criança.

O Trabalho de Nossa Senhora

Não é muito fácil colocar em palavras o trabalho de Nossa Senhora, porque ele envolve planos e dimensões bastante diferentes de qualquer coisa que conheçamos. Nossa Senhora está envolvida com a evolução da feminilidade no mundo, em praticamente todos os detalhes, tanto físicos quanto espirituais. É um enorme departamento da Natureza, esse da maternidade universal, e sobre o qual, notadamente, pouco tem sido dito. Até aqui estivemos mais preocupados com o lado masculino. Mas Nossa Senhora atrai a adoração de milhares e milhares de mulheres mundo afora e, do mesmo modo, Ela é muito reverenciada e amada por milhares de homens.

Comecemos com um exemplo do lado masculino da vida – o significado da perpétua Crucificação do Cristo. Em um de seus aspectos, isso se refere à Sua descida à matéria, pois Ele é "o Cordeiro imolado desde a fundação do mundo"; mas além disso, em um outro sentido bastante místico, Ele compartilha de todas as tristezas e sofrimentos dos homens. Seja o que for que a humanidade sinta, de alegria ou de tristeza, o Cristo na humanidade também sente dentro de Si. O significado da Redenção é que Aquele que detém a função de Instrutor do Mundo compartilha do sofrimento do mundo e desse modo alivia-o para nós, livrando-nos de mais e mais miséria e tristeza. O Cristo dentro de cada homem é parte do Cristo maior, e, portanto, Nele existe a mais extrema solidariedade pelas tristezas da vida humana. O homem que compreende esta grande verdade pode mitigar seus próprios sofrimentos porque sabe que são divididos com Ele.

Nosso Senhor, o Cristo, suporta em Sua própria pessoa as tristezas da humanidade, mas além disso, e de forma completamente independente, nossa Bendita Senhora Maria toma sobre Si o fardo especial da feminilidade.

Há um vasto campo de trabalho aqui do qual poucos sabem qualquer coisa, e os poucos que sabem não o compreendem plenamente. Aquele que ingressa na Grande Fraternidade aprende a suportar sua parte do fardo que o Cristo está sempre suportando; e, de maneira semelhante, existem aqueles que aprendem a compartilhar o trabalho de Nossa Senhora, não simbolicamente, mas realmente. As tristezas do mundo são grandes por causa da cegueira e da estupidez dos homens, e uma parte desse pesado fardo é carregado pelos Grandes Seres que sabem e veem. Cada um que ingressa na Fraternidade doa-se assim alegremente para auxiliar na evolução, para elevar seus irmãos homens.

Do ponto de vista oculto, a maior glória da mulher é proporcionar veículos para as almas que estão destinadas à encarnação. Isso não é algo para criar certo embaraço, para esconder e resguardar, mas é a grande glória da encarnação feminina, a grande oportunidade que as mulheres têm e os homens não. Os homens têm outras oportunidades, mas o maravilhoso privilégio da maternidade não lhes pertence.

Depois, existem os poderes de cura de Nossa Senhora; eles também são um fato na Natureza. O Raio da Cura é um departamento do Sétimo Raio, mas não está confinado a ele. Nossa Senhora e Suas Ordens de anjos contribuem para ele, cada qual cooperando conforme possam ajustar-se a ele. Podemos dizer que Nossa Senhora está encarregada de qualquer coisa no Raio de Cura que tenha a ver com o nascimento das crianças; isso estaria muito mais sob seu comando do que sob o do Arcanjo Rafael. Nossa Senhora desempenha um enorme papel na vida humana, e aqueles que se devotam a Ela neste aspecto tornam certas áreas ou partes da vida mais fáceis de serem desenvolvidas ou despertadas.

Sua Influência

Como Mãe do Mundo Ela é a chefe de uma poderosa organização espiritual, mais espiritual do que física, e, ainda assim, Sua influência atinge a vida cotidiana. Supõe-se que aqueles que atingiram a perfeição possuam as mais elevadas e nobres características femininas, bem como as masculinas.

A influência de Nossa Senhora proporciona grande compaixão e grande paciência. Pois as mulheres são maravilhosamente pacientes. Podemos perceber isso se pensarmos nas vidas insípidas e monótonas que centenas de milhares de mulheres vivem e suportam tão pacientemente ano após ano. E o amor materno é uma das mais belas manifestações que a humanidade pode demonstrar. Esse amor materno é uma expressão de Nossa Senhora – parte do amor de Nossa Senhora; pois Ela ama através da mãe, assim como Seu Filho, o Cristo, ama através de Seu devoto. Todas as mães são reflexos Dela, manifestações Dela, à medida que são mães verdadeiras. A maternidade sempre é uma coisa maravilhosa, uma vez que possui um efeito transformador sobre toda a Natureza embora esse efeito possa ser, às vezes, apenas temporário.

No simbolismo cristão falamos de Nossa Senhora como sendo emblemática da alma do homem. Quanto mais estudamos a parte superior do homem, mais espantosamente complexo ele parece ser. Pensamos no Ego como uma pessoa única; e, entretanto, dentro dele existem tantas influências diferentes postas em evidência. Já foi explicado que todos os Raios estão representados em cada homem, embora ele deva pertencer especialmente àquele através do qual surgiu. Ao mesmo tempo, ele contém em si próprio um pouco de todos os demais – algo dentro dele vibra para cada Raio. Só isso já é desconcertante em sua complexidade; mas tão logo nos ajustamos a tal ideia, descobrimos que existem cruzamentos adicionais. Não é apenas uma questão de Raios, mas do positivo e do negativo no homem.

Dividimos estes aspectos sobre nossos altares, colocando alguns ao lado da Epístola e outros ao lado do Evangelho; mas eles compartilham muito amplamente das qualidades um do outro. Nossa terminologia deixa muito a desejar, pois nada é sempre absolutamente negativo ou absolutamente positivo. Precisamos de uma palavra que possa expressar um ser ou uma condição que é um pouco negativa, mas principalmente positiva, e de outra para o que é um pouco positivo, mas muito mais negativo.

Existe em cada um de nós aquilo que corresponde (ou deveria corresponder) à influência de Nossa Senhora. Em cada homem e cada mulher existe aquilo que responde ao Cristo, e também existe algo em cada homem e mulher que responde à Nossa Senhora. E existem ainda mais e maiores complicações. Quanto mais avançamos, mais tremendamente complexa torna-se a evolução. Todos os tipos de influências estão agindo sobre nós, mas, por estarem pouco desenvolvidas em nós, não prestamos muita atenção a elas. Mas parece haver uma possibilidade de assumir uma delas, intensificá-la, e fazê-la mais proeminente em nossas vidas. Encontramos complexidade cada vez maior, e no entanto estamos aos poucos começando a compreender que também existe uma grande simplicidade em tudo. Mesmo enquanto estamos tão distantes das alturas maiores, já podemos ver que existe um ponto de vista à nossa frente a partir do qual tudo é simples, no qual algum dia deveremos ver que o presente, o passado e o futuro são todos um só.

A verdadeira dificuldade é a natureza pouco desenvolvida de nossa própria consciência. Está claro que Deus vê toda a extensão dessa vasta evolução, e que por uma única ação Ele pode concebê-la e manifestá-la por inteiro. Para nós pode parecer continuar ao longo de muitos períodos de tempo, mas para Ele passa tão rapidamente quanto um piscar de olhos. Sua consciência deve ser de tal natureza que Lhe permite ver o Todo de uma vez, e compreendê-lo de uma vez. Nós ainda não desenvolvemos uma tal consciência e, por consequência, não conseguimos captar a ideia. Tudo o que podemos captar é esta sensação de desconcertante complexidade; todavia, existe também a percepção de que, conquanto à proporção que avançamos, vemos cada vez mais detalhes, também estamos nos aproximando de ver o Todo como Uno.

CAPÍTULO VIGÉSIMO TERCEIRO

AS HOSTES CELESTES

Se desejarmos compreender a natureza e o trabalho dos Santos Anjos devemos começar por aceitar o fato de que eles existem. Devemos compreender que estamos tratando de fatos da Natureza, e que os fatos da Natureza permanecem sempre os mesmos. É verdade que não sabemos muito sobre o reino angélico, mas devemos tentar aprender o que pudermos.

A fim de que possamos estudar a hierarquia angélica e tentar captar alguma coisa das maravilhosas e poderosas vidas que os anjos levam, devemos abordar o assunto com tal exatidão e clareza como se fôssemos estudar História Natural ou Etnologia. Podemos ter certeza de que as hostes celestes são tão variadas em seu elevado nível quanto o são as tribos e nações humanas na Terra. E, além do mais, assim como aqui na Terra existem reinos conduzindo ao humano, isto é, existem os reinos mineral, vegetal e animal – uma linha constante de evolução que culmina no homem – também existem outros reinos conduzindo e culminando no reino dos anjos. Existem muitos níveis diferentes entre essas criaturas que chamamos de espíritos da Natureza, ou fadas, e eles mantêm, de certa forma, com respeito ao reino angélico, a mesma posição que o reino animal ocupa em relação ao nosso. Ainda há muita classificação a ser feita antes que possamos ter sequer um esboço dessa grande evolução angélica; mas, não obstante, ela pode ser, e é, matéria de estudo, de pesquisa e de respeitosa investigação.

Para alguns isso pode soar estranho, pois esses Grandes Seres com certeza não são comumente vistos porque não descem tão baixo na matéria quanto nós. Nós viemos para a parte inferior do Plano Físico e estamos encobertos por corpos densos; vemos, ouvimos e sentimos através dos órgãos dos sentidos desses corpos densos, e, a menos que um ser desça ao nosso nível, não conseguimos apreciá-lo até que aprendamos a usar nossos próprios veículos superiores. Se controlamos os sentidos etéricos, então podemos ver e sentir, tocar e ouvir a matéria etérica. Se usamos os sentidos de nossos corpos ou veículos emocionais, podemos sentir a matéria astral. Se usamos os do plano mental, então podemos perceber a matéria mental e as criaturas que vivem em corpos mentais e assim por diante. Mas porque nas nossas horas de vigília habitamos essa vestidura física, somos capazes de enxergar o que podemos ver e sentir através dela como a única realidade e esquecer todos esses fatos superiores que estão ocultos a nós por nossas próprias limitações. São fatos tanto quanto qualquer coisa com que temos de tratar aqui é um fato; mas a limitação dos nossos sentidos impede-nos de experienciá-los. Porque a hoste angélica não desce ao nível físico denso, a maioria de nós nada sabe sobre ela. Somos capazes de esquecê-la, de ignorá-la; mas estamos totalmente errados ao fazê-lo. Algumas vezes essas entidades angélicas manifestaram-se de modo que os homens pudessem vê-las por uns poucos breves momentos, e de qualquer forma, elas são sempre visíveis por quem quer que possua a visão superior. Portanto, para começar, devemos nos livrar da ideia de que haja qualquer incerteza quanto à existência de anjos e devemos conceber o reino angélico, as hostes celestes, como uma gloriosa e esplêndida realidade, um fato existente na Natureza.

No passado, o homem estava infelizmente centrado demais em suas ideias sobre o mundo que o rodeava. Durante muito tempo, ele considerou que todas as criaturas inferiores existiam apenas para seu próprio prazer ou benefício, não percebendo que elas também são manifestações da vida divina em estágios evolutivos diferentes do seu.

Se ele acreditava em anjos, e até há cerca de dois séculos atrás os homens costumavam de fato crer em tais seres, pensava que existiam apenas para servir a humanidade uma vez que toda a criação estava centrada nos interesses dos homens, e o homem era, por assim dizer, o centro de todo Universo. Quanto mais examinamos esses fatos cientificamente, mais descobrimos nossa própria insignificância extrema. Não somos em absoluto a evolução mais elevada relacionada sequer com esse mundo em que vivemos, pois o grande reino angélico situa-se muito acima de onde estamos. Assim, cabe-nos ser humildes em nosso estudo destes assuntos e tentar entender o Universo como seu Criador o vê, como Ele queria que fosse entendido.

Tudo uma Manifestação de Deus

Tudo o que existe, existe originalmente como uma manifestação do divino. É isso o que somos; é isso o que estes grandes e gloriosos anjos são, e é isso o que toda a Natureza ao nosso redor é – uma manifestação de Deus. Nosso primeiro e maior dever, portanto, é tornar-nos a manifestação de Deus que Ele pretende que sejamos. Ao invés de termos isso em mente, frequentemente só pensamos em nós mesmos e em tentar nos satisfazer, em viver como gostaríamos de viver, nem sequer tentando entender e viver segundo o que Ele deseja que nós sejamos – o que, afinal, é a única coisa que importa. Estes grandes anjos vivem antes de mais nada para ser uma manifestação da vida divina em seu próprio nível magnífico, e se eles, por ventura, às vezes, nos ajudam, devíamos receber essa ajuda com humildade e gratidão. Essa é apenas uma mínima parte de suas grandes e gloriosas vidas; pois possuem uma existência própria que é incompreensível para nós – uma vida na qual a glória de Deus é o primeiro pensamento e o mais proeminente.

Embora os anjos não existam a fim de ajudar-nos, são, contudo, solícitos para conosco de muitas maneiras, e nós, penso eu, de nosso lado, podemos lhes propiciar certas oportunidades. Mas devemos eliminar por completo a ideia de que eles existem para nosso serviço. É muito provável que o nosso animal de estimação, por exemplo, um cão ou gato, também possa imaginar que nós existimos só para satisfazer seus desejos. É muitíssimo provável que seja bem isso o que ele pensa. Temos toda a sorte de outras atividades, e ele enxerga muitas delas; ele nos vê lendo e escrevendo, por exemplo, mas não tem ideia do que estamos fazendo. Nossas ideias superiores, ideias de negócios, de auxílio à humanidade, são um livro selado ao animal de estimação que, embora estando tão perto de nós, nada sabe de nossa vida real. Estamos quase na mesma posição com relação aos anjos. Olhamos para eles, admiramos seu poder, mas não compreendemos. Podemos captar pequenos fragmentos de seu trabalho onde suas vidas tocam as nossas; mas não podemos senão ver que essa deve ser uma ínfima parte da existência dos anjos.

Sua Aparência

Com que se parecem eles? Aqueles que já desenvolveram algo dos sentidos superiores saberão como o homem se apresenta quando visto com os olhos abertos da clarividência. Sabem que o homem aparece como um globo de cor flamejante, brilhante, de luz coruscante, de matizes constantemente cambiantes – alguns deles muito agradáveis, outros o oposto, porque até agora ainda somos muito imperfeitos. Porém a grande evolução angélica está bem mais próxima da perfeição do que a nossa e, consequentemente, sua aparência, quando vista com este olhar superior, resplandece além do concebível. Eles são incandescentes, vislumbrantes, esplendores de cor – nenhuma das palavras que possamos empregar consegue expressar sua beleza. Existem anjos cuja linguagem é a cor, e há outras tribos, raças e ordens dentre eles cuja linguagem é o som ou a música. Não me refiro à linguagem da maneira como empregamos essa palavra, mas música – som ordenado, harmonioso. Estes últimos são chamados de *gandharvas* na Índia; não temos um nome tradicional para eles no Cristianismo e por isso os chamamos de Anjos da Música. Mas é essa luz maravilhosa, cintilante, coruscante que devíamos enxergar com mais evidência se qualquer uma dessas formas angélicas brilhantes pudesse tornar-se visível para nós por um instante. Quanto a forma, esses grandes e gloriosos Espíritos geralmente possuem uma aparência humana. Costumam ser do tamanho de um ser humano, embora, às vezes, possam ser de tamanho colossal, e possuem rostos calmos, maravilhosos, com olhos radiantes, plenos da paz que ultrapassa o entendimento.

Quase sempre na tradição cristã nós os vemos retratados com asas; e, no entanto, nenhum anjo, na realidade, traz consigo tal ornamento. As asas são símbolos dos poderes que eles possuem.

Eles são, portanto, como seres humanos quando vistos com o olhar superior. Há o mesmo ovoide de fogo vivo e uma forma glorificada dentro dele; mas no caso do anjo, ela é muito mais flamejante, mais coruscante, incandescente e radiante, e maior em tamanho. A impressão que um anjo transmite, se pudermos suportar olhá-lo de perto, é a de uma forma de fogo vivo, fulgurante em sua vida além da vida na Terra, flamejante e incandescente. Não se poderia sentir em sua presença nada parecido com o terror ligado a essa tremenda manifestação de poder; sentir-se-ia, instintivamente, certeza desde o início do caráter benéfico de seu poder.

As Ordens Angélicas

Existem nove Ordens de anjos, das quais sete são planetárias e pertencem ao nosso Sistema Solar, e duas são cósmicas e, portanto, ultrapassam os limites de nosso sistema. A palavra anjo é empregada para designar uma quantidade de Grandes Seres engajados em diferentes atividades. Em primeiro lugar, ela é empregada para os Sete Espíritos Planetários simbolizados no *Apocalipse* como as Sete Chamas perante o trono de Deus. Na nomenclatura eclesiástica, esses Sete Espíritos geralmente são chamados de Anjos da Presença, mas não devemos confundi-los com o Anjo da Presença na Sagrada Eucaristia. Aquele anjo é, na verdade, uma forma-pensamento do Próprio Cristo, que Ele projeta quando é feita a prece da consagração. É chamado de Anjo da Presença porque ele é a forma na qual a presença do Cristo está conosco, enquanto que esses outros Seres são denominados Anjos da Presença porque estão sempre na presença de Deus. Isso é verdadeiro para nós também, uma vez que não há lugar onde Deus não esteja, e tudo o que é faz parte Dele. Mas o que se quer dizer aqui é que, em sentido muito especial, esses Sete Grandes Seres fazem parte do *Logos* Solar, são manifestações Dele; podem ser concebidos quase como qualidades ou facetas Dele; são centros Nele através dos quais flui Seu poder.

Alguns dos anjos são conhecidos pelos nomes a eles atribuídos na Bíblia e na tradição antiga. Existe Miguel, o príncipe, cujo nome significa A Força de Deus. Todos os nomes dos anjos terminam em *el*, que em hebraico é o nome para Deus. "No princípio Deus *[os Elohim]* criou os Céus e a Terra."[1] E encontramos essa palavra *el* também em capela[2], a casa de Deus.

Miguel é a Força de Deus ou aquele que é igual ao Senhor em força, e, por consequência, descobrimos que ele está ligado ao planeta Marte. Gabriel, o arcanjo que apareceu a Nossa Senhora na Anunciação para contar-Lhe a honra que A aguardava, frequentemente é chamado de Herói de Deus. A palavra significa a Onisciência de Deus. Rafael, o Poder de Cura de Deus, é geralmente ligado ao Sol, que traz para a Terra o poder de fornecer saúde. Outros são talvez menos conhecidos – Uriel, a Luz ou Fogo de Deus, e Zadkiel, a Benevolência de Deus, ligado ao planeta Júpiter. Existem também Samael e Jofiel.

Estes arcanjos são qualidades de Deus e é difícil distinguir o que fazem e o que é feito através deles, tão acima de nossa compreensão eles se encontram; São Dionísio, por exemplo, fala deles como os Construtores e Cooperadores de Deus. Santo Agostinho diz que eles detêm a posse do Pensamento Divino ou do Protótipo. Encontramos a mesma ideia expressa num certo sistema de Filosofia grega que declarava que o Universo existia primeiro na mente de Deus, e que daquele elevado nível – o Mundo Inteligível, o mundo do Pensamento do *Logos* – ele era trazido à atividade e desenvolvido em detalhes nesses planos inferiores.

São Tomás de Aquino falou de Deus como sendo o Primário e dos anjos como o Secundário, e disse que todos os efeitos visíveis eram produzidos por Deus pela mediação desses Espíritos planetários. Do mesmo modo, Basílides, um escritor gnóstico, fala da ordem inferior dos anjos como os construtores de nosso mundo material. E encontramos na Cabala, o ensinamento secreto dos judeus, que o Cosmos está dividido em sete mundos ou planos um sobre o outro, dos quais os mais elevados são chamados de o Original, o Inteligível e o Celeste. É no segundo destes planos – o

---

1 *Gênese 1:1.* (N.E.)

2 *bethel* no original (N.E.)

Mundo Inteligível – que primeiramente aparecem esses Sete Anjos da Presença, que são chamados de *Sephiroth*. Aprendemos que existem dez *Sephiroth*, os três primeiros sendo, de fato, Um, e também a soma total de toda manifestação. Eles representam os três aspectos do *Logos* Solar embora, de acordo com o ensinamento oculto, não existam apenas sete sistemas planetários funcionando em nosso Sistema Solar, mas ainda três outros que estão em planos superiores e são, portanto, invisíveis para nós. Podemos interpretar os três *Sephiroth* como os três aspectos do *Logos*.

Os Sete Planetas

Eles surgem no segundo dos planos, e é somente no terceiro, ou mundo celeste, que os sete planetas são formados por eles e tornam seus corpos visíveis. Pitágoras ensinou que a Terra movia-se ao redor do Sol, e este fato também era conhecido no antigo Egito e na Índia. Embora tenha sido esquecido durante a Idade das Trevas, foi, contudo, preservado no que chamamos de os Mistérios.

A Astronomia nos diz que nossos planetas são agregações de matéria e, em termos gerais, existe muito de verdade na hipótese da nebulosa de Laplace. É um fato que este sistema era uma vasta massa de gás incandescente e que ele gradualmente condensou-se na forma dos planetas que agora vemos. Foi um processo perfeitamente natural; mas o fato de ter sido assim não contradiz o outro fato de que essa massa teria sido dirigida e guiada, pois as agregações ocorreram apenas em certos pontos, porque há uma inteligência viva que escolheu os pontos onde eles equilibrariam um ao outro. Com certeza, tudo acontece sob leis naturais, porém estas são a expressão da vontade do *Logos* do sistema, e são dirigidas por aqueles a quem Ele indica. Esses Sete Espíritos perante o trono de Deus, que são na verdade centros Nele, aspectos Dele, são também inteligências separadas; são unos com Ele e, contudo, atuam separadamente.

Os anjos com os quais o homem entra em contato não são estes sete grandes arcanjos, mas antes representantes subordinados a eles. Cada um desses anjos está colocado no comando de um Raio ou tipo, e é por essa razão que os astrólogos falam de um homem como tendo nascido sob a influência de determinado planeta. Ele procede de Deus através de um ou de outro destes Sete Grandes Seres, e durante toda sua evolução carregará a marca dessa linha, desse grande Espírito por meio do qual ele surgiu.

Cada um dos arcanjos está no ápice de uma grande hierarquia que vem em níveis descendentes até próximo de nosso próprio estágio evolutivo.

A Evolução Angélica

Os anjos estão evoluindo, assim como nós, porém não em nossa linha. A investigação mostra que existem diversas linhas de evolução e que nós viemos, não da totalidade do reino animal, mas apenas de uma parte dele. A evolução do homem é sustentada pelos ocultistas como proveniente dos mamíferos, ao passo que a vida divina em todas as outras criaturas – os pássaros, répteis, peixes e insetos – nunca passará pela humanidade e sim por outra linha paralela, por aqueles níveis inferiores do reino angélico, às vezes, chamados de espíritos da Natureza ou fadas.

A vida angélica difere da nossa em muitas maneiras. Eles parecem reencarnar no sentido de que descem de um nível superior para um inferior, atraem ao redor de si matéria desse nível inferior, e então, após um período de vida muito mais longo do que o nosso, abandonam aquele veículo e recolhem-se novamente a um plano superior, apenas o tempo necessário para retornar uma vez mais. Pareceria que, nessa medida, uma lei semelhante àquela da reencarnação é válida para eles, mas desde que a própria palavra "reencarnação" implica a retomada de um corpo de carne, temos pouca justificativa para aplicá-la à evolução angélica porque eles certamente não assumem corpos carnais.

Os anjos, então, têm uma vida esplêndida própria que é repleta de atividades variadas. Eles fazem parte, como de fato nós também fazemos parte, de uma estupenda evolução que até agora não compreendemos. Certamente ela envolve um progresso constante, aproximando-se cada vez mais do centro divino para todos nós, anjos e homens igualmente. Sobre o trabalho dos anjos sabemos muito pouco até agora. Nós apenas podemos vê-los desde baixo, podemos estudar suas atividades enquanto estão dentro do alcance de nossa curta visão. A visão superior estende-se muito além da visão física comum e, mesmo assim, na realidade, é estritamente limitada; pois por maiores que pareçam os poderes do homem, eles ainda não foram completamente desenvolvidos até aqui em ninguém exceto nos próprios grandes Adeptos.

O próprio homem pode tornar-se um anjo, se assim escolher, em um certo estágio de sua evolução. Quando ele tiver alcançado o Adeptado – quando tiver ultrapassado a humanidade comum e tiver se tornado um super-homem – uma das possibilidades à sua frente é ingressar naquela poderosa evolução angélica como o fez Nossa Senhora. Também é possível para os estágios inferiores do reino angélico passar para a humanidade, e quem quer que esteja interessado pode encontrar informações mais detalhadas em um livro que escrevi há muitos anos atrás chamado *O Lado Oculto das Coisas*[3].

Lugares Sagrados

Um departamento do trabalho angélico que, em certa medida, encontra-se dentro de nosso alcance é a manutenção de centros de influência em diferentes países. Entre os povos primitivos, às vezes, ouvimos falar de lugares sagrados, de cujas origens nenhum registro exato pode ser encontrado, ou nenhuma razão para sua alegada santidade; e, contudo, em muitíssimos casos, se formos minimamente sensíveis, sentiremos que existe alguma influência incomum naquele local. Em tais locais é geralmente um anjo o responsável por essa sensação, a quem a santidade daquele local é atribuída, pois esses Grandes Seres são, por vezes, designados para criar centros de influência que serão usados em eventos que podem ter lugar num futuro distante. Esses centros podem ser encontrados em muitos países. Na Irlanda, por exemplo, e estive em dois desses lugares sagrados, cada qual sob os cuidados de um grande anjo. O que exatamente eles farão eu não sei; mas os centros estão sendo preservados para algo que virá no futuro. Pode ser, talvez, que aquele país venha a tornar-se-mais uma vez uma Ilha de Santos, como o foi em tempos remotos; se assim

---

[3] LEADBEATER, C. W., *O Lado Oculto das Coisas*. Brasília, Ed. Teosófica, 2017. (N. E.)

for, com certeza, aqueles dois grandes centros de magnetismo serão lugares sagrados para aqueles que deles se aproximarem. Outro centro semelhante de influência angélica é o Pico de Adão, no Ceilão[4], e existe ainda outro na Sicília, onde determinado talismã está enterrado, o qual é igualmente preservado por um grande anjo que irradia sua influência sobre o território circundante. Existem lugares assim pelo mundo todo, mas é só ocasionalmente que as pessoas são sábias o suficiente para reconhecê-los.

Os anjos desempenham um grande papel na evolução de nosso mundo, embora raramente reconheçamos sua influência. Alguns deles cuidam e praticamente animam a evolução de certas seções da superfície da Terra; e tudo naquela seção é elevado e fortalecido em seu nível – qualquer que seja o nível – pela influência daquele grande e sagrado Espírito, do mesmo modo que os átomos são agregados ao corpo de um homem e são distintamente vivificados, aperfeiçoados e fortalecidos, antes de serem expelidos novamente. Muitos milhões de átomos físicos são absorvidos nos corpos de cada um de nós no curso desta vida, e são expelidos novamente; mas não são os mesmos quando saem de nós. Por serem parte de nossos organismos superiores que são mais desenvolvidos que os animais e os vegetais, eles foram levados mais longe em sua evolução do que os átomos que formaram parte dos organismos dos reinos inferiores. Exatamente do mesmo modo, embora em um nível mais elevado, todas as entidades, sejam elas animais ou vegetais, que ingressam na seção preservada por um anjo, são fortalecidas e auxiliadas em seu próprio nível pelo contato com ele.

Anjos Nacionais

Existem também anjos de nações e anjos encarregados de Estados. Se lermos o livro do profeta Zacarias, descobriremos que ele estava constantemente em comunicação com um anjo. Esse é um fenômeno familiar aos estudiosos da vida interna. Geralmente acontece que as pessoas sentem uma súbita convicção surgindo dentro delas ou escutam uma voz interior, e isto também aconteceu com o profeta Zacarias. No livro de Daniel encontramos uma descrição de um grande ser chamado o Príncipe da Pérsia, que apareceu para Daniel em uma visão e falou de seus interesses como estando em oposição a Daniel, que representava a raça judaica. Comentadores têm sugerido que foi o anjo do reino da Pérsia que veio até ele e lhe aconselhou certos rumos de ação.

Vocês lembrarão também como São Paulo sonhou com o homem da Macedônia, que pediu ao Apóstolo para vir e ajudá-lo. Os padres da Igreja acreditaram que ele era o anjo do país que, desse modo, pediu auxílio. Há uma passagem no livro do *Deuteronômio* que menciona que, ao dividir as Nações, o Altíssimo estabeleceu suas fronteiras de acordo com o número de crianças de Israel. Mas a tradução septuaginta dessa passagem diz que Ele as dividiu e estabeleceu suas fronteiras conforme o número de anjos de Deus. Quer dizer, a Deidade organizou Suas tribos e nações conforme o número de anjos que sucedia estarem disponíveis para cuidar delas.

---

4 Atualmente Sri Lanka. (N.E.)

Cerimônias Religiosas

Uma das maneiras pelas quais os anjos mais entram em contato com a humanidade é nas cerimônias religiosas tais como as que celebramos na Igreja Cristã. Muitos e muitos anjos sempre vêm ajudar nessas ocasiões. Eles também recebem a efusão daquele tremendo poder da Hóstia; eles o especializam, fazem-no descer até o nível onde pode ser melhor assimilado, e então vertem-no sobre o mundo.

Eles atuam como intermediários, como sacerdotes invisíveis em nossos serviços e existe sempre uma congregação bem maior do que a que pode ser vista com os olhos físicos, pois os anjos reúnem-se ao redor do altar quando estas cerimônias sagradas são realizadas, uma vez que nelas eles recebem uma grande oportunidade de servir. Toda vez que a Sagrada Eucaristia é celebrada em qualquer Igreja, ou em qualquer casa, de modo privativo, pelo sacerdote, sempre alguns membros das hostes celestes acercar-se-ão e prestarão sua ajuda. Eles comparecem porque há uma oportunidade de executarem o trabalho para o qual existem e por meio do qual evoluem.

No início da Sagrada Eucaristia pedimos a Deus para enviar Seu santo anjo. Essa é uma invocação definida e produz um resultado imediato. Um anjo vem prontamente e toma conta de nosso trabalho; ele reúne a devoção e o amor que efundimos, a adoração que prestamos, e tece-as, como Tennyson poeticamente coloca, na corrente dourada que une nossa Terra aos pés de Deus. Onde quer que haja séria devoção efundindo, imediatamente vem um anjo para tomar essa devoção, para elevá-la e fortalecê-la, para pedir de nós tanto quanto podemos dar, e então enviá-la novamente em ascensão aos pés do Pai. Em nosso Serviço de Cura, começamos por invocar o Arcanjo Rafael, que é o Poder de Cura de Deus. E em resposta a esse chamado surge uma forma majestosa pela qual o trabalho é realizado.

Ao referir-me à cooperação angélica, não estou reivindicando qualquer monopólio para as cerimônias cristãs a esse respeito, menos ainda para nossas próprias cerimônias na Igreja Católica Liberal. Nesta Igreja efetuamos algum estudo acerca do modo como os anjos auxiliam nossos serviços, e, tendo feito esse estudo, organizamos nossas cerimônias de forma a permitir tal cooperação – e naturalmente a recebemos. Mas em qualquer Igreja e onde quer que os homens estejam efundindo-se em amor e devoção a Deus, qualquer que seja sua forma de credo ou de ritual, podemos estar certos de que os anjos estão presentes, acrescentando sua força e sua ajuda. E essa sua assistência não está em absoluto restrita apenas aos cristãos; pois os anjos auxiliam os hindus e os budistas, os muçulmanos e os parses do mesmo modo como auxiliam os cristãos. Eles prestam assistência a cada homem em seu esforço de devoção tanto quanto o fazem conosco; mas o fato de nós os conhecermos e contarmos com eles e permitirmos sua ajuda, facilita a eles concedê-la a nós mais do que àqueles que nada sabem sobre o assunto, que não a estão esperando e não se colocaram em uma atitude mental que lhes possibilitasse aproveitá-la.

Dificuldades de Classificação

Às vezes sou indagado sobre quais das nove grandes Ordens de anjos correspondem aos Sete Raios.

É muito difícil atribuir anjos aos diferentes Raios com certeza, em parte porque eles estão muito mais adiantados na evolução do que qualquer um de nós. Eles podem pertencer a diferentes Raios – assim deve ser; eles até clamam ser anjos de determinados Raios, mas, sob muitíssimos aspectos, parecem possuir qualidades tomadas de todos os Raios alternadamente. Não estou certo de que já tenhamos as correspondências exatas, porém já estabelecemos de forma definida que esses grandes anjos a quem São Paulo atribui o nome de Tronos, são anjos do Primeiro Raio, e seu Chefe é aquele comumente chamado de São Miguel. Creio ser São Gabriel o Arcanjo situado no comando do Segundo Raio, mas não estou tão certo quanto à designação das várias divisões.

Pode bem ter sido que São Paulo, ou provavelmente alguém muito anterior a ele, encontrando estes Grandes Seres, tentasse distinguir entre os diferentes tipos. Ele teria visto entidades glorificadas tão acima de si mesmo que elas parecer-lhe-iam possuir todas as boas qualidades possíveis; e, sem dúvida, ele teria concebido uma qualidade como sendo mais dominante e tentado expressar isso. Assim ele perceberia o tremendo poder que flui através de certos anjos, e poderia imaginá-los como sustentando o trono do próprio Deus. Além do mais, esse poder poderia sugerir que Deus opera diretamente por meio deles, que Sua força toda-poderosa baseia-se neles e se efunde através deles durante alguns de seus atos de criação. Depois ele poderia observar aqueles que parecem desempenhar um papel principal no trabalho e poderia chamá-los Dominações. E assim sucessivamente com as outras classes mencionadas. Suspeito que as Virtudes pertencem ao Terceiro Raio e representam o tato, a tolerância e a adaptabilidade dessa linha. São Rafael poderia ser vinculado a ela, e, no entanto, ele tem ao redor de si um toque do Sétimo Raio. Ele é o Anjo de Cura, mas não parece enquadrar-se de modo especial em qualquer um dos tipos mencionados na classificação que utilizamos na Igreja.

Os anjos superiores são de um poder tremendo. Aqueles com os quais entramos em contato são, em sua maioria, muito mais evoluídos do que nós e, consequentemente, a força que vertem sobre nós é tremenda e enlevante, fortalecendo e auxiliando toda a nossa natureza para o bem. Mas não devemos supor que todas as evoluções não-humanas sejam necessariamente maiores do que as nossas. Existem estágios inferiores que conduzem ao anjo, e esses estágios inferiores não são de forma alguma maiores que nossa humanidade. Existem os reinos dos espíritos da Natureza e das fadas, os gnomos e os silfos – reinos que conduzem ao angélico assim como o reino animal conduz à nossa própria evolução.

Espíritos da Natureza

Nem todos nós conseguimos enxergar os espíritos da Natureza. Se pudéssemos, teríamos uma fonte de interesse extraordinariamente atraente. Assim como os naturalistas observam os animais, e os ornitólogos observam os pássaros e aprendem sobre suas várias características, também se pode observar essas criaturas. Quando saímos para um passeio, podemos ser rodeados por eles caso aprendam a gostar de nós.

Mas em geral eles desconfiam profundamente do homem, porque ele destrói as coisas de que eles mais gostam. Eles amam animais selvagens e pássaros, especialmente os filhotes, e o homem chega e mata seus amigos ou, de algum modo, os afasta. Eles rejubilam-se com o ar puro do campo, com o aroma dos bosques e com tudo que esteja em crescimento. Porém, quando o homem chega, geralmente polui esta bela atmosfera com a imunda fumaça do tabaco, ou o cheiro do álcool, ou está impregnado com o mau cheiro da carne. As árvores são suas caras amigas a quem amam; os homens chegam e derrubam-nas e constroem casas horríveis em seu lugar. Há muitos homens que se intrometem entre eles com toda a sorte de pensamentos e sentimentos desagradáveis, às vezes cheios de malícia, ódio, ciúme; todas estas coisas são repugnantes para eles. Eles não gostam da humanidade em absoluto, e, no entanto, eles sabem que ela representa, ou deve representar, um estágio superior de evolução.

Desta forma, quando encontram homens e mulheres e jovens de quem possam se aproximar e gostar, a quem possam achegar-se sem que fiquem desgostosos com todos estes sentimentos indesejáveis e odores desagradáveis, então – embora sejam muito desconfiados e tímidos de início – ficam muito satisfeitos e encantados que existam seres humanos que sejam, o que chamariam o tipo certo. E, então, quando estes humanos saem a passear, em geral são rapidamente cercados por estas criaturas. Algumas destas pequenas criaturas às vezes escolhem uma pessoa a quem admiram em especial e seguem-na por toda a parte. É muito interessante observar suas maneiras delicadas, ver como diferem completamente de nós, como não conseguem entender algumas das coisas que fazemos. Soube de um bando deles que cercaram um menino que estava comendo uma maçã. O interesse dessas criaturas era imenso. "O que ele está fazendo? Para que ele está fazendo isso?" Eles próprios não comem, e como se vai explicar a ação para eles?

Como os Anjos se Comunicam

Os anjos comunicam-se uns com os outros de várias maneiras. Alguns deles possuem uma linguagem definida. Outros não possuem qualquer linguagem que se possa ouvir, mas, na verdade, eu não tenho certeza de que realmente escutemos alguma, mesmo a daqueles que de fato falam. Não é um som do Plano Físico. É aquilo que corresponde ao som no mundo astral, exceto no caso das criaturas que envergam corpos etéricos. Então, temos algo mais próximo do que para nós significa um som. É bastante difícil explicar porque é preciso qualificar quase tudo que se possa dizer, ao comparar esses sentidos superiores com nossos sentidos físicos.

Mas os anjos comunicam-se entre si imprimindo seus pensamentos uns nos outros. Existem várias formas pelas quais isso é feito. Creio que aqueles que em sânscrito são chamados *arupa devas* – anjos que envergam corpos constituídos de matéria do Plano Causal – trocam ideias com a velocidade do pensamento – na realidade mais rapidamente do que podemos pensar. Os *rupa devas* – anjos do mundo mental inferior – trocam ideias quase do mesmo modo como nós poderíamos telepaticamente trocar pensamentos. Ainda os *kama devas* – anjos do mundo astral, o tipo menos elevado de anjos definidamente individualizados e acima dos espíritos da Natureza – teriam que gravar suas ideias de alguma forma mais definida e levariam mais tempo ao fazê-lo, não tanto tempo quanto levamos para falar, mas algo entre a fala e a transferência de pensamento. Porém, mesmo nesse caso, deveríamos dizer, se quiséssemos ser precisos, que nós antes sentimos seus pensamentos do que realmente os ouvimos; todavia eles se formulam como se fosse em palavras.

Os Quatro Místicos

A palavra "anjo" é geralmente aplicada também aos Quatro que se encontram nas proximidades do trono de Deus, às vezes, chamados de as Quatro Bestas. Há uma curiosa descrição deles na Bíblia, que os menciona como repletos de olhos por dentro. Isso não pode ser tomado literalmente, mas possui um profundo significado simbólico e poético atrás de si. No sistema indiano, esses Quatro Seres são chamados os quatro *devarajas* e, na religião popular da Índia, eles são mencionados como os Regentes dos quatro pontos cardiais da bússola – os anjos do norte, do leste, do sul e do oeste e como governantes dos quatro elementos – Terra, Ar, Água e Fogo. Essas são também as Quatro Criaturas Vivas do *Apocalipse*, que regulam os destinos dos homens; eles não são anjos no sentido comum do termo, embora governem grandes hostes de anjos. São chamados os *Lipika*, ou os Senhores do *karma*, e por vezes são mencionados como os Escribas ou Arquivistas, porque são eles que administram todo o tremendo mecanismo da Justiça Divina. São eles que cuidam para que a cada homem venha o resultado de seu próprio trabalho. "Não vos iludais: de Deus não se zomba. Tudo que o homem semear, isso também ele colherá".[1]

Essa é a grande lei natural que é chamada no Oriente de a lei do *karma*. Todas estas leis da Natureza são, na realidade, expressões da vontade do Poder Divino, e são leis que não podem ser quebradas e das quais ninguém pode escapar. Podemos agir contra elas, mas isso só pode ser feito aplicando-se uma força igual na direção oposta.

Anjos e Humanos

Os anjos consideram os seres humanos criaturas curiosas. Eles dizem que somos tão ilógicos, que sabemos certas coisas e, no entanto, não agimos de acordo, e isso para um anjo é o que nós chamaríamos de insensato. Eles não compreendem uma tal atitude. Por exemplo, sabemos que é uma coisa má preocupar-se, contudo o fazemos e continuamos a fazê-lo. O anjo observa com espanto. "O que posso fazer por esta pessoa?", ele poderia pensar: "Não adianta dizer a ele, porque já sabe." Eles comentam: "Não entendemos. Vocês parecem saber, afirmam saber, na verdade *sabem*; e, entretanto, seu conhecimento não faz diferença para vocês." Tal atitude é incompreensível para um anjo.

---

1 *Gálatas 6:7*. (N. do Original)

Há certas épocas e estações em que as hostes angélicas estão em contato mais próximo com a humanidade do que em outras; o Festival de São Miguel e de Todos os Anjos em 29 de setembro é uma delas. Porque este festival é comemorado pela maioria dos cristãos no mundo inteiro, existe uma vasta corrente de pensamento dirigindo-se aos anjos nesse momento e isso os atrai para um contato mais próximo de nós.

Está chegando a hora em que o reino angélico aproximar-se-á do nosso. Supõe-se que a humanidade tenha atingido um estágio em sua evolução onde se encontra melhor habilitada a compreender a evolução angélica, e a estabelecer alguma relação com ela e receber dela grande ajuda e elevação espiritual. A tremenda e, sobretudo, cega devoção da Idade Média está esvanecendo, e o Sétimo Raio, o Raio do relacionamento com os anjos e do cerimonial, está agora vindo a influenciar a Terra. É nossa tarefa prepararmo-nos para isso, de modo que possamos compreender os anjos, que possamos viver de forma a cooperar de modo inteligente com seus esforços e transformarmo-nos em canais para o seu trabalho. Deveríamos adotar uma postura de receptividade; tentar viver de tal maneira que os anjos possam cooperar conosco e possam agir através de nós para a maior glória de Deus, que é igualmente o Governante dos anjos e dos homens.

CAPÍTULO VIGÉSIMO QUARTO

A COMUNHÃO DOS SANTOS

Há muitos milhares de santos e, naturalmente, eles não pertencem todos à religião cristã. Existiram e sempre existirão homens e mulheres santos em todas as fés, pois todas as religiões são apenas maneiras diferentes de enfocar uma única grande verdade, enfatizando em algumas uma faceta ou um lado dela, e em outras, uma outra faceta ou outro lado. A verdade que está por detrás de todas elas é a mesma.

Quando pensamos nos santos cristãos, costumamos pensar naqueles que foram canonizados pela Igreja. A canonização equivale apenas a um reconhecimento da santidade de uma pessoa, e um reconhecimento bastante tardio na maioria dos casos. Ela parece não fazer qualquer efeito em nenhum plano, exceto no físico; parece não afetar o Ego ou a alma de forma alguma. Mas há outros efeitos.

Um determinado número de pessoas começa a rezar para o novo santo, e suas orações, se houver uma grande quantidade delas, certamente farão diferença. Elas equivalem a um apelo ao Ego, e o Ego responde de imediato. Para explicar como isso tem efeito, temos que relacionar estas ideias com outros fatos mais familiares. Praticamente o mesmo acontece a quase todos nós quando estamos no mundo celeste. Existe apenas um número limitado de santos eclesiásticos, mas a maioria das crianças são santas para suas mães, e é difícil encontrar alguém que não seja amado e respeitado por outrem.

Quando nos retiramos para o mundo celeste formamos imagens daqueles que amamos e admiramos; imediatamente o Ego da pessoa responde e anima a imagem, de modo que nossos amigos estão verdadeiramente conosco embora suas personalidades na Terra possam estar totalmente inconscientes do fato. Tanto quanto eu posso ver, não existe limite para o número de imagens ao qual o Ego consegue animar ao mesmo tempo, e ele está simultânea e plenamente consciente em todas as diversas imagens. É impossível tornar isso plenamente compreensível aqui; mas a alma está consciente de todas elas do mesmo modo, para empregar uma analogia física, como estamos conscientes das diferentes partes de nossos corpos quando sentados numa cadeira.

A única coisa necessária para a formação de uma imagem, e o consequente apelo ao Ego para animá-la, é que tenhamos pensado tanto na pessoa que sua presença seja indispensável para nossa perfeita felicidade. No mundo celeste possuímos tudo o que precisamos para sentirmo-nos completamente felizes, e o fato de uma pessoa ser imprescindível para nós dessa maneira é suficiente para formar o vínculo. Assim, sem sermos santos, todos nós podemos, como Egos, responder ao amor e à admiração dos outros, e se pudéssemos elevar nossa consciência até a do Ego, descobriríamos que somos centros de interesse para muitas pessoas. Haverá amigos e parentes falecidos que terão pensado em nós com força suficiente para terem nossas imagens em sua vida celeste. Essa imagem é verdadeiramente nós mesmos; é uma realidade muito bela, pois, se qualquer outra pessoa, excetuando a nós mesmos, animasse a nossa imagem, as pessoas estariam enganando a si próprias. Do modo como acontece, elas não estão enganando a si próprias, pois nós estamos lá – mais lá, na verdade, do que aqui – uma vez que estamos sem a limitação do corpo físico.

Isso é exatamente o que é feito pelo santo tão logo as pessoas começam a formar imagens dele; e é assim que se pode dizer que ele atende às preces de seu povo. Elas lhe pedem ajuda; se há algo que ele possa fazer, fará. Elas lhe pedem consolo no sofrimento; ele lhes apresentará ideias de natureza reconfortante. Elas lhe pedem força na dificuldade; ele enviará o que puder, e dá a impressão de estar ocupado exclusivamente com aquele devoto, embora, na realidade, possa estar prestando auxílio simultâneo a muitos outros. As preces favorecem aos santos bem como aos suplicantes; é muito bom para o Ego ser estimado, ter pensamentos elevados focados nele, e estes certamente afetam aquela parte que pode, no momento, estar aprisionada em uma personalidade. A analogia entre a atitude dos santos e a atitude do Ego comum no mundo celeste é muito próxima.

O Festival de Todos os Santos

O Dia de Todos os Santos pretende ser um dia de gratidão a Deus por todos os Seus santos, desde o mais poderoso até o menos, incluindo muitos não reconhecidos como santos na Terra. Devemos pensar em todos os que demonstraram a glória e a beleza e a bondade amorosa de Nosso Senhor, e agradecer-Lhe por todas essas Suas múltiplas manifestações. O festival acontece, na verdade, na mesma data de um antigo festival pré-cristão no qual os mortos aproximavam-se dos vivos; assim sendo, nessa época do ano tornou-se um hábito estabelecido, no outro lado, para as pessoas tentarem comunicar-se. No Dia de Todos os Santos e no de Finados, o véu é mais tênue do que em outras épocas do ano; os mundos estão mais próximos e mais abertos um para o outro, portanto a comunicação entre eles é mais fácil.

Nós não sabemos como isso começou. Provavelmente foi instituído porque os vivos sabiam que esse era um momento em que eles podiam alcançar com mais facilidade o mundo astral, e as pessoas do mundo astral imediatamente se tornariam cientes da busca e responderiam. Estes grandes aniversários são sempre conhecidos em ambos os lados. O mesmo ocorre com os anjos no Dia de São Miguel, pois todas as pessoas religiosas estão, então, pensando nos anjos, e isso produz, em um ou em todos os anjos ao alcance, uma onda de pensamento correspondente. Porque os membros dos dois Reinos estão pensando fortemente uns nos outros, é mais fácil passar a comunicação entre eles.

A influência de um santo é melhor do que a de um pecador, assim, pelo menos a influência efundida é útil e traz elevação, e verte-se uma influência elevada e sagrada sobre a Terra. Mas a influência efundida no Natal ou na Páscoa é distinta, e todos os santos, inclusive Nossa Senhora (pois Ela também é uma santa e a Rainha dos Santos), participam. Essa influência é efundida, e nossa devoção e amor elevam-se ao seu encontro. Há intercâmbio e intercomunhão sutis – uma espécie de vórtice de santidade derramado sobre a Terra, muito bonito e fulgurante de se olhar. Ele é útil e eleva espiritualmente também por nos trazer o exemplo dos santos.

Desse modo, em certas épocas, há um relacionamento muito próximo entre os mundos visíveis e invisíveis, e podemos tirar vantagens dessa condição. No Dia de Todos os Santos, nossa adoração e nosso amor ascendem em direção aos santos com o pensamento definido de recebermos sua ajuda. Além disso, no Dia de Finados, pensamos naqueles não tão evoluídos a quem podemos ajudar. É a força que nos foi legada no Dia de Todos os Santos que irradiamos de volta no Dia de Finados. Alguém que não tenha celebrado o festival de Todos os Santos seria muito menos útil para a celebração no Dia de Finados.

"Nenhum Homem Vive Para Si Mesmo"

Encontramos a doutrina da Comunhão dos Santos mencionada no Credo dos Apóstolos. "Creio na ... Santa Igreja Católica; na Comunhão dos Santos". Geralmente, isso tem sido interpretado de três maneiras, sendo uma delas a que a Comunhão dos Santos é a Igreja. Há, porém, um aspecto mais profundo nesta ideia.

A unidade da Igreja é, em termos gerais, pouco compreendida. Tem sido ensinado com tanta frequência que "nenhum homem vive para si mesmo e nenhum homem morre para si mesmo." A maioria das pessoas de fato não entende isso; elas insistem em apegar-se à sua separatividade. Levamos milhares e até milhões de anos para completarmos nossa individualização, mas agora que temos essa individualidade devemos aprender a ampliá-la. Em certo estágio de nossa evolução, foi necessário que nos sentíssemos egoístas e pensássemos bastante em nós mesmos, a fim de que pudéssemos tornar-nos fortes centros de consciência. Mas nós formamos a individualidade com o propósito de podermos ajudar no esquema divino, de podermos vir a ser até como Ele, que é o Eu maior, o Cristo que nos abrange a todos nós.

Devemos aprender que existimos não para nós mesmos mas para os outros, e que a nossa individualidade deve expandir-se até que possa abranger todas as demais. Existem linhas especiais nesta grande unidade, e cada homem recebe o melhor auxílio na sua própria linha. Alguns trabalham na linha de Nossa Senhora, alguns na dos anjos; alguns na linha de humildade e amor de São Francisco; outros na linha ensinada por Pitágoras ou por Hypatia, e outros ainda de acordo com os ensinamentos místicos de Hermes. Alguns trabalham na linha de coragem e o fervor exemplificados por Santo Albano ou São Miguel; outros na linha de compaixão e solidariedade. Os homens podem abordar muitas linhas, mas o objetivo é o mesmo em todas. Todos esses Grandes Seres continuam a reforçar e sustentar a corrente de influência que ofereceram quando apareceram na Terra, e como membros do Corpo de Cristo eles nada fazem sozinhos.

Pois existe uma comunidade na Igreja – uma comunhão de adoração e boas obras. Nós adoramos e recebemos e agimos não para nós próprios, mas como partes do todo, porque todos somos um com Deus. No pináculo mais alto da pirâmide da vida religiosa encontra-se a pedra única do Amor Divino. Essa é a jóia mais brilhante em todo o Universo e a pedra de toque pela qual tudo pode ser tentado. É, de fato, o ponto central do Universo para o qual todos os caminhos convergem. As almas viajam até ela por muitas estradas, mas todas são peregrinas para um único santuário.

Uma vez que compreendemos essa unidade, não pode mais haver desânimo ou pessimismo. Ainda pode haver tristeza e dificuldades, porque todos nós nos perdemos no caminho de um modo ou de outro, e o mal trará seus resultados tanto quanto o bem; mas não haverá mais aquela sensação de desamparo e desespero que frequentemente se esconde sob a tristeza e o sofrimento, uma vez que tenhamos captado o significado da Comunhão dos Santos, que é outra palavra para a Fraternidade dos Homens e também implica a Paternidade de Deus. É verdade que existem mistérios profundos ao nosso redor, até agora compreendidos apenas em parte. No grande drama da história do mundo, surgem perguntas às quais o homem, no momento, não pode responder. Contudo, sabemos, com a absoluta certeza nascida da experiência, que o poder, a sabedoria e o amor que guiam a evolução são mais do que suficientemente fortes para conduzi-la ao seu final glorioso.

A Fraternidade dos Santos

A Comunhão dos Santos também representa a associação mística e íntima que existe entre eles. Significa a Grande Fraternidade da Luz – a Grande Fraternidade dos Adeptos.

Não deve ser difícil conceber que existam tais Grandes Seres, porque há pessoas em todos os níveis possíveis de evolução. Uma vez que há vários estágios de evolução abaixo de nós, não devemos pensar que representamos o mais alto nível que Deus já foi capaz de desenvolver em Seu mundo. Sabemos que têm havido grandes homens e mulheres que se distinguiram em sua esfera particular assim como um farol se destaca sobre as ondas, muito acima de todos nós – grandes Santos, cientistas, escritores, artistas, músicos. Não podemos comparar-nos a eles. Assim como na música Beethoven, Bach e todos os grandes compositores destacam-se acima de nós, também na espiritualidade os santos distinguem-se muito acima de nós – são eles que formam a Grande Fraternidade que, sob o Cristo como representante do *Logos*, a Palavra de Deus, governa e dirige o mundo.

Eles são os que estão "salvos" ou seguros; são os verdadeiros eleitos que com certeza alinham-se nessa onda especial de evolução. Mas não devemos imaginar que aqueles que recuaram ficarão perdidos. Sob este esquema divino de evolução, nada nunca foi ou pode ser perdido, mas existem aqueles que podem rodar na "classe" deste ano e voltar com a do próximo ano. É isso que significa o Dia do Juízo – um dia não de condenação, porém um dia em que aqueles que forem escolhidos poderão continuar e os outros serão retidos para ensinamentos adicionais.

Aqueles que formam a Grande Fraternidade são todos unos, em um grau que é quase impossível compreender. Eles *são* um; eles formam uma consciência poderosa.

O Iniciado

Todos que ingressam na Grande Fraternidade começam imediatamente a tomar parte no trabalho de gerenciamento do mundo. É verdade que o neófito pode tomar apenas uma pequena parcela, pois ele é apenas uma minúscula engrenagem na grande máquina, um funcionário iniciante no grande gabinete do governo do mundo espiritual, mas ainda assim ele tem sua tarefa especial a desempenhar desde o momento em que se torna um membro da Fraternidade. Na primeira grande Iniciação que o admite em seu quadro, ele faz o juramento solene de devotar-se ao bem-estar do mundo; de ter isso sempre em mente como seu dever principal, com prioridade sobre tudo o mais. Os homens e mulheres que ingressam nessa poderosa Fraternidade precisam viver suas vidas no sentido comum; eles geralmente precisam ganhar a vida trabalhando como antes. Eles não são tirados do mundo, contudo, num sentido muito real, eles não são deste mundo porque não mais estabelecem para si meras ambições pessoais. Eles não mais enxergam como seu primeiro propósito na vida a obtenção de riquezas ou fama, mas, antes, serem tão úteis quanto possível no auxílio e na elevação espiritual da humanidade.

O Iniciado nunca causará sofrimento aos outros, homem ou animal, se puder evitá-lo. O juramento da época de sua Iniciação é o de tentar transformar sua vida toda em amor, do mesmo modo como Deus é todo Amor. Ele não é um homem que se deixa levar pelas simples aparências externas, pois lida com realidades. A maioria das pessoas é como as criancinhas brincando em torno do mundo real e de suas vidas; por mais felizes e agradáveis que elas possam ser do ponto de vista inferior, são apenas uma caricatura lamentável do que a vida poderia ser. Elas, absolutamente, sequer conhecem o mundo real; estão apenas se desenvolvendo muito gradualmente em direção à época de serem capazes de ingressar na vida real e atuarem nela. Na Iniciação, o mundo real abre-se perante o homem, e ele vê claramente o que é válido e o que não é. É como sair de um presídio para o mundo glorioso lá fora. O mundo em geral está perseguindo as sombras; a maioria das pessoas está como que sentada durante toda sua vida, com as costas voltadas para a luz, observando o movimento de sombras fúteis na parede à sua frente, nada sabendo da gloriosa realidade; porém na Iniciação (e antes disso, durante sua preparação) o homem irrompe da caverna sombria para a gloriosa luz do Sol – para a vida mais ampla, mais plena – e vê a glória desse mundo real diante de cuja luz todas as lâmpadas humanas obscurecem-se. Ele agora vê o real objetivo da vida. Tantas pessoas no mundo passam suas vidas inteiras trabalhando em coisas inferiores, tão ocupadas em fazer um nome e ganhar dinheiro, algumas delas talvez com um bom propósito em vista, com a ideia de que empregariam bem a fama e a fortuna, outras não se preocupando com isso desde que façam a fortuna e o bom nome, todas elas imaginando-se tao atarefadas e sábias. Muito antes de o homem aproximar-se dos portais da Iniciação, ele vê a relativa insignificância de todas estas coisas e percebe que aqueles que estão buscando interesses mundanos vivem exatamente como o homem com a pá de lixo em *Viagem do Peregrino*[1], que está revolvendo a sujeira enquanto, o tempo todo, um anjo glorioso paira sobre ele oferecendo-lhe uma coroa de ouro.

A importância relativa das coisas é tão pouco compreendida; é tão difícil para nós nos apercebermos, porque estamos cercados pelo tumulto do mundo, por milhões de pessoas que pensam como o mundo pensa; a pressão da opinião pública sobre nós é algo que em absoluto não compreendemos. Não sabemos o tremendo poder que ela possui. O tempo inteiro os pensamentos dos outros estão fazendo pressão em nossos corpos mentais, embora possamos nada saber sobre isso. A pressão da opinião pública não se mostra apenas nos jornais e na conversação diária, mas esse mar denso de pensamento intangível está à nossa volta e, embora o pensamento possa ser leviano, embora realmente nada signifique porque as pessoas que o geraram nada sabem dos fatos reais, o peso dele está constantemente nos pressionando e, por mais resistentes que possamos ser, é preciso esforço para nos opormos a ele.

As Quatro Qualificações

As quatro qualificações necessárias para alcançar a primeira Iniciação são o discernimento, o desapego, a boa conduta e o amor, porém não devemos supor que a necessidade de maior desenvolvimento destas qualidades tenha terminado com a realização deste grande salto. Com certeza, aqueles que chegaram a este ponto devem tentar avançar a fim de que possam ser cada vez mais úteis na vida. Eles devem, por exemplo, continuar a desenvolver o discernimento e aprender quais são as coisas que realmente têm valor; devem distinguir com cuidado entre as coisas importantes de fato e aquelas que só parecem importantes. O conhecimento é sempre um pré-requisito da utilidade, pois por mais bem intencionado que um homem possa ser, se não tiver o conhecimento necessário, ele está sujeito a causar mais mal do que bem. O homem que quer ajudar deve adquirir algum conhecimento, ou, então, sua utilidade é bem menos valiosa do que poderia ser.

A consciência do Iniciado, em virtude da cerimônia de sua admissão, torna-se una com a consciência da Fraternidade, mas quanto dessa tremenda consciência ele pode trazer através de seu cérebro físico e sua vida diária, depende por inteiro de si mesmo e do desenvolvimento que posteriormente escolherá realizar. Para empregar a linguagem comumente encontrada nos livros sobre o assunto, quando esta etapa é alcançada, a consciência subliminar torna-se una com a da consciência supraliminar. A consciência subliminar é a consciência inferior, e a supraliminar é aquela acima do limiar da consciência que utilizamos na vida comum, e o objetivo do Iniciado é trazer essa consciência mais ampla para além do limiar, de modo que ela esteja sob seu comando em qualquer propósito da vida diária, a fim de que ele possa aprender a julgar corretamente e a escolher com acerto. Isso significa que ele deve trabalhar sem cessar para estar conscientemente uno com a Fraternidade aqui na Terra, uma vez que já é uno com ele nos planos superiores.

---

1 Por John Bunyan (1628-1668). (N.E.)

Há uma outra maneira de representar a ideia das duas consciências, a qual talvez é mais clara para algumas mentes do que para as demais. A teoria usual é a de que o homem possui uma consciência imensa, mas que sua maior parte está abaixo do limiar de sua consciência de vigília; de que às vezes ocorre uma irrupção desta consciência mais ampla resultando em toda a sorte de desenvolvimentos notáveis. A explicação dada em determinado ensinamento oriental é apenas um pouco diferente desta. Eles consideram que o Ego do Homem, o que chamaríamos de alma, projeta, por assim dizer, uma mão e com as pontas dos dedos toca o cérebro físico e aquela pequena porção da consciência que funciona através do cérebro: o toque desses dedos é o homem inferior, a personalidade, a manifestação temporária da alma ou da individualidade no Plano Físico. O Ego é a consciência que engloba tanto a subliminar quanto a supraliminar. A consciência subliminar é aquela que se apresenta no braço e na mão, mas não ainda nas extremidades dos dedos. É a parte mais próxima ao grande corpo de consciência que existe por detrás, e às vezes, durante um lampejo de intuição, a força flui pelo braço até o cérebro físico. Agora essa consciência mais ampla, a consciência do próprio homem, tornou-se una com a Grande Fraternidade, mas as extremidades dos dedos que operam no cérebro inferior ainda não o sabem, e o todo daquela consciência tem de ser trazido para baixo até as consciências subliminar e de vigília, até que toda a consciência do homem possa funcionar através do cérebro, tanto quanto possível neste nível.

O Nascimento de Cristo Dentro do Coração

O Cristo nasce dentro do coração na Primeira Iniciação, se já não tiver nascido antes como bem pode acontecer com muitas pessoas, mas Ele também precisa crescer no coração de modo que o homem alcance a "plena medida da estatura de Cristo". Como pode ser estimulado este crescimento? Nossos corações devem estar preparados, e nosso poder de sentir e pensar gradualmente expandidos até que o homem integral se torne uma expressão mais plena do Cristo. Não é pois o Cristo que cresce, e sim nós que crescemos em nosso poder de resposta, em nosso poder de aceitar o Cristo dentro de nós. Ele está sempre ali e, à medida que nos tornarmos mais e mais preparados, Ele resplandecerá através de nós. Aqueles que não subiram este degrau, que ainda estão observando-o à distância fariam bem em lembrar que exatamente o mesmo processo que encoraja o crescimento após ter-se subido o degrau, também é uma preparação adequada para a mesma subida. Assim, ambos devem igualmente ouvir a Sua voz, devem cuidar em buscar a intuição que vem do íntimo de modo que eles possam beneficiar-se de Sua sabedoria. O Iniciado deve qualificar-se para receber e compreender esta sabedoria; distingui-la de outras impressões e, então, ter a força para agir sobre ela. Nas palavras daquele belo poema citado em *Aos Pés do Mestre*[2] ele deve estar sempre,

> "Esperando a Palavra do Mestre,
> Vigiando a Luz Oculta;
> Escutando para receber Suas ordens
> Bem no meio da batalha;
> Observando Seu menor sinal
> Sobre as cabeças da multidão;
> Ouvindo Seu mais leve sussurro
> Acima da mais ruidosa terrena canção."

---

2 KRISHNAMURTI, Jiddu. *Aos Pés do Mestre*. Brasília, Ed. Teosófica, 2016. (N. E.)

A atitude do discípulo, tanto antes quanto depois da Iniciação, dificilmente poderia ter sido expressa com maior beleza, pois a sabedoria da poderosa Fraternidade está por detrás do Iniciado, assim como a sabedoria de seu Mestre está por detrás do discípulo que se prepara para a Iniciação. Nos dois casos, devemos nos aprontar desde o nível mais baixo. Somos a taça e a pureza; o amor e a sabedoria do Cristo são o vinho que deve ser vertido nela, enchendo-a tão logo esteja pronta para recebê-lo. Exatamente quando, e na justa medida que estivermos preparados para sermos preenchidos, a vida do Cristo e o poder e a sabedoria do Cristo,verter-se-á sobre nós.

Em verdade, essa vida crística que se oculta sob a vida ordinária é a vida real e a única que merece ser vivida. O Senhor Buda estava certo ao dizer que, durante a sua vida física, a tristeza preenche o "tempo deplorável" do homem. Há, de fato, mais sofrimento que desfrute na vida; há incerteza, dificuldade e perda. Somente quando estamos livres do desejo e ingressamos na vida superior é que, pela primeira vez, percebemos o que a vida de fato significa. Nenhuma vida vale a pena ser vivida para o eu inferior, mas toda a vida é gloriosamente valiosa quando estamos plenos do espírito do Cristo, o espírito de extremo autossacrifício pelo bem do todo.

Os Místicos e a Senda da Santidade

A Senda é sempre o caminho do desenvolvimento espiritual e da santidade. Seus passos são as várias iniciações. É difícil dizer se os estados pelos quais o místico cristão passa possuem qualquer relação direta com os passos da Senda, pois ele geralmente é vago quanto à sua experiência.

A Noite Escura da Alma, conforme descrita por Ruysbroeck e Suso, poderia ser idêntica à grande prova que acontece na Quarta Iniciação. O Caminho Unitivo alcançado pelo maior dos místicos pode ser idêntico ao estado de união obtido por quem passou pela Iniciação *Asekha.*

As experiências descritas em *A Noite Escura da Alma* incluem a sensação de ter sido deixado completamente só e desligado do poder do Próprio *Logos.* Diz-se que Jesus experimentou-a, quando Ele clamou: *Eli, Eli, lama sabachthani*, que é traduzido como "Deus Meu, Deus Meu, por que me desamparaste?"[3]

O Caminho Unitivo deve ser o caminho de união com toda a humanidade e, então, com o Divino. O caminho do místico é sempre o de união com Deus. Ele tenta alcançar essa união mesmo neste nível inferior. Diz-se que existem dois métodos principais de desenvolvimento espiritual – a Senda do místico e a Senda do ocultista. Eles chegam ao mesmo fim. O místico busca alcançar a união subjetiva com seu Deus, aqui e agora. "Um único passo para dentro de si, e toda a tua peregrinação termina."[4]

O homem é Deus mas ele tem que dar-se conta disso, e essa conscientização chega devagar e por etapas para a maioria de nós. Passo a passo aproximamo-nos dessa possibilidade, e é útil conhecer os degraus do caminho para que possamos mais ou menos medir nosso progresso. Pode-se constatar nos escritos dos grandes místicos que eles estão buscando a mesma meta do ocultista, ou ao longo de seu próprio caminho pessoal, ou por uma combinação de caminhos.

---

3 *Mateus 27:46.* (N.E.)

4 *Angelus Silesius.* (N. do Original)

CAPÍTULO VIGÉSIMO QUINTO

OS SACRAMENTOS

Todas as religiões são Sendas que pretendem conduzir os homens a Deus. Elas diferem, porque os homens diferem tanto em temperamento quanto no estágio de evolução que alcançaram. Todas elas ensinam o homem a cultivar as mesmas virtudes e a evitar os mesmos vícios. Cada uma possui seu próprio plano para ajudar seus devotos na Senda de ascensão, oferecendo-lhes os auxílios que parecem adequados a eles; na religião cristã esses auxílios são chamados sacramentos. Algumas pessoas possuem uma tal constituição que são capazes de assimilar o poder divino efundido através dos sacramentos, e são muito auxiliadas e elevadas espiritualmente por meio deles; outras desdenham tal ajuda e consideram-na sem valor, ou talvez como estimulantes ou muletas para os fracos. Todo homem está plenamente autorizado a defender suas próprias opiniões, mas não a abusar, caluniar e perseguir aqueles que dele diferem.

Os sacramentos, portanto, não são necessidades, mas bênçãos valiosas oferecidas pelo Cristo àqueles que estão prontos para beneficiar-se deles. Os sacerdotes de Cristo são aqueles que foram devidamente preparados e têm-se encarregado do trabalho de distribuição destes auxílios para Seu povo. Em nenhum caso, seja ele qual for, devem cobrar taxas por tal distribuição de Sua graça; é seu presente gratuito a Seus filhos, e benditos, de fato, são aqueles através de quem eles são ofertados.

Veremos que esta teoria dos sacramentos afasta todo o temor de que um sacerdote possa algum dia exercer qualquer tipo de coação sobre sua congregação.

E quando sabemos que todos vão alcançar a salvação no final, que os sacramentos não são "necessários à salvação", embora sem dúvida sejam grandes auxílios para o progresso, e que, em qualquer caso, são gratuitos para todos os que desejam com reverência recebê-los, toda a possibilidade de tirania eclesiástica desaparece.

Em meu livro, *The Science of the Sacraments*, busquei sugerir um novo ponto de vista a respeito dos sacramentos da Igreja Cristã, um ponto de vista que é novo para nós hoje em dia apenas porque é tão antigo que foi inteiramente esquecido.

A Definição de um Sacramento

Um sacramento é definido no catecismo da Igreja da Inglaterra como "um sinal externo e visível de uma graça interior e espiritual dada a nós, conferida pelo próprio Cristo, como um meio pelo qual recebemos a mesma, e uma garantia para assegurar-nos disso." Isso é admirável como descrição do Batismo ou da Confirmação, mas deixa muito a ser acrescentado quando se inicia a falar da Sagrada Eucaristia.

O maior entre todos os sacramentos é, sem dúvida, um meio de graça, bem como o mais elevado ato de adoração e um maravilhoso e belíssimo símbolo; contudo é também muito mais do que isso. É um plano admirável e esplendidamente exitoso para acelerar a evolução do mundo pela frequente efusão de força espiritual; e oferece-nos uma oportunidade ímpar de nos tornarmos, como diz São Paulo, servidores juntamente com Deus, de prestarmos a Ele um serviço verdadeiro e louvável atuando como canais de Seu poder magnífico.

Este, então, é o postulado que apresento aos meus leitores – que a celebração da Sagrada Eucaristia é a culminância de todo o serviço cristão, porque nele não apenas adoramos a Deus, mas, na verdade, em nosso nível infinitamente inferior, cooperamos com Ele, e empregamos tais poderes uma vez que temos de ajudar nesse desenvolvimento da raça humana que é Seu plano para a humanidade.

Talvez seja melhor explicar como eu sei disso. Fui ordenado sacerdote na Igreja da Inglaterra nos anos setenta do século passado (1870), mas embora eu estivesse profundamente impressionado desde sempre pelo serviço eucarístico, não sabia então o que hoje sei. Alguns anos mais tarde, surgiu em meu caminho a oportunidade única de frequentar um curso sobre desenvolvimento psíquico e aproveitei-a imediatamente. Adormecidas dentro de cada homem estão faculdades espirituais que, uma vez desenvolvidas, podem levá-lo a aprender a ver além do limite da visão física. Aconteceu-me ser um dos que, após muitos anos de trabalho árduo, mais do que a maioria das pessoas pensaria em empreender, teve êxito na obtenção desses sentidos superiores; e é por meio deles que fui habilitado a conduzir uma série de investigações e experimentos; o resultado de alguns destes encontram-se reunidos neste volume, em *The Science of the Sacraments*.

Naturalmente, estou ciente de que muitas pessoas são incrédulas quanto à existência de tais faculdades. Devo aconselhar a elas as publicações da Sociedade para a Pesquisa Psíquica e outras obras igualmente conhecidas. Não estou preocupado em discutir este assunto aqui; estou apenas apontando, em favor daqueles interessados nos serviços da Igreja, certos fatos ligados a eles que se tornaram conhecidos para mim pela repetida observação pessoal.

Uma Efusão de Poder Divino

Cada celebração da Sagrada Eucaristia é uma ocasião para uma efusão verdadeiramente tremenda de poder divino. Sob o risco de ser considerado materialista e irreverente, devo insistir na absoluta realidade desta força espiritual que os homens chamam de a graça de Deus. Muitos que nela creem por terem-na experimentado, não obstante ficam chocados ao ouvir que sua ação pode ser vista e medida quase como a eletricidade, embora ela funcione em uma gradação mais sutil de matéria. Sua distribuição ocorre exatamente sob as mesmas leis tal como acontece com a radiação em nosso nível inferior, permitindo certas diferenças causadas pelas vibrações mais rápidas da matéria em um estado superior.

Quando um homem desperta dentro de si os sentidos da alma, cada um dos aspectos da vida de imediato torna-se para ele mais pleno e mais interessante, pois ele vê o todo dela em vez de apenas uma parte pequena e comparativamente insignificante. No caso dos serviços da Igreja, ele consegue ver o resultado da ação na matéria superior dos pensamentos e sentimentos de devoção e amor vertidos pela congregação, e do estupendo influxo de poder divino que vem como resposta a isso. Um pensamento ou sentimento é algo definido e real e, na matéria mais refinada dos mundos mais sutis, mostra-se colorido e com formas. Então, o vidente está apto a observar em detalhes como os serviços funcionam, e de que modo podemos torná-los efetivos; pois é óbvio que a maneira pela qual fazemos nossa parte deve ser um aspecto de alguma importância. Existem várias liturgias, e existem métodos diferentes de executar cada uma delas; a visão interior mostrar-nos-á qual deles é o mais adequado para o objetivo em vista.

Repetidas observações mostram-nos que o ritual da Sagrada Eucaristia, do modo como chega até nós desde épocas passadas, é uma cerimônia complicada e elaborada, admiravelmente adaptada aos fins que pretende atingir, mas exigindo a ação simultânea, bem ajustada, de diversos fatores. Seu propósito pode ser, e é, alcançado por aqueles que não possuem conhecimento algum desse trabalho interno, porém apenas de modo rudimentar e com muito disperdício, ao passo que os homens que compreendem o que estão fazendo podem obter um resultado muito maior com o emprego da mesma quantidade de força.

Auxílio Angélico

Essa força vem de mundos de todo superiores e, a fim de que possa ser eficaz nessa nossa vida inferior, deve ser condensada, comprimida, transmutada. Para efetuar este trabalho é necessário um receptáculo, e este é construído para nós durante o serviço feito pelo anjo cuja ajuda invocamos. O Anjo da Eucaristia edifica para nós uma forma-pensamento de matéria sutil, dentro da qual a força divina pode ser armazenada e pode acumular-se até fazer-se necessária, assim como o vapor acumula-se no condensador de um equipamento de destilação e é transformado em água.

Para que possa construir esta forma, o anjo deve dispor de um campo purificado de pensamentos mundanos, e isso o sacerdote faz para ele pela prece do *Asperges* e pelo esforço de sua vontade. O anjo deve ter material para formar sua estrutura, e nós o proporcionamos por nossa efusão de amor e devoção durante o serviço. Assim o grande edifício eucarístico de pensamentos vai sendo gradualmente construído pelo anjo, e dentro dele o sacerdote faz uma espécie de câmara insulada ou escrínio em volta dos santos elementos. Principiando de dentro daquele escrínio mais interno, forma-se um tubo que encerra o verdadeiro canal para a força, e dentro desse tubo acontece a maravilhosa mudança no momento da consagração.

O Próprio Cristo efunde o poder. A fim de que Ele possa fazer isso com facilidade e (se podemos dizê-lo com toda a reverência) com o mínimo esforço, de forma a reservar a maior quantidade possível de força para seu propósito real, o Anjo da Presença, pelo ato da transubstanciação, forma a linha de fogo ao longo da qual Cristo pode vertê-la. O sacerdote, fazendo pressão sobre o tubo e desse modo preparando um canal, torna a ação possível. Há muitos experimentos elétricos que devem ser realizados no vácuo, e quando é assim, naturalmente, faz-se necessário criar o vácuo primeiro. Portanto, nesse caso, o tubo deve ser formado antes que essa linha especial de comunicação possa ser inserida nele. Mas o sacerdote não poderia formar esse tubo por seu pensamento e aspiração a menos que tivesse construído primeiro um escrínio adequadamente isolado a partir do qual exercesse pressão ascendente sobre o tubo; e então teria que isolar e magnetizar os elementos. As pessoas auxiliam o sacerdote e fornecem o material para o edifício de pensamentos, através do qual a força é distribuída posteriormente. Assim todos tomam parte devida nesse processo algo complicado pelo qual se produz um resultado tão magnífico.

Cada celebração da Sagrada Eucaristia, portanto, não apenas fortalece e ajuda aqueles que tomam parte nela, mas também irriga toda a cercania com poder espiritual e bênção. Em que medida essa bênção é assimilada pelas almas sobre as quais se verte depende de sua atitude e de seu grau de desenvolvimento; todavia, com certeza, ela deve produzir algum efeito até sobre os mais indiferentes.

Os rituais das várias liturgias amadureceram gradualmente, e não é preciso supor que todos os seus escritores e compiladores compreenderam a ciência do sacramento. Mas o Cristo vivo está sempre presente ao fundo, cuidando de Sua Igreja, não interferindo com sua liberdade de ação, não a direcionando para esta ou aquela linha, mas sempre pronto para orientar aqueles dentre seus membros que fervorosamente buscam tal orientação, empregando uma leve mas persistente influência na direção certa. E pode bem ser devido a essa influência que as partes essenciais deste que é o maior entre os rituais cristãos tenham sido preservadas intactas através das múltiplas mudanças que os séculos trouxeram.

Experimentos do Cristo

A imersão em água como símbolo da purificação do mal e do começo de uma nova vida era uma tradição em quase todas as religiões antigas. Mas o vínculo com Ele próprio no Batismo, o qual o Cristo optou por estabelecer é, tanto quanto eu saiba, uma inovação Sua. É difícil para muitos de nós nos afastarmos da ideia de que Cristo veio à Terra apenas uma vez. Devemos nos entregar ao fato de que o Instrutor do Mundo fundou religiões no passado, e de que Ele continuará a fundá-las sempre que julgar necessário. O Cristianismo é uma dessas religiões. Embora o Instrutor do Mundo esteja infinitamente acima de nós, embora Ele seja tão grande em comparação a nós que pareça semelhante a Deus em Seus atributos, devemos lembrar que Ele realiza experimentos, por assim dizer. Ele tenta um esquema com uma civilização contudo, quando funda outra religião para outra raça, não reproduz tudo o que fez antes.

Todas as religiões, tanto quanto sabemos, tornaram parte de seu trabalho difundir amplamente a força espiritual, e fizeram isso de diferentes maneiras. No antigo Egito, por exemplo, fizeram quase o mesmo que nós fazemos todo domingo pela manhã. Através de suas cerimônias, faziam a força divina descer das esferas superiores e difundiam-na amplamente sobre as pessoas.

O esquema adotado por Cristo foi um pouco diferente. Ao invés de apenas quatro sumo sacerdotes e seu séquito imediato, como era o caso no Egito, Ele providenciou para ter sacerdotes em muitos lugares de modo que, embora eles efetuassem cerimônias em menor escala, seriam tão numerosos que Ele esperava um resultado geral melhor. Ele estabeleceu as ordens de bispos e sacerdotes a fim de que houvesse alguém em cada paróquia para realizar a cerimônia de captação de poder espiritual e efundi-lo sobre as pessoas.

A ideia do ministro comum (seja ele católico romano, anglicano ou pertencente a uma das outras denominações) sobre a Sagrada Eucaristia, é que ela é um meio maravilhoso e belo de obter graça para quem a recebe. Via de regra, ele não pensa nela como um meio pelo qual pode cooperar com Deus pela difusão do poder divino sobre o bairro local. Mas isso faz parte da ideia original.

O principal objetivo da congregação, ao comparecer ao serviço, não deveria ser receber a comunhão, maravilhosa como de fato é, mas dar algo de si para auxiliar no grande trabalho.

O esquema, como existia no Egito, era para um exíguo número de pessoas. O Cristianismo democratizou-o e fez com que um número maior de pessoas tomasse parte na distribuição da força. Ele nos deu uma excelente religião, se ao menos as pessoas se dessem ao trabalho de compreender isso. Nós na Igreja Católica Liberal, estamos, assim espero, estudando-a e tentando aplicar seus princípios tanto quanto for possível, e se conseguirmos divulgar a informação e ajudar outros a verem algo do que descobrimos, um bem muito maior será feito em todo o lugar.

CAPÍTULO VIGÉSIMO SEXTO

A SAGRADA EUCARISTIA

A Eucaristia, como sabemos, não é de todo nova. Era celebrada em algumas religiões antigas, mas agora atingiu uma forma mais perfeita. Foi encontrada no Mitraísmo.[1] Pão, vinho e sal eram usados, porém a forma de seu ritual é um pouco vaga. Havia uma cerimônia secreta nos mistérios egípcios na qual o pão consagrado – um tipo de bolo – era distribuído, todavia nunca para o público em geral; apenas para um grupo muito pequeno e especialmente preparado, similar a uma Loja Maçônica. Tão logo um homem participasse desse sacramento, os outros inclinavam-se para ele dizendo, "Tu és Osíris."

Nosso esquema atual exige uma igreja em cada povoado, de forma que muitos pontos de radiação encontram-se espalhados pelo país. É bonito perceber que as pessoas estão tomando parte neste grande trabalho, embora possam não entender completamente o que fazem.

Isso me chamou a atenção pela primeira vez, muito especialmente, na Sicília, quando me encontrava em Taormina. Eu costumava fazer longos passeios no campo, quando estava recém-iniciando o estudo científico desses fatos, e observei especialmente a onda de paz que vinha da igreja de um povoado distante. Passou certo tempo antes que eu a vinculasse à celebração da missa.

Quando estava muito longe dali, sentia essa poderosa influência atingir-me como uma onda do mar e, de início, não sabia o que era. Contudo deparei-me com ela inúmeras vezes e foi isso que me fez frequentar a igreja e fazer essas observações sobre as quais a descrição em meu livro *O Lado Oculto das Coisas* baseou-se. No meio rural inglês, onde estive muitos anos antes, não tive a capacidade de reconhecer esses fatos, embora suponha ter sentido seu efeito repetidas vezes.

Não havia nada que correspondesse à Eucaristia na religião grega. Eles sabiam que tudo o que fosse belo irradiava uma atmosfera de felicidade e, por essa razão, cercavam-se de coisas belas. Eles sabiam que os deuses manifestavam-se através da beleza, e assim reuniam ao seu redor pequenas correntes de força divina, mas nada possuíam de tão definido quanto essa efusão.

O esquema egípcio era provavelmente o mais próximo do nosso. Os ritos eram dirigidos pelos sacerdotes dos Mistérios e altos Iniciados, que irradiavam a influência sobre o país, intencionalmente e com conhecimento

---

1 Religião relacionada ao Deus Mitra, da Tradição Persa, que representava a força imanente do Sol; segundo se esperava, voltaria como juiz dos homens. Seria um Deus que suportava os pecados e expiava as iniquidades da humanidade. (N.E.)

Além do mais, os sacerdotes representavam certas qualidades que faziam parte de seu trabalho personificar, e durante suas reuniões cada um esforçava-se para desenvolver sua própria qualidade ao máximo, e depois efundi-la sobre o mundo. Tendo se voltado para o interior em dado momento, durante o processo, e tendo passado por determinada cerimônia, eles então voltavam-se para o exterior e enviavam a influência para o mundo.

Os bolos sagrados de Osíris eram abençoados pelo sacerdote e distribuídos aos presentes. Acreditava-se que era o próprio corpo de Osíris que estava sendo oferecido – Osíris[2] que descera à matéria e havia sido feito em pedaços por Set, e depois ressuscitara dos mortos.

Quatro Funções Principais

Nós da Igreja Católica Liberal afirmamos que a Sagrada Eucaristia possui quatro intenções ou utilizações principais:

1. Em primeiro lugar, a Sagrada Eucaristia é um símbolo. É um símbolo que pretende recordar-nos tanto da descida da Segunda Pessoa da Santíssima Trindade à matéria quanto do sacrifício do Instrutor do Mundo ao descender à encarnação a fim de ajudar-nos a avançar em nosso caminho. A Segunda Pessoa da Santíssima Trindade como que verte a Si Própria na matéria, descendo do plano superior no qual a Deidade Solar vive para o nosso próprio nível, a fim de que nós e todos os demais possamos existir. Exceto por Sua descida à matéria, exceto por Seu sacrifício – o sacrifício "do Cordeiro imolado desde a fundação do mundo" – o mundo jamais poderia ter existido.

Conforme foi descrito anteriormente, a primeira ação na fundação do mundo é que o Espírito Santo paira sobre a superfície das águas do espaço trazendo a vida à existência no reino mineral, e assim cria para nós os nossos elementos químicos. Mas apesar de o processo ter continuado por eras e ainda continuar (pois Deus Espírito Santo ainda está produzindo elementos novos e mais complexos), não conhecemos a extensão de Seu trabalho. Seu laboratório, no que diz respeito a este mundo, é o interior da Terra, e conhecemos todas estas coisas na Ciência apenas quando elas vêm à tona. O urânio é o elemento mais recente que descobrimos e o mais pesado, porém elementos ainda mais pesados e mais complexos virão à existência. Portanto, o trabalho do Espírito Santo ainda está prosseguindo.

Porém a vida não poderia progredir mais se não fosse pela entrada, nesse grande drama da vida, da Segunda Pessoa da Santíssima Trindade. Ele sacrifica a vida superior, ou de qualquer forma uma parte dela, para verter a Si mesmo na matéria; e, então, Ele descende à matéria que já está vivificada e enverga Sua vestidura de carne da matéria vivificada, pois Ele nasce, não apenas do Oceano Virgem de matéria, não somente da Virgem Maria, mas do Espírito Santo e da Virgem Maria.

---

2 A ressurreição de Osíris, depois de assassinado e esquartejado em quatorze pedaços por Set, seu adversário ou lado sombrio também conhecido como Tífon, é um dos pontos da religião egípcia que encontra muita semelhança com a cristã. Depois da ressurreição, Osíris ascende ao *Amenti* ou mundo dos mortos, dos quais se torna o juiz. (N.E.)

Então Ele confere à matéria o poder de combinação. Esses elementos que antes estavam separados, agora se unem e, em vez de simples elementos, formam-se combinações; ao invés de apenas átomos, há moléculas; e assim a vida Crística verte-se no mundo e evolui constantemente através dos reinos elementais, e através dos reinos mineral, vegetal e animal até alcançar este reino humano. Portanto, é "por nós homens e para nossa salvação", sim, por nossa própria existência, que a Segunda Pessoa da Santíssima Trindade sacrifica a Si mesma. É para lembrar-nos disto que a Igreja celebra a Eucaristia na qual, mais uma vez, o Cristo descende à matéria.

A Eucaristia também recorda-nos do sacrifício do Instrutor do Mundo que, tendo evoluído muito além dos homens, vem e volta ao mundo que Ele ama, a fim de ensinar e prestar auxílio. Novamente, na verdade, é por nós que o Senhor Cristo veio, como Shri Krishna na Índia, e na Palestina como Jesus, o Cristo. Ele surgirá de novo entre os homens para dar-lhes o mesmo ensinamento em alguma nova e bela forma, adequada à época, assim como os antigos ensinamentos eram adequados àquelas épocas remotas em que foram transmitidos.

2. Em segundo lugar, é um meio belo e disponível de darmos os agradecimentos, a adoração e a devoção que sentimos para com nosso Senhor Cristo. A palavra "Eucaristia" (que é talvez o título mais belo dado a este serviço) significa simplesmente "ação de graças".

Há um determinado cântico tradicional que faz parte deste serviço, onde o sacerdote, voltando-se para as pessoas no início do cânone, exorta-as a elevarem seus corações, e elas respondem, "Nós os elevamos ao Senhor." E então ele exclama: "Dai graças ao Senhor nosso Deus." O termo grego é *eucharistésomen*, portanto o significado da frase é, "Ofereçamos a Eucaristia", ou, "Ofereçamos a Eucaristia ao Senhor nosso Deus."

Desde a época em que Igreja foi fundada, ela tem empregado o mesmo cântico com essas palavras – um cântico que é familiar às hostes angélicas. Pois as palavras que seguem são o chamado às diferentes ordens de anjos para virem ajudar-nos no trabalho que estamos realizando.

3. É sem dúvida uma ajuda e um estímulo muito grandes para aqueles de nós que tomam parte nela e, especialmente, se comungamos. Assim como ela é um Sol espiritual cintilando desde o altar e lançando seus raios sobre nós, assim possamos nós ser sóis espirituais o resto do dia para aqueles entre os quais vivemos. Levamos o Cristo conosco quando O tivermos dessa maneira recebido dentro de nós; irradiamos Sua influência especial, e assim estamos realizando Seu trabalho entre nossos semelhantes.

4 É o maior de todos os trabalhos que podemos realizar por nossos próximos. Aqui nos reunimos para verter nosso amor e devoção ao Cristo, e em retribuição vem a resposta. Se elevarmos nossas preces, emana o fluxo da graça do alto e assim, unindo-nos nesse ato, estamos chamando do Céu uma efusão especial de força espiritual e bênção. Aquilo que é devolvido a nós é muito maior do que o que oferecemos, mas mantém determinada proporcionalidade. Se houvesse aqui apenas uns poucos de nós e vertêssemos nossa devoção e nosso amor e nossa gratidão, isso seria de fato bom e receberíamos cem vezes mais em bênção e graça espiritual. Mas se

em vez de dois ou três reunidos em Seu nome houvesse vinte ou trinta – se houvesse duzentos ou trezentos – então, certamente, o volume de devoção seria bem maior e também o volume de resposta seria maior ainda, pois cada um recebe um retorno dez, trinta, cem vezes maior; de acordo com a força da devoção que ele próprio verte é a quantidade (se podemos aventurar-nos a medi-la dessa maneira) da resposta que lhe virá. Por isso uma congregação maior é uma ajuda maior ao mundo do que uma pequena o seria. Mas, com toda a certeza, sejam poucos ou muitos, a ajuda sempre é efundida não apenas sobre nós mas sobre toda a cercania e a cidade na qual vivemos.

Esta é a razão principal pela qual devemos unir-nos a esta cerimônia das mais sagradas, a fim de que possa fluir mais desta grande efusão espiritual sobre nossos arredores, para nela auxiliar e fortalecer cada pessoa que seja capaz de responder. Pode haver muitos tão envoltos em pensamentos e sentimentos pessoais que apenas uma pequena porção da força espiritual superior consegue tocá-los. Porém todo aquele cuja alma esteja aberta para esse orvalho do Céu certamente receberá algo da efusão que solicitamos através de nossa devoção e nosso amor.

Os Elementos Adequados

Se um sacerdote fosse utilizar outra bebida que não suco de uva puro ou vinho, ou pão de trigo puro na Sagrada Eucaristia, nenhuma consagração aconteceria, pois a força é retirada se não houver os elementos indicados. A Igreja Católica Romana entrou muito a fundo nesta questão. Tem havido casos de celebrações em campo de batalha onde um sacerdote zeloso, incapaz de obter os elementos adequados e desejando propiciar ajuda espiritual à sua gente, utilizou bolo de aveia e uísque, e a questão levantada foi se ocorrera a consagração. O veredito parece ter sido que, sob circunstâncias tão especiais, pode ter ocorrido um milagre, mas ficou claramente implícito que uma tal consagração não teria sido válida sob condições normais. Conta-se de um sacerdote que, em uma emergência, empregou vinho groselha vermelha; essa consagração com a máxima certeza não teria sido válida. Na Igreja Católica Liberal empregamos suco de uva puro, não fermentado; se ele se tornar ácido e fermentar, a presença de álcool não faz qualquer diferença, pois o vinho fermentado utilizado nas antigas ramificações da Igreja certamente é consagrado. Se o vinho ficar tão acre a ponto de transformar-se em vinagre, não acontece qualquer consagração, mas ela ainda poderia ocorrer em um estágio intermediário onde sobrasse um pouco de vinho.

Em casos de especial emergência seria possível consagrar a hóstia sem o Cálice. Tal caso pode surgir se alguém necessitar do Viático e for impossível obter a Hóstia reservada ou o vinho.

Embora o suco de uva e o trigo devam ser usados, uma mistura adicional de outros elementos não necessariamente afetaria a validade da Eucaristia. As instruções de Roma sobre o assunto são totalmente explícitas: "Se o pão não for de trigo, ou se o trigo for misturado com outro grão em tal quantidade que o pão não é mais de trigo... o Sacramento não é consagrado." Está claro que eles permitem uma mistura de trigo e cevada, mas o trigo deve predominar.

Após a Comunhão, a desintegração das moléculas libera a força; é por isso que a Igreja Católica Romana ordena que todas as partículas da Hóstia que de algum modo tenham se deteriorado ou possam vir a estragar devem ser consumidas pelo fogo. A Hóstia continua a irradiar uma força tremenda por várias horas até ela ser dissolvida. O elo não dura permanentemente porque a matéria com o qual ela foi feita cessa de existir como tal. Embora a obréia utilizada atualmente possa durar apenas uma hora ou pouco mais após ter sido recebida, os efeitos perduram por muito mais tempo.

Tomar a Comunhão

Às vezes surge a pergunta se seria incorreto alguém vir à Igreja em um estado mental perturbado e participar do Santo Sacramento.

Certamente não seria errado vir à Igreja quando se está com a mente perturbada pois esse é precisamente um modo pelo qual é possível ser ajudado a livrar-se do problema. E não seria errado tomar parte do Santo Sacramento. O serviço como um todo é planejado para ajudar-nos. O *Asperges* – a aspersão com que o serviço inicia – é feito com a intenção de ajudar a desviar tais pensamentos, mas se eles persistirem, o ato da Comunhão pode bem dar-nos exatamente a força que precisamos para colocá-los de lado. Nao pensem em uma tal Comunhão como uma profanação. O Cristo efunde Seu poder para o uso de todos; e, na verdade, quanto piores formos, mais necessitamos de Sua ajuda. Ele não recusa o Santíssimo Sacramento a qualquer homem que dele se aproxime com reverência. Não perguntamos a um homem se ele cometeu pecados, porque sabemos que sim. Todos nós os cometemos; é só uma questão de grau. Quanto piores formos, tanto mais necessitamos da ajuda de Cristo. Mas ela realmente não terá valor a menos que desejemos esta ajuda com sinceridade.

Se eu ofereço um presente para alguém, ele, por seu lado, deve estender a mão e apanhá-lo. Portanto, se vamos receber essa grande dádiva de Cristo e obter o que Ele deseja dar, devemos nos aproximar com o reto espírito; e se tivermos procedido mal, devemos sinceramente voltar nossos rostos contra esse mal com a forte decisão de não repeti-lo. Esse é o verdadeiro arrependimento; nem tristeza, nem lágrimas, tampouco remorso, mas a firme resolução de que aquilo não seja feito novamente. Se chegarmos com essa linha de pensamento, é inquestionável que seremos ajudados a livrar-nos de nossas preocupações e problemas.

A Presença Real

A Igreja Católica Liberal mantém em sua íntegra a crença na presença de Cristo no Bendito Sacramento. Há outras Igrejas que afirmam que a Hóstia deixa de ser pão e torna-se a verdadeira carne física que o Cristo assumiu há dois mil anos atrás, que a aparência do pão após a Consagração é uma grande ilusão dos nossos sentidos e que é de fato carne.

Não é assim que vemos o fato através da clarividência. A Hóstia nao se altera fisicamente. A obreia física permanece a obreia física composta de farinha e água mesmo após a Consagração. Mas ele é tão verdadeiramente um veículo do Cristo, recebe tão verdadeiramente Sua alma e está tão pleno de Seu poder quanto o corpo que Ele assumiu na Palestina. O caráter físico da Hóstia não é alterado; ainda é o mesmo no Plano Físico, mas o que está por trás da Hóstia ou "paira" ali, nos planos superiores, de fato sofreu uma mudança.

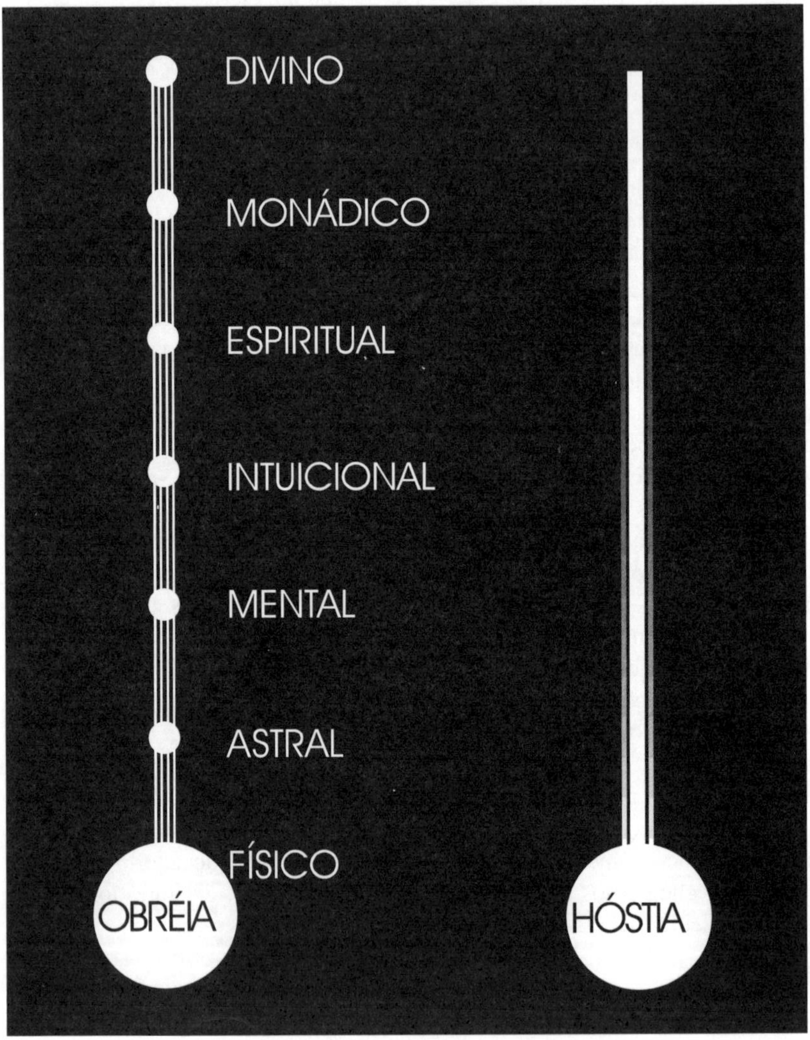

DIAGRAMA 4 – A CONSAGRAÇÃO DA HÓSTIA

Este diagrama é uma tentativa de mostrar a mudança que ocorre na Consagração, quando o pão torna-se Hóstia. O maço de "fios" ligando os átomos do pão com os átomos correspondentes nos mundos superiores (como mostrado à esquerda) é desviado para ser substituído por uma linha de fogo que se assemelha a um relâmpago estacionário (como mostrado à direita).

O Próprio Cristo agora "está por trás" do pão ao invés do tipo de matéria superior que normalmente o faz. A substância original desapareceu, mas os acidentes[3] permanecem os mesmos. Na mais plena medida do possível sustentamos a doutrina da Presença Real, mas de um modo que pode ser compreendido de imediato e que não ofende nosso bom senso. Acreditamos que Deus queira que exercitemos nossa inteligência e que Ele não nos pede para acreditarmos em qualquer coisa que desmereça a razão.

Não digo que o fato seja simples; trata-se de um dos grande mistérios de Deus, mas ainda assim é mais simples do que algumas das teorias aventadas para explicar o mistério.

Aqueles que se opõem à ideia da transubstanciação não sabem o que o termo significa. Eles têm o hábito de falar das coisas físicas como substância; eles poderiam dizer, por exemplo, que a madeira é a substância da qual é feita a mesa. Todavia se o significado da palavra latina original for examinado, descobre-se que a "substância" não é absolutamente a forma externa, mas a realidade interna. Aquilo que jaz sob ou atrás da aparência física é a substância real.

E, quando a Igreja emprega a palavra "transubstanciação", não significa que o pão e o vinho são literalmente transformados em carne e sangue físicos perceptíveis aos sentidos. Não o são, e seria inútil conceber isso de outra maneira, e, além do mais, que estranha e horrível ideia se assim o fosse. O pão que se pode ver e o vinho que se pode ver são, na linguagem eclesiástica, os acidentes[1], eles são a forma temporária atrás da qual encontra-se a realidade chamada de substância. Portanto, quando falamos em substância a ser transformada, não queremos dizer que a obreia física é transformada, mas que o espírito e a vida por detrás dela o são.

Atrás de todo objeto físico existe o que é chamado de sua contraparte; existe matéria astral e matéria mental; existe matéria de planos superiores fluindo para o próprio *Logos*. Tudo isso se oculta por detrás da obreia, o pedaço de pão ázimo.

O que é feito no momento da consagração não é a alteração do pão físico, mas a substituição da vida que está atrás dele por um raio da vida do Próprio Cristo.

E, portanto, o Cristo de fato está lá sobre o Seu altar manifestando-Se em forma terrena, não de carne mas de pão. Assim também é com o Cálice. Ali também Sua vida está se manifestando, contudo a forma exterior do vinho permanece inalterada, embora a substância intrínseca tenha sido afastada para que Ele possa verter a Si mesmo no Plano Físico para a ajuda e o fortalecimento de Seus filhos.

---

3 O autor faz uma menção indireta à Filosofia aristotélica, onde o conceito de "substância", caracterizando a essência singular dos seres, se contrapõe ao conceito de "acidente", que se refere ao que, naqueles seres, é transitório ou acidental. (N.E.)

CAPÍTULO VIGÉSIMO SÉTIMO

ORDENS SACRAS

É CRISTO QUEM ORDENA

Cristo opera em Sua Igreja através daqueles que Ele ordenou especialmente e reservou para o trabalho. Quando o bispo ordena, coloca suas mãos sobre a cabeça do candidato e faz dele um sacerdote, mas nunca devemos esquecer que é o Próprio Cristo quem ordena, atuando através dos que foram escolhidos para agirem por Ele. É sempre o Cristo que administra cada sacramento. O bispo ou o sacerdote pode ser um homem de caráter duvidoso e moral questionável; mesmo assim, o poder do Cristo fluirá através dele. A indignidade do sacerdote não interfere na validade do sacramento, caso contrário a congregação nunca saberia se estão recebendo um sacramento verdadeiro ou não. Sempre haveria incerteza se a validade dependesse do caráter do celebrante. Somente uma ordenação válida é necessária para a validade do sacramento.

Se um sacerdote aproveita todas as vantagens dos poderosos privilégios que lhe são conferidos durante a ordenação; caso ele se torne acessível ao pleno poder e o empregue sempre com os mais elevados propósitos, então ele realmente tem as oportunidades mais maravilhosas e é abençoado ao máximo em sua tarefa. Mas mesmo que o sacerdote seja negligente, o sacramento ainda é válido. Mesmo onde o prédio da igreja tenha sido relegado à ruína, quando os serviços são conduzidos de forma irregular e planejados para a conveniência do sacerdote e não para o trabalho da paróquia; onde os paramentos, o altar e seus recipientes são dos mais precários e mal conservados, os sacramentos de Cristo são concedidos a Seu povo.

Eles poderiam ter sido melhor administrados, ter sido envoltos com a reverência e a beleza com que sempre o fazem aqueles que compreendem seu valor, mas, pelo menos, a Vida está ali. Essa Vida sempre paira por detrás de Sua Igreja; mesmo quando os homens falham, o poder de Cristo nunca falha.

A ORDENAÇÃO AO SACERDÓCIO

Quando o *Veni Creator* é entoado no serviço de ordenação, um grande clarão vermelho lentamente instala-se na Igreja e aumenta de intensidade à medida que o hino continua. Depois ele começa a concentrar-se e, por fim, forma um vórtice sobre a cabeça do candidato. A gradação do vermelho é o que se chama vermelho amaranto, algo assim como a cor da rosa denominada "Kitchener de Kartum"[1]. É o Belo tom de

---

[1] Cultivo de roseira da região de Kartum, capital do Sudão. (N.E.)

vermelho que, na aura, denota coragem e determinação elevada. Não é o vermelho da raiva, que apresenta tons escarlate e laranja.

Há duas partes nesta cerimônia singular – a imposição silenciosa das mãos e a segunda imposição com as palavras de poder, e seus efeitos são inteiramente diferentes. A imposição silenciosa torna o homem um sacerdote, mesmo que a outra seja omitida. A segunda e a prece que a acompanha trazem o poder do Espírito Santo. A imposição silenciosa parece-me ser a parte mais impressionante de toda a cerimônia, seguida pela bela prece que inicia assim: "Oh, Senhor Cristo, cuja força está no silêncio..."

Após a imposição silenciosa das mãos, quaisquer sacerdotes que estejam presentes também põem suas mãos sobre a cabeça do ordenando. Isso transmite as peculiares qualidades espirituais que eles porventura possuam. O bispo, por outro lado, transmite poder. O objetivo da imposição silenciosa é transformar o candidato em representante de Cristo; ela forma um vínculo direto com Ele. A segunda imposição abre o reservatório da Igreja e confere o poder de absolvição; a primeira atribui o poder da bênção – o poder de Cristo. Não são muitos os sacerdotes a impor suas mãos sobre a cabeça do candidato que percebem plenamente sua enorme responsabilidade, ou como estão fazendo algo de efeito tão profundo.

O poder efundido abre determinados canais e, naquele momento, aumenta enormemente a aura do candidato, fazendo-a expandir-se temporariamente de tal modo que não se repetirá em muitos anos ou mesmo durante as vidas futuras. Quando ela se encontra nessa condição distendida e sensitiva, os sacerdotes dão continuidade à cerimônia e cada qual oferece o que tem a dar, estando então o candidato não só apto a receber, mas em tal situação que dificilmente não poderá recusar-se a receber o que lhe é oferecido.

Durante nossa evolução, passamos muitos milhares de anos construindo um centro forte no qual o Ego, ou a alma, pudesse crescer; esse Ego muito eficazmente como que se protegeu criando uma concha. Isso ocorreu para que o centro se tornasse forte e autoconfiante. Quando empreendemos desenvolvimento oculto de qualquer tipo, devemos, sem no entanto diminuir essa força e essa autoconfiança, suprimir a concha e abrirmo-nos para o sentido de unidade. Até que se tente fazê-lo, não se sabe o quanto é difícil. Quando se tenta isso na meditação, levanta-se uma espécie de fímbria externa diáfana, mas a concha de granito permanece a mesma. É muito difícil livrar-se dela porque, durante muitas vidas, indentificou-se essa concha com o sentimento de individualidade.

Por um momento, na ordenação, o trabalho vindo do exterior é realizado para o homem, e a concha é de fato dissolvida durante certo tempo, de modo que o candidato possa tornar-se uno com a influência do Cristo e não oferecer resistência a ela. Praticamente tão logo a cerimônia termina, embora a aura grandemente magnificada comece a se contrair devagar, antes que ela tenha tempo de fazê-lo, cada sacerdote doa algo da sua própria qualidade especial. Em alguns casos a contribuição será muito mais adequada do que em outros, e bem pode ocorrer que aquilo que um sacerdote tem a oferecer não seja adequado ao candidato, situação em que ele será capaz de assimilar apenas uma parte comparativamente pequena da doação.

É o Ego do sacerdote que está agindo, mas atrás dele está o poder do Cristo vertendo-se através do sacerdote. Não é necessário que ele esteja consciente de tudo o que está oferecendo, mas deve pensar atentamente no que está fazendo.

As Mulheres e o Sacerdócio

O sistema particular que denominamos Sagrada Eucaristia foi ordenado pelo Cristo para operar através do corpo masculino. Não foi planejado para fluir através do organismo feminino. Foi sugerido que, no retorno do Cristo, essa poderá ser uma das modificações que Ele introduzirá, mas não podemos transgredir Suas instruções anteriores até que Ele próprio as altere.

Em *A Vida Oculta na Maçonaria*,[2] referi-me a determinados canais na parte etérica do corpo humano chamados de *ida* e *pingala*. As posições destes canais são invertidas nos sexos opostos. Isso, em si, seria suficiente para que se evitasse que uma força designada para um deles percorresse o corpo do outro.

As mulheres tiveram grande papel na direção da antiga Igreja. Elas eram constituídas diaconisas e depois de atingirem o nível de viúva – palavra empregada para representar um estágio especial de afiliação na Igreja – reuniam-se em concílio com o bispo. Neste aspecto elas estavam em posição mais elevada que os sacerdotes, porém nunca recebiam a ordenação ao sacerdócio, e, portanto, nunca celebravam a Eucaristia. A força necessária não é calculada para operar através do corpo feminino.

O Episcopado

O ideal estabelecido para um bispo é de fato estupendo. Quando ele compreende o que se espera que ele seja, não pode deixar de sentir-se distante do ideal. Sua presença é em si uma bênção, porque dele estão sempre emanando forças muito mais elevadas do que se pode alcançar na vida comum. Seguramente, uma carga de responsabilidade recai sobre os bispos.

Por toda a sua vida, espera-se que o bispo seja um constante centro irradiante, uma espécie de Sol. Seria totalmente impróprio para ele sempre permitir-se sentir depressão ou algo da natureza do tédio interior ou do desânimo. Ele pode ficar cansado no Plano Físico – não se consegue evitar isso – mas deve haver uma alegria interior que irradie inconscientemente o tempo todo.

O bispo também deve ter um tremendo senso de responsabilidade ao conferir um poder tão grande, e deve perceber vividamente que é o próprio Cristo quem age através dele. Provavelmente não exista outra ocasião em que ele sinta a realidade dessa tremenda Presença com mais força do que no oceano de poder que é vertido em tal ocasião.

Sem dúvida, a consagração de um bispo e o que dela resulta são um auxílio para o mundo. Muitos bispos não estão conscientes deste fato e não acreditariam

---

2 Nessa obra, o autor, que foi Grau 33º do Rito Escocês antigo e aceito da Maçonaria Mista Internacional *Le Droit Humain* (O Direito Humano), afirma que não existe qualquer óbice para o ingresso da mulher na Maçonaria, na medida em que aquele sistema sacramental, de procedência egípcia, fora desde o início planejado para invocar energias referentes a ambos os sexos, como se evidencia pela existência das colunas da força (masculina) e da beleza (feminina), além da coluna da sabedoria (neutra). (N.E.)

muito, mesmo se lhes fosse contado. Esse é o problema não apenas do Cristianismo, mas de algumas outras religiões; elas nunca são exatas com relação aos fatos espirituais. Geralmente são tão vagas que se tornam irreais para as pessoas, e como elas são, de fato, o que há de mais real e mais próximo da realidade em meio a tudo que contatamos, causa muita lástima que sejam tão mal compreendidas.

A consagração ao episcopado descortina tantas possibilidades grandes e gloriosas, que, de início, o bispo pode sentir ser impossível a ele elevar-se o suficiente para auferir plenamente suas vantagens. Durante a consagração determinados centros superiores são abertos, vivificados e conectados com os centros correspondentes no Cristo. Depois disso, a utilização que se fará deste relacionamento está nas mãos do próprio bispo.

Os Anjos do Episcopado

Às vezes sou indagado se anjos especiais são designados junto aos bispos e sacerdotes da Igreja, para assisti-los no desempenho de seus deveres. O sacerdote nem sempre atrai as mesmas entidades, mas está em contato muito mais próximo com as ordens angélicas do que o leigo e, em certas ocasiões, os anjos surgem trazendo a influência do Cristo. Quando ele celebra ou batiza, a força descende e é trazida pelos anjos, entidades vivas. Como eu disse, por toda a vida se espera que o bispo irradie uma influência sobre aqueles com quem entra em contato, que esteja a qualquer momento preparado para abençoar. É por isso que os anjos estão quase sempre à disposição.

O Anjo do Episcopado, se podemos empregar tal termo, difere de muitas maneiras dos anjos ligados ao cerimonial da Igreja. Ele se assemelha bem mais aos Anjos da Presença. Seu poder está sempre sob o comando do bispo, onde quer que este se encontre e faça o que estiver fazendo; tal aspecto do Senhor é inseparável dele. O bispo, por sua consagração, tornou-se parte da própria Natureza do Senhor – parte Dele Próprio. Não é tanto por um anjo especial estar presente, quanto por ser o próprio bispo o representante do Senhor Cristo – um veículo para Sua manifestação – e ele não pode renunciar a esse ofício ou a seu poder. Deixar de fazer uso de tal dádiva seria um gravíssimo abandono do dever.

Se fôssemos pensar em um Anjo do Episcopado como pensamos nos anjos ligados a determinados graus dos Mistérios, poderíamos considerar que esse anjo é uma extensão da consciência do próprio Senhor. Ele paira sobre seu bispo do mesmo modo que aqueles dois outros poderosos pairam sobre os Iniciados de um grau superior dos Mistérios. O Anjo da Presença é a forma-pensamento do Cristo materializada, e o anjo do bispo é semelhante. É claro que estou colocando apenas um lado da questão, porque ao tratarmos de níveis superiores existe uma unidade de natureza tão notável e inexprimível que as diferenças parecem dissolver-se e se tornar algo supérfluas. Pode-se ser parte de um grande Ser e representá-lo por completo, tanto quanto qualquer pessoa nestes níveis inferiores pode representá-Lo e, mesmo assim, pode-se também simultaneamente ser parte e representar um outro Grande Ser. A união entre Eles é tão absoluta que nada existe de natureza desarmônica pois, em um nível suficientemente elevado, todos são facetas do Uno. É óbvio que isso não pode ser expresso em palavras da maneira adequada.

CAPÍTULO VIGÉSIMO OITAVO

CURA

O sistema de cura de enfermidades pela imposição das mãos é muito antigo. Segundo o Novo Testamento, o Cristo disse a Seus Apóstolos que deviam exercitar esse poder dessa forma, e eles frequentemente o fizeram com grande sucesso embora, pelo menos em uma ocasião, tenham se deparado com um caso para o qual sua capacidade não foi suficiente e precisaram trazer o paciente à presença do Próprio Cristo. Alguns poderão surpreender-se ao ouvirem que exatamente o mesmo poder é manifestado por devotos de outras religiões. Eu mesmo presenciei curas maravilhosas realizadas em nome do Senhor Buda. O poder divino, obviamente, é bem menos limitado quanto à escolha de seus canais do que o creem muitos indivíduos ditos religiosos.

Não pode haver qualquer dúvida de que tais curas acontecem. Onde quer que alguém possua o dom de curar, haverá sempre um grande número de pessoas que serão auxiliadas por seus esforços. Usualmente ocorrem algumas curas sensacionais – casos surpreendentes de pessoas que eram mancas de nascença ou paralíticas desde muitos anos e foram instantânea e completamente curadas. Mas existe sempre uma grande quantidade de casos de pessoas que não obtêm a cura, ou talvez sejam afetadas apenas de modo leve e temporário. Por que isso é assim não se sabe no momento, mas devemos lembrar que sabemos bem pouco sobre estes assuntos até agora, existindo provavelmente muitíssimos fatores que estão completamente além de nossos horizontes. Não raro imagina-se que a pessoa não curada falhou, ou na força de sua fé ou na eficiência de sua preparação. Há bastante fundamento nessa ideia e, em muitos casos, ela poderia constituir razão suficiente. O Evangelho nos diz que, quando Cristo estava em Cafarnaum[1], "Ele não conseguiu efetuar nenhum trabalho poderoso naquele lugar" devido à descrença do povo. É certo que um cético muito inflexível pode colocar-se em um tal estado mental que é absolutamente impossível influenciá-lo. Isso é real com relação ao mesmerismo ou hipnotismo, e quanto à influência de uma explosão de fervor religioso numa cerimônia de revivificação; portanto, é provável que o efeito desta efusão de poder divino seja verdadeiro.

Exatamente do mesmo modo encontramos céticos inflexíveis entre os investigadores dos fenômenos espíritas. Um tal homem com frequência orgulhar-se-á de que nada acontece durante uma sessão quando ele ali se encontra – inferindo, naturalmente, sua maior esperteza sobre os demais, de forma que ele sempre é capaz de detectar a fraude. O motivo real é que ele carrega consigo uma tal atmosfera

---

1 Também conhecida como "Capernaum". (N.E.)

mental, que se torna muito difícil para os operadores não físicos produzirem quaisquer resultados.

Muitos Métodos

Quanto ao fundamento racional das curas, existem diversas maneiras, mesmo dentro do nosso conhecimento bastante limitado, pelas quais elas podem ser realizadas. Um pensamento forte da mente de uma pessoa pode ser impresso sobre a de outra se esta for suficientemente receptiva. Um método de cura mental é de certo modo semelhante; ele visa à transferência de pensamentos bons, vigorosos e definidos do operador ao paciente. O poder do pensamento é uma coisa maravilhosa, e até agora nada sabemos sobre seus limites. Qualquer um de nós pode auxiliar uma pessoa enferma cercando-a sem cessar com pensamentos de saúde. Isso é contrário à prática comum em casos assim; a maioria das pessoas pensa, se um amigo está doente: "Pobre fulano, como está sofrendo; coitado, sinto muito por ele." Naturalmente se sente muito, e ao pensar assim tenta-se mostrar compaixão para com o sofredor; contudo, esse método está errado por completo. Se se quisesse ajudar a pessoa enferma dever-se-ia, naquele momento, eliminar da mente todo o pensamento de sofrimento e pensar de modo vigoroso e positivo: "Espero que meu amigo fique bem logo. Eu mesmo estou bem e forte; desejo enviar-lhe um pouco de minha própria força e de meu próprio sentimento de felicidade e bem estar." É preciso abster-se do tipo de compaixão pelo qual se tenta sentir péssimo porque outra pessoa está sofrendo. É inevitável que ao ver um homem sofrer se deva sentir compaixão, mas isso deve ser demonstrado não lamentando sua dor e sim tentando trazê-lo a uma atmosfera de calma e saúde, e até mesmo de alegria. curas maravilhosas aconteceram sob o sistema da Ciência cristã, embora eu deva afirmar ser esse o método que menos me atrai porque começa negando a existência da matéria, o que me parece um pouco ridículo. Sabemos muito bem que a matéria, num certo sentido, é uma ilusão, pois ela é formada não por partículas sólidas, mas por bolhas que parecem absolutamente vazias. Todavia, a matéria existe de fato no Plano Físico, embora, pela ascensão a um outro nível mais elevado, possamos ficar instantaneamente inconscientes dela. Mas, mesmo assim, fomos nós que mudamos e não a matéria que, afinal, é uma das manifestações do *Logos* de nosso sistema.

Na Ciência cristã, se você achar que seu corpo físico está enfermo será considerado equivocado porque não possui corpo, e um corpo que não existe dificilmente poderá ter dor de cabeça ou dor de dentes. Se conseguir convencer-se disso, a dor de cabeça ou dor de dentes provavelmente cessará. Contudo, parece estranho que, a cura tendo sido efetuada por esta declaração, o operador aponte para o corpo que não existe e mostre-o como evidência que a teoria funciona. Porém, esquisito e irracional como pareça à superfície, não há dúvida de que o esquema funciona, assim como quase qualquer esquema funcionará se você confiar nele com força suficiente.

Um outro sistema que também funciona em alguns casos está baseado na teoria de que, haja o que houver de errado com alguém, seja no corpo físico ou mental ou astral, é resultado de uma falta de harmonia com o Divino. O método de cura é trazer o paciente de volta ao equilíbrio. Comumente o operador se nutre com pensamentos de amor e harmonia e depois banha o paciente com tais pensamentos, esforçando-se por tornar suas próprias vibrações harmoniosas tão mais fortes que as do enfermo, que elas irão como que abater a desarmonia e trazer suas vibrações de volta à frequência normal. Quando o paciente for assim harmonizado, todos os seus veículos serão colocados em ordem. Com certeza há uma grande verdade por detrás desta ideia; contudo, como todo o resto, às vezes funcionará e às vezes não.

Um outro método é simplesmente enviar vitalidade para o sofredor. Neste caso o operador costuma ser uma pessoa de vitalidade exuberante, que aprendeu a projetar sua força sobre o paciente – como que a encharcá-lo com vida. Uma porção de moléstias pode ser curada desta maneira. Um homem que esteja esgotado pelo excesso de trabalho ou sofrendo de fraqueza como resultado de uma enfermidade, pode ser muito auxiliado por este fluxo de vida. Há um certo perigo de que o fluxo seja um remédio por demais rigoroso, e que o excesso de energia possa fazer à pessoa mais mal do que bem. Ainda assim, este é um método que encontra bastante sucesso.

Um outro plano, um pouco mais científico, requer conhecimento de anatomia. O operador deve conhecer o aspecto dos diferentes órgãos quando se acham em condições saudáveis. Ele constrói uma forte imagem do órgão que está doente, imaginando como ele deveria estar e depois planta essa imagem vigorosa sobre o paciente. A Natureza já está tentando trazer o órgão de volta à sua condição normal, por isso uma forma-pensamento potente que possa ser projetada na matéria etérica pode prestar grande ajuda às forças vitais do corpo na reconstituição do órgão.

Um Caso Interessante

Às vezes curas súbitas e maravilhosas são efetuadas por métodos que somos incapazes de compreender. Eu próprio testemunhei uma tal cura há muitos anos atrás. Um dos membros de uma famosa Igreja à qual eu estava vinculado era uma senhora que eu já vira muitas vezes, embora não a conhecesse intimamente. Ela estivera parcialmente paralisada durante anos e não conseguia caminhar sozinha; tinha de ser ajudada – quase carregada – de seu carro para dentro da igreja. Certo dia ela teve uma espécie de visão, através da qual foi informada por um Ser Brilhante, que ela supôs ser um anjo, de que se fosse a determinado festival para a Eucaristia do início da manhã e comungasse, seria curada.

Ela julgou ser um acontecimento impossível, e, no entanto, ele a impressionou com tanta força que, finalmente, ela foi ao vigário, contou-lhe o sonho ou visão e perguntou o que deveria fazer. O vigário disse-lhe com muita sensibilidade: "Eu nada sei sobre isso, mas a Bíblia nos diz que Deus costuma fazer revelações às pessoas em sonhos, e ouvi falar de casos semelhantes bem recentemente. Acho que a senhora deve tentar esta experiência. Ela nasceu com força dentro de si; não pode fazer mal e talvez seja a vontade de Deus que algo aconteça." Portanto, a senhora foi trazida à Igreja, e auxiliaram-na a ajoelhar-se junto ao altar, e, ao serem o Pão e o Vinho sagrados administrados a ela, permaneceu na posição por um instante, depois levantou-se sem qualquer ajuda, fez uma genuflexão e voltou a seu lugar. Lá permaneceu ajoelhada em oração por um longo tempo e, no encerramento do serviço, caminhou para sua carruagem sem auxílio. Eu a vi depois disso por oito anos, e não houve retorno da doença durante esse período.

Milhares de pessoas que possuem fraquezas e enfermidades tomam parte da Sagrada Eucaristia domingo após domingo e não recebem uma cura como essa. Portanto, está claro que este foi um caso especial, mas não sabemos o que o fez ser assim. O vigário mencionou-o (e do seu ponto de vista não poderia ter feito diferente) como uma misericórdia especial de Deus concedida a esta mulher.

Supõe-se que a água da fonte em Lourdes[2] tenha sido abençoada com propósitos curativos por uma aparição de Nossa Senhora. Talvez seja mais provável que tenha sido um anjo quem apareceu para a menina camponesa, Bernadette, mas de qualquer forma correu o boato de que os peregrinos que acorressem a esta fonte poderiam ser curados das enfermidades, e as pessoas afluíram em massa para lá. No início a Igreja baniu a questão, porém foi forçada a reverter sua opinião em face da evidência de que as pessoas ficavam realmente curadas. Nem todos que foram para lá obtiveram curas, mas uma certa quantidade deles sim. E elas continuam a ocorrer. Diz-se que até mesmo a água de Lourdes transportada em garrafas tem promovido curas maravilhosas.

Há outros casos semelhantes, de modo algum restritos ao Cristianismo. Não se trata de uma questão religiosa no sentido comum do termo. Estas coisas acontecem ocasionalmente. Tudo o que podemos afirmar com segurança é que ainda não conhecemos as circunstâncias que, em raros casos individuais, tornam isso possível.

Este tema das curas não-físicas está muito em voga atualmente, e nós, que pertencemos à Igreja Católica Liberal, devemos ter ideias claras sobre isso. Como eu disse, devemos ter sempre em mente que, até agora, estamos apenas no começo do assunto e sabemos muito pouco a seu respeito. Inevitavelmente haverá casos – talvez muitos deles – cujo mecanismo não possamos explicar. Mas em muito outros seremos capazes de ver em certa medida como se processa a cura, e desse modo poderemos evitar a credulidade irracional por um lado, e por outro o ceticismo tolo e desnecessário.

O Serviço de Cura

O serviço de cura na Igreja Católica Liberal é bastante diferente de outros serviços. Ele é planejado especialmente para o chamamento do poder de cura de Cristo até o Plano Físico, de modo que possa ser aplicado aos corpos físicos dos enfermos que vêm buscá-lo. Nessa ocasião, invocamos um anjo da Ordem do Arcanjo Rafael. O resultado é que o grande ser enviado para nos ajudar é bem diferente daqueles que dirigem o trabalho da Sagrada Eucaristia.

Pode-se detectar sua influência tão logo ingressemos na Igreja, porque o anjo já domina ou talvez já esteja realmente ali. Ele não restringe sua influência àqueles que se aproximaram para a imposição das mãos e para a unção; ele a irradia sobre toda a Igreja e sobre os que vieram ajudar com suas preces e boa vontade.

---

[2] O autor refere-se ao Santuário de Nossa Senhora de Lourdes, na França. (N.E.)

Para aqueles de nós que precisam efetuar a unção e a imposição das mãos, a influência do anjo é como um vigoroso oceano de poder, quase arrebatador em sua força – força muito maior do que aquela que conseguimos dirigir ou administrar por qualquer meio; por isso temos de estar firmes a fim de que não sejamos sobrepujados por ela. Podemos ser apenas canais para ela e confiar que o Cristo, do qual ela deriva, e o anjo, através do qual ela chega, vão empregá-la do melhor modo possível para atender às diferentes necessidades que surgem perante nós.

Não somos nós quem realizamos a cura; o poder vem por nosso intermédio. De forma semelhante, um sacerdote é solicitado a consagrar a Hóstia, mas a força que surge não é sua e sim o poder do Cristo, e é o próprio Cristo a Quem nós recebemos na Sagrada Comunhão. Contudo, isso é organizado de tal modo que é preciso mãos humanas, para que o chamamento possa ser feito e a ação física necessária seja efetuada.

Sem dúvida, o poder curativo poderia ser efundido sem a intervenção humana, pois os anjos já apareceram fisicamente e curaram pela imposição das mãos. Todavia agrada ao Cristo trabalhar por meio de Sua Igreja, através daqueles a quem Ele ordenou e reservou para esta tarefa.

A Força Curativa

É verdade que cada sacerdote empresta seu próprio toque pessoal para a força curativa; um aspecto ou raio de força flui mais facilmente através de certa pessoa, e outro através de alguém de tipo diferente; suas personalidades tornam-nos mais facilmente capazes de receber uma espécie particular de força. Pode ser algo assim como uma corda afinada para certo tom que responde àquela vibração e a nenhuma outra. A menos que seja abafada, uma corda poderá emitir uma frequência vibratória, mas somente aquela em particular; portanto, se estivermos afinados com uma determinada frequência de vibração espiritual, responderemos a ela e seremos um canal seu. A qualidade de nossa natureza, seja de nosso raio ou de nosso temperamento, que é uma espécie de sub-raio, transforma-nos em canais para um tipo particular de força curativa. Parece haver uma grande diferença no poder transmitido por nossos sacerdotes.

A força, conforme dito, vem do Cristo; rogamos Seu poder e o recebemos, mas é uma parte especial dele que empregamos. Invocamos o Arcanjo Rafael, e eu presumo que a figura gigantesca que aparece é seu representante no mesmo raio que o seu. O anjo de cura emprega a força que invocamos e direciona-a, em alguns casos, às pessoas presentes na congregação que não pediram para serem curadas.

Somos pioneiros em matéria de cura sacramental. Através dos séculos ninguém jamais enfocou a cura de um ponto de vista científico. Consideraram-na como uma intervenção milagrosa da Deidade e, portanto, uma vez que se trata de Sua ação, deve ser perfeita. Ou Ele curava ou não, e se Ele o fizesse a cura tinha de ser necessariamente instantânea. Em muitos casos, as curas não são instantâneas; mas isso não significa que os pacientes não sejam afetados pela efusão do poder divino. Até o presente pouco sabemos acerca das leis que regem tais assuntos; penso que devíamos tentar saber mais.

No caso de uma pessoa mentalmente abalada, não é tanto o corpo mental quanto os elos entre os corpos astral e etérico que temos de tratar; na maior parte destes casos são os elos que estão avariados e não os corpos em si. Há muitos casos, todavia, em que um homem está com um pensamento ou uma emoção errados, que têm de ser removidos antes da cura poder acontecer. Mas geralmente a força curativa verte-se direto através de nossas mãos para o corpo etérico da pessoa de quem estamos tratando; é provável que a afetemos mental e espiritualmente ao mesmo tempo, e essa força adicional flui de nossos próprios veículos superiores para o dela. Porém, o principal fluxo da força curativa sobre o paciente ocorre no nível etérico e, por consequência, a maior parte do poder está velada em matéria etérica.

Uma quantidade muito grande de força é vertida e, com frequência, não a empregamos de modo muito econômico, possivelmente porque até agora não sabemos o bastante a seu respeito. Nós parecemos apenas inundar o paciente com ela, fazendo talvez um esforço para direcioná-la a determinadas partes do corpo quando nos é dada a informação do que está errado. Mas até onde avançou minha própria experiência com nossos serviços de cura, o fluxo de poder tem parecido ser tão forte, que tem sido absolutamente difícil direcioná-lo. Ele invade o paciente por completo como um Niágara e qualquer coisa que estiver no caminho tende a ser removida[3].

O Anjo de Cura

O anjo de cura é um personagem muito elevado e dignificado, cuja consciência parece funcionar a princípio no plano espiritual ou *Nirvânico*, embora ele verta suas forças descendo ao nível etérico; sua aura brilha principalmente em verde e púrpura, a força púrpura fluindo durante o exorcismo que precede a unção, enquanto as forças verdes são as de cura.

Durante a entoação do *Veni Creator*, o tradicional chamamento a Deus Espírito Santo, a Igreja se enche de uma irradiação vermelha como um pôr de Sol glorioso luzindo através de tênue neblina, e fornece muito poder adicional ao serviço de cura.

A consciência do anjo de cura é extremamente interessante de se observar, mas muito difícil de explicar em termos físicos. Um anjo possui uma mente que funciona em muitos compartimentos, e, segundo parece, o anjo trabalha através de todos eles simultaneamente. Pode-se enxergar os pensamentos do anjo assim como os de qualquer outra pessoa – só que vemos uma quantidade desconcertante deles porque sua consciência é tão complexa. O anjo parece dedicar-nos apenas uma parte de sua atenção, pois outros departamentos de sua consciência estão trabalhando com outros casos.

Pois enquanto ele está atuando na Igreja, encontra-se também presente em uma porção de outros lugares – talvez trinta ou quarenta – mas todos ligados de algum modo com o tratamento de enfermidades. Todas estas cenas estavam refletidas em pequenos compartimentos de sua aura, como uma variedade de filmes vividamente coloridos. Um dos que eu vi era de um cirurgião realizando uma operação. O cirurgião

---

3 No original em inglês: *to comb out.* (N.E.)

cometeu algum erro; cortou algo que não pretendia cortar e estava desanimado e tomado de pavor doentio. Mas instantaneamente o anjo enviou-lhe um raio de luz ofuscante que era quase como o brandir de uma espada e, em um instante, equilibrou seus nervos e mostrou-lhe o que fazer de modo que a vida do paciente foi salva.

Em outra cena, algumas freiras estavam ajoelhadas à volta da cama de sua Madre Superiora, que evidentemente encontrava-se próxima de morrer. Suas preces teceram uma adorável rede colorida sobre o vulto no leito, e o anjo aproveitou isso e verteu vitalidade na rede com tanta delicadeza e cuidado que no mesmo momento um pequeno rubor surgiu nas faces da Madre e ela sentou-se na cama e estendeu a mão abençoando as freiras que oravam. Elas beijaram sua mão e se retiraram chorando de alegria; a Madre Superiora bebeu algo de um recipiente dentro do qual o anjo havia vertido sua luz, e depois mergulhou num sono saudável e profundo. Nossa Senhora também estava auxiliando, pois Ela pairou perto da madre moribunda e inundou o quarto com Sua maravilhosa paz azulada.

Estes fatos, e muitos mais, estavam acontecendo ao mesmo tempo, e o Anjo tomava parte igualmente em todos eles, pois estavam todos espelhados em diferentes partes de sua consciência.

O trabalho dos anjos atinge nossas vidas em mais pontos do que percebemos. Pode bem ser que os anjos cuidem dos enfermos abençoando-os e fortalecendo-os. Com frequência as pessoas doentes são maravilhosamente animadas sob o véu de seus problemas; pode ser que os anjos sejam responsáveis por muito do seu otimismo. Na verdade há muito do que acontece à nossa volta sobre o que ainda pouco sabemos.

CAPÍTULO VIGÉSIMO NONO

CERIMONIAL

Em nosso Sistema Solar existem sete grandes Raios ou tipos, a um ou outro dos quais todas as coisas criadas pertencem. O poder do *Logos* verte-se em Seu sistema através destes sete raios. Existem sete anjos poderosos, às vezes chamados de os Sete Espíritos perante o Trono de Deus, que estão no comando e representam os sete grandes tipos. Por meio de um ou outro deles toda a evolução originou-se. Nós próprios, por exemplo, estamos distribuídos sobre os sete Raios, e cada qual pertence a um ou outro deles. Cada tipo de mineral, planta e animal, cada anjo e cada santo pertencem a um ou outro destes sete Raios.

Os astrólogos nomeiam estes sete tipos segundo os sete planetas, e falam de um homem como sendo um homem de Vênus ou de Júpiter ou de Marte. Há duzentos anos atrás, eles falavam destes tipos como *temperamentos;* diriam que um homem era de temperamento linfático, ou de temperamento sanguíneo e assim por diante. Mas isso são apenas tentativas de classificar os homens segundo estas sete grandes divisões ou tipos. Não só estes raios de fato afetam-nos como também trazem sua influência especial para sustentar o próprio mundo. Isso significa dizer que em certa época um destes Raios estará ascendente e influenciará fortemente o mundo com seu poder particular; depois, embora esteja sempre presente, em certa medida, sua influência particular decresce e outro Raio sucede-o como fator dominante no momento. Não interprete mal. Os outros raios também estão sempre presentes e sua influência sempre pode ser sentida e utilizada, mas há sempre um que, no momento, domina os outros.

Por muito tempo – de fato, por toda a Idade Média – o Raio da Devoção foi dominante no mundo. A religião da cristandade anunciou a devoção e o autossacrifício como sua característica central. Embora o autossacrifício ainda permaneça como um fator poderoso, o Raio da Devoção está fenecendo, e o Raio do Cerimonial está adquirindo proeminência. Não é que vá existir menos devoção no mundo do que antes, mas ela será menos cega, e terá mais discernimento e inteligência expressando-se por meio do ritual. Trará para nós um melhor entendimento do que significa o cerimonial, e também o poder e a oportunidade de cooperarmos muito mais proximamente do que antes com a grande evolução angélica, que sempre auxilia e aprecia cerimoniais.

O cerimonial tem estado em operação por todo este longo reinado do Raio Devocional, porém tem sido empregado como um acessório da devoção. Tem sido imaginado sobretudo como um método de expressar devoção, como na verdade o é. Também tem sido imaginado como um meio de embelezar e fortalecer os vários serviços, como na verdade o faz. Todavia quando a troca de Raios estava recém-começando a manifestar-se e, ao mesmo tempo, a mente inferior – a mente analítica mais que a sintética – estava obtendo proeminência, as pessoas começaram a ficar impacientes com o cerimonial e imaginá-lo como um apêndice inútil, ou mesmo como algo que se interpunha entre elas e Deus em vez de uma ajuda para louvá-lo e compreendê-lo. Depois uma grande onda de puritanismo e, quase ao mesmo tempo, uma onda de ateísmo varreram a Europa. Mesmo naquela época sempre houve aqueles que sabiam mais e entendiam a verdadeira função do cerimonial.

Mas o cerimonial é mais do que um acessório útil da devoção e agora, talvez pela primeira vez na história cristã, se está começando a compreender que ele possui um lugar próprio na adoração de Deus, e que é importante em si mesmo. Não se trata meramente de que as cerimônias sejam executadas em honra a Deus, nem meramente que a Presença de Cristo no altar seja com correção cercada de glória e beleza e tudo o que possamos oferecer em reverência; não se trata meramente de o cerimonial ser de grande valia para as pessoas na elevação de seus pensamentos e no mostrar a elas um pouco da beleza dos planos superiores. Isso é verdade, porém há muito mais nele do que tudo isso; nós agora percebemos que o cerimonial, por ser um canal de efusão da força espiritual, é em si um trabalho definido, e que aqueles que tomam parte nele, estão fazendo algo distinto e definido pelo auxílio da evolução.

Quando nos reunimos na Igreja e celebramos os Mistérios do Corpo e do Sangue de Cristo não é apenas, nem mesmo principalmente, por nós próprios que estamos unidos, por maior que seja o benefício que dele recebemos, e por maior que seja a força que nos é dada; mas, ao executarmos este antigo ritual e tomarmos parte nele, o qual foi ordenado pelo próprio Cristo, ajudamos a construir uma forma poderosa que é, como que uma bateria para armazenamento de força espiritual. Para dentro dessa forma, o Cristo verte de Sua plenitude e, então, através da Bênção ao final do serviço, distribuímos Sua bênção por todas as cercanias. Podemos citar algum canal especial dentro do qual pedimos que esta poderosa força seja vertida e Seus santos anjos carreguem-na para lá. Existem aqueles que conseguem ver os anjos reunindo-se em determinadas etapas da cerimônia. Podemos observar como, ao serem liberados ao final do serviço, cada um deles remove uma porção da força para o objetivo ao qual cada um foi designado. Assim, a Sagrada Eucaristia é uma poderosa cerimônia com um propósito definido, e através dela o poder espiritual é efundido sobre o mundo com menor dispêndio de energia do que o seria em outro caso.

Pergunta-se por que falamos em menor ou maior dispêndio de energia, uma vez que a energia de Deus deve ser infinita. O poder de Deus é infinito, sem qualquer dúvida, mas o poder repartido a um tipo de trabalho em particular não o é. Está claro que o poder de Deus é onipresente e suficiente para tudo, contudo há uma infinidade de propósitos para os quais Ele pretende usá-lo. A porção designada para uma Igreja ou ocasião em particular não é infinita. Quanto mais for gasto no mecanismo de distribuição, menos haverá para distribuir. Se fornecermos o mecanismo, ao menos fizemos nossa parte, e o trabalho dos anjos encarregados do serviço e do Santo Padroeiro da Igreja torna-se bem mais fácil.

SANTO ALBANO

Conforme foi dito, o sétimo dos grandes Raios está começando agora a dominar a Terra. Ocorre que, aquele que foi certa vez Santo Albano, está no comando deste Sétimo Raio, e é por isso que atribuímos tanta importância a ele, e o selecionamos como o santo padroeiro de nossa Igreja[4]. É sob sua direção que este grande trabalho do cerimonial está sendo conduzido. Não oramos para Santo Albano, não pedimos a ele que interceda por nós junto a Deus, porque sustentamos que Deus é Amor e Luz e que Nele não há trevas absolutamente, e que Ele sempre faz o melhor que pode ser feito para cada um de nós. Não rogamos a santo algum para suplicar por nós junto a Ele, porque confiamos Nele completamente. Mas de fato vemos o santo padroeiro como um intermediário no sentido de que trabalhamos sob seu comando.

Existem muitos que afirmam que se aproximam de Deus diretamente. Em um sentido isso é verdadeiro para o nosso Deus interior. Porém, quando estamos lidando com o mundo exterior, é como se um soldado declarasse não aceitar ordens exceto as do comandante-chefe. Mas um comandante-chefe tem centenas de oficiais sob seu comando, por meio dos quais ele leva a cabo seu trabalho. Assim o *Logos* possui milhares de Adeptos e Santos que realizam o trabalho sob Sua direção; e nós nos alistamos sob as ordens de Santo Albano, que é um deles, apenas para que, sob seu comando, possamos trabalhar melhor e mais sabiamente a serviço de Cristo, que é o Senhor de Todos.

---

4 O Sétimo Sínodo Episcopal Geral (1976) confirmou Santo Albano como o Santo Padroeiro da Igreja Católica Liberal. (N. do Original)

CAPÍTULO TRIGÉSIMO

A VISÃO DE SÃO JOÃO

Dentre as muitas visões descritas na Bíblia, talvez nenhuma seja tão notável quanto aquelas atribuídas ao Evangelista São João. Um dos mais interessantes relances sobre o mundo superior que nos foi proporcionado é sua descrição das Quatro Bestas e dos Vinte e Quatro Anciãos que prestam culto para sempre perante o Trono de Deus. Nós todos ficamos encantados com o fluir de sua linguagem poética; podemos sentir que ali em algum lugar há uma vasta concepção de algo muito belo e, contudo, pode bem ser que uma boa parte dela pouco nos diga.

Tentemos ver um pouco daquilo que essa maravilhosa visão de São João realmente significa. Lembrem-se, em primeiro lugar, de que seu testemunho sobre este assunto não é o único. O profeta Ezequiel, séculos antes, teve uma visão muito semelhante que será útil compararmos com a dele. São João diz: "Fui arrebatado em Espírito."[1] Isso significa que ele havia elevado sua consciência a um nível superior – que estava afastado dos fatos terrenos. Ele como que via com os olhos do espírito, e ouvia com os ouvidos do espírito; compreendia as coisas espirituais e via o maravilhoso simbolismo que está vinculado ao pensamento nesse nível superior.

O Trono Posto no Céu

Ele nos diz que "um trono estava posto no Céu e um assentado sobre o trono."[2] Pode ser que existam pessoas acreditando ser o Céu um lugar definido no espaço onde Deus vive, e com Ele vivem seus santos anjos e os espíritos dos homens justos tornados perfeitos, os mortos que partiram para Sua glória. Seria fácil para elas pensarem que deveria haver um trono e uma corte celeste, algo como uma corte terrena glorificada. Os membros da Igreja Católica Liberal sabem que o Céu não é um local, mas um estado de consciência; que Deus em tudo penetra, que está em todos os lugares, e que tudo o que existe faz parte Dele. Entretanto, existe um ponto de vista a partir do qual o trono e o Deus nele sentado é literalmente uma verdade. Isso que São João e o profeta Ezequiel viram foi visto em nossos dias por outros que também estavam "arrebatados pelo Espírito", que foram capazes de elevar sua consciência a um plano suficientemente alto.

Não é possível explicar plenamente; mas há uma consciência mais elevada para a qual este poderoso Sistema Solar é semelhante a uma grande flor; para a qual os planetas, que nos parecem esferas separadas, assumem a semelhança de bordas de

1 *Apocalipse 4:2.* (N.E.)

2 *Apocalipse 4:2.* (N.E.)

pétalas de tamanho incrível – pétalas brotando do verdadeiro Sol, o coração incandescente desta Flor Cósmica, da qual o Sol que nós vemos é apenas um reflexo.

Há um ponto de vista a partir do qual o *Logos* de nosso Sistema Solar é visto sentado sobre a flor estupenda de Seu sistema, como se fosse um trono; e aquele que está apto para ver isso também pode perceber o significado de muitos outros provérbios místicos. Verá que cada planeta que circula ao redor do Sol está ligado a esse trono pela corrente de devoção de seus habitantes, vinculado pelas correntes de força que, a partir desse lado superior, são vistas como linhas incandescentes de luz viva, e também quase como cordas de flores; portanto Tennyson[3] estava literalmente certo quando se referia ao nosso mundo como "ligados com correntes de ouro aos pés de Deus."[4] Estas correntes de amor e devoção são impalpáveis aos sentidos mais grosseiros, contudo elas unem cada planeta ao Sol central e a Ele que lá está sentado. Portanto Ele pode ser visto, na verdade, como que sentado em um trono, vivendo Sua vida entre Seus pares – as Deidades dos outros grandes sistemas – todos subordinados ao Poderoso Deus Uno, em quem todo o Universo existe.

São João nos diz que Aquele que ocupava o trono "e era, na aparência, semelhante à pedra jaspe e sardônica"[5]. O que são elas respectivamente? O jaspe é uma pedra opaca, geralmente de cor vermelha ou amarela. A sardônica é uma pedra amarela ou laranja cornalina. Não a pedra em si, mas a cor é que é o ponto importante nesta descrição. O que o Evangelista diz é que existe uma cor vermelho dourada no coração de todos – "a cor de âmbar, uma aparência como de fogo junto dele, e ao redor dele"[6], como o expressa o profeta Ezequiel. Lemos em certos livros indianos acerca de um homem de ouro do tamanho do polegar, que é encontrado no coração de todo homem. Essa é a imagem da Deidade, e esse é o matiz central.

Depois lemos que "um arco-íris envolvia o trono e parecia semelhante a uma esmeralda."[7] Talvez não exista na Natureza algo mais glorioso ou belo do que um arco-íris, mas nenhum deles no Plano Físico se parece com uma esmeralda. Contudo, aqueles que já enxergaram em um nível superior sabem exatamente o que isso quer dizer. A aura do *Logos* Solar abrange todo o Seu sistema; Ele, em seu coração, é de cor dourada, e ao Seu redor, onde aparece a próxima curvatura, é de um glorioso verde de compaixão que é, de fato, uma esmeralda, embora Ezequiel o veja com um tom azul e o compare a uma safira. Vemos então que, embora este seja um símbolo maravilhoso e glorioso, ele também representa um fato definido. Representa um dos aspectos da Deidade, aspecto que só pode ser visto "arrebatado pelo Espírito", quando a pessoa se tiver elevado a esse nível.

Os Vinte e Quatro Anciãos

"Ao redor do trono havia vinte e quatro tronos; e vi assentados sobre os tronos vinte e quatro anciãos, vestidos de branco e tinham sobre suas cabeças coroas de

---

3 (1809-1892) Poeta Inglês. (N.E.)

4 *Os Idílios do Rei. A Morte de Artur.* (N. do Original)

5 *Apocalipse 4:3.* (N. do Original)

6 *Ezequiel 1:27.* (N.E.)

7 *Apocalipse 4:3.* (N.E.)

ouro."[8] Aquele que tem o privilégio de ver isso (e lembrem-se de que um dia isso chegará para todos) enxerga-o a partir de seu próprio mundo, de seu ponto de vista especial; e portanto ele contempla vinte e quatro Anciãos que são os vinte e quatro grandes Instrutores que nos foram enviados nesta Ronda de nossa Cadeia Planetária. A Igreja cristã interpretou-o de modo um pouco diferente, considerando os Anciãos como seus doze apóstolos e os doze profetas judeus. Caso esses vinte e quatro fossem de fato os apóstolos e os profetas, o vidente – fosse ele o apóstolo João – deveria ter visto a si próprio entre os demais, o que certamente teria sido mencionado. Os Anciãos trazem nas cabeças coroas de ouro que, conforme é dito, depõem em frente ao trono.

Em imagens do Senhor Buda uma pequena elevação ou cone sobressai da coroa de Sua cabeça. É como uma coroa, de cor dourada, que representa a efusão de força espiritual desde o *brahmarandha chakram* ou o lótus de mil pétalas, o Centro no topo da cabeça. No homem altamente evoluído, este centro efunde esplendor e glória, o que lhe confere uma coroa genuína. Assim, a passagem significa que tudo o que ele desenvolveu – todo esplêndido *karma* que constitui, toda a gloriosa força espiritual que gera – ele depõe perpetuamente aos pés do *Logos* para ser empregado em Seu trabalho. Repetidas vezes ele depõe sua coroa de ouro, pois ela permanentemente reconstitui se à medida que a força jorra de dentro dele.

"E do trono saíam relâmpagos, trovões e vozes"[9]. O *Logos* fala a Seus irmãos estelares e, no entanto, a partir de nosso limitado ponto de vista humano, Eles estão separados por vastos anos-luz, contudo nosso espaço é apenas uma ilusão, e os Grandes Seres não encontram dificuldade em se comunicar quando o desejam. As Vozes que penetram nestes espaços impressionantes bem podem parecer ao vidente como relâmpagos e trovões cósmicos.

As Sete Lâmpadas

"[E] diante do trono ardiam sete lâmpadas de fogo: as quais são os sete Espíritos de Deus."[10] São eles os Sete Místicos, os *Logoi* Planetários, que são centros de vida no próprio *Logos*. Eles são os verdadeiros Chefes de nossos Raios – os Chefes, realmente, para todo o Sistema Solar, não apenas para o nosso planeta. Por meio de um ou de outro desses Sete poderosos, cada um de nós deve ter nascido – alguns por este, outros por aquele.

Eles são os Sete Senhores Sublimes de *A Doutrina Secreta*, os Sete Primordiais, os Poderes Criativos, as Inteligências Incorpóreas, os Anjos da Presença. Este último título é empregado em dois sentidos bem diferentes, e não deve ser confundido aqui com o Anjo da Presença que surge a cada celebração da Sagrada Eucaristia. Estes Sete Grandes Seres são assim chamados porque permanecem sempre na própria presença do próprio *Logos*, ali representando os raios dos quais são os Chefes, representando a nós, portanto, uma vez que cada um de nós faz parte da Vida Divina de cada

8 *Apocalipse 4:4.* (N.E.)

9 *Apocalipse 4:5.* (N.E.)

10 *Apocalipse 4:5.* (N.E.)

um deles. Pois embora cada um de nós pertença fundamentalmente a *um* Raio, possuímos dentro de nós alguma coisa de *todos* os Raios; não há em nós sequer uma ínfima porção de força, um grão de matéria que não faça parte na verdade de um ou de outro destes Seres magníficos; somos literalmente condensados a partir de sua própria substância – não de um, mas de todos, embora um deles sempre predomine. Portanto, sequer o menor movimento de qualquer um destes grandes Anjos das Estrelas pode ocorrer sem afetar em alguma escala cada um de nós, porque eles são ossos dos nossos ossos, carne de nossa carne, espírito de nosso espírito; este fato é a base real da frequentemente incompreendida Ciência da Astrologia.

Estamos sempre na presença do *Logos* Solar, pois em Seu sistema não há lugar onde Ele não esteja, e tudo o que existe é parte Dele. Mas em um sentido muito especial estes Sete Espíritos são parte Dele – manifestações Dele, quase qualidades Dele, centros Nele através dos quais flui Seu poder. Podemos ver um vestígio disso nos nomes atribuídos a eles pelos judeus. O primeiro deles é Miguel, cujo nome significa "A Força de Deus" e está ligado a Marte. Gabriel significa "A Onisciência de Deus" e está ligado ao planeta Mercúrio. Rafael significa "O Poder Curativo de Deus" e é associado ao Sol, que é o grande doador de saúde para nós no Plano Físico. Uriel é "A Luz ou Fogo de Deus"; Zadkiel é "A Benevolência de Deus" e está ligado ao planeta Júpiter. Os outros Arcanjos geralmente são dados como Samael e Jofiel.

Tudo é feito pelo *Logos* através da mediação destes Espíritos planetários. Os planetas podem ser, na verdade, condensações da massa da nebulosa, mas por que nesses pontos em especial? Porque atrás de cada um há uma inteligência viva que escolhe os pontos, de modo que irão equilibrar um ao outro. Na realidade, seja o que for que exista é o produto de forças naturais trabalhando sob leis cósmicas; mas atrás de cada força sempre está seu administrador, uma Inteligência dirigente.

Os Quatro Animais

"No meio do trono, e ao seu redor"[11] São João vê o mais estranho de todos esses fenômenos maravilhosos – "quatro animais, cheios de olhos por diante e por detrás." O primeiro animal era semelhante a um leão, e o segundo animal era semelhante a um bezerro, o terceiro animal tinha a face como a de um homem, e o quarto animal era semelhante a uma águia em voo. Cada um deles possuía seis asas, e "estavam cheios de olhos por dentro".[12] Tudo isso tem um claro significado simbólico. Na Igreja, os quatro animais são considerados os quatro Evangelistas. Há um verso de um hino que diz assim:

"O homem é o emblema de Mateus,
E Marcos o poder do leão;
O boi é a marca correta de Lucas,
E o voo da águia é João."

---

11 *Apocalipse 4:6.* (N.E.)

12 *Apocalipse 4:8.* (N.E.)

Porém, sendo assim, um deles deve ser o próprio homem que está fornecendo a descrição!

Na verdade a simbologia nada tem a ver com os quatro Evangelistas, pois os quatro evangelhos foram selecionados dentre um grande número de outros evangelhos,[13] séculos depois. Encontramos o mesmo simbolismo em outras religiões. Existe *Brahman* de quatro faces; Júpiter quádruplo e os deuses do ar, da água, do raio e da Terra. E isso nos leva à realidade subjacente – os quatro grandes *Devarajas*, os administradores do *karma*, que são os deuses ou líderes da Terra, água, ar e fogo, respectivamente. Eles são repletos de olhos por dentro, porque são os Escribas, os Arquivistas, os *Lipika*; eles observam tudo o que é, tudo o que acontece, tudo o que é escrito ou falado ou pensado em todos os mundos.

O profeta Ezequiel descreveu-os um pouco diferentemente. Embora igualmente impressionado por sua tremenda vitalidade inerente, ele não os via como animais, mas como rodas, e tenta fazer uma descrição do que é indescritível; ele diz que são rodas dentro de rodas, como se estivessem postas em ângulos retos umas em relação as outras, formando uma espécie de armação de uma bola ou esfera. Cada uma possui as quatro faces simbólicas, porque cada homem tem dentro de si as características simbolizadas pelo homem, o leão, o boi e a águia. Evidentemente Ezequiel estava muitíssimo impressionado pela facilidade e a suavidade de seu movimento, pois enfatiza em especial que "elas não se viravam enquanto andavam"[14], mas, em qualquer direção que desejassem se mover, seguiam a face que apontava naquela direção. Ele também diz que as rodas estavam repletas de olhos.

As imagens das quatro faces são recorrentes. Na Filosofia Grega lemos a respeito do quadrilátero perfeito do círculo infinito. Os *Devarajas* ou Senhores do *karma* estão representados em cada um de nós. Cada um de nós traz no corpo matéria sólida, líquida, gasosa, e matéria etérica ou ígnea. Frequentemente eles são descritos no Oriente como os "regentes dos quatros pontos cardeais'. *A Luz da Ásia* menciona:

> "...os quatro Regentes da Terra desceram
> Do Monte Sumerú – Eles que escrevem as ações dos homens
> Em placas de bronze; o Anjo do Oriente,
> Cujas hostes estão vestidas com túnicas de prata,
> Levavam escudos de pérola; o Anjo do Sul,
> Cujos cavaleiros, os Kumbhandas, cavalgavam corcéis azuis
> E possuíam escudos de safira; o Anjo do Ocidente,
> Seguido dos Nagas, montados em ginetes cor de sangue;
> Com escudos de coral O Anjo do Norte,
> Rodeado dos seus Yakshas cobertos de ouro,
> Montados em cavalos amarelos, com escudos de ouro."

---

13 Além dos quatro Evangelhos tradicionais, existem outros textos e Evangelhos, conhecidos como Gnósticos ou Apócrifos (palavra que significa: reservados ou secretos), entre os quais: Evangelho de Filipe, Evangelho de Tomé, Evangelho dos Egípcios, Evangelho dos Ebionitas, Evangelho de Maria Madalena, Atos de Judas Tomé e vários outros. Quando a Bíblia foi organizada, nas origens do Cristianismo, pela tradição oficial da Igreja, foram deliberadamente excluídos os textos gnósticos, muitos dos quais eram anteriores aos textos de Mateus, Marcos e Lucas. (N.E.)

14 *Ezequiel 1:12.* (N.E.)

Estes quatro Seres tão estranhos e magníficos que administram as engrenagens da justiça divina, não são anjos no sentido comum do termo, embora costumem ser assim chamados. Nem eles, nem os sete gloriosos comunicam-se diretamente com o homem.

Cada qual tem milhares de representantes subordinados, e é com estes que o homem às vezes faz contato. Tal representante, se indagado quem é, dará sempre o nome do Chefe de seu Raio, não o seu e, agindo assim, não é mais culpado de falsidade ou fingimento do que o *office-boy* que, despachado em missão por seu empregador, informa o nome desse empregador em vez do seu próprio, compreendendo que o que as pessoas desejam saber na atividade comercial não é sua identidade, mas a de quem ele representa.

Cada um destes Regentes, dizem-nos, possui seis asas. Naturalmente nenhum anjo tem asas brotando das omoplatas. Na poesia das antigas Escrituras, asas são símbolo de poder, bem como o são os braços adicionais das divindades indianas. Neste caso as asas buscam indicar claramente as seis forças ou poderes da Natureza sobre os quais lemos em *A Doutrina Secreta*, e talvez possa haver também uma referência às seis direções do espaço nas quais estes poderes podem ser exercidos.

Finalmente São João diz que estas variadas manifestações sempre dão glória a Deus clamando: "Santo, Santo, Santo, Senhor, Deus Todo-Poderoso, Que-era, Que-é, e que há de vir"[15]. Nós bem que poderíamos seguir este nobre exemplo e dar glória a Ele que Se mostra assim tão magnificamente, mesmo que seja em símbolo, aos nossos sentidos limitados, nós, Suas criaturas inferiores. Todas as tentativas de descrição desses mundos superiores estão condenadas ao fracasso devido à nossa limitação; mas um dia saberemos como de nós sabem, um dia nós O veremos como Ele é, e vendo-O, nos tornaremos unos com Ele. Nossos olhos verão o Rei em Sua beleza; olharemos para a Terra das Distâncias Longínquas.

---

15 *Apocalipse 5:8.* (N.E.)

CAPÍTULO TRIGÉSIMO PRIMEIRO

EXOTÉRICO E ESOTÉRICO

A função real da fala, como usualmente se diz, é ocultar nossos pensamentos; indubitavelmente em nossa Filosofia Católica Liberal estamos sempre descobrindo que, se as palavras não ocultam nossos pensamentos, com certeza falham em expressá-los. A diferença entre as palavras "exotérico" e "esotérico" parece óbvia, contudo o fato de constantemente serem feitas perguntas sobre elas mostra que muitos não compreendem seu significado. As pessoas querem saber que coisas são esotéricas, e por que; e muitas parecem ser da opinião de que não devia haver segredo, mas que tudo o que pudesse ser aprendido ou descoberto devia ser colocado imediatamente à disposição do mundo todo, como acontece com a Ciência física. A Sabedoria das idades, entretanto, não se pronunciou a favor desse método de instrução, e não é difícil ver pelo menos alguma das razões pelas quais é desejável cautela nestes assuntos.

Aqueles que acusam o ocultista de sonegar conhecimento da multidão a fim de que ele próprio possa ter a vantagem exclusiva de sua posse estão equivocados. Na verdade, aventando uma tal teoria mostram-se francamente ignorantes acerca da real natureza do problema. O conhecimento adquirido pelos poucos estudantes dedicados às vezes não é mostrado ao público em geral. Isso se admite; mas é assim somente porque o homem que obteve o conhecimento considera o silêncio sabedoria, não para si mesmo mas para o mundo. Todo o conhecimento que possa ter aplicação prática na vida cotidiana é livremente apresentado; e o ensinamento ético proporcionado pela Igreja Católica Liberal é sustentado, de modo invariável, por uma explicação das razões exatas porque determinada linha de conduta é aconselhável e uma outra não. Seja o que for que faça bem é abertamente expresso; mas a quem possui o conhecimento deve ser permitido usar sua discrição sobre quanto desse conhecimento deve ser compartilhado com seus irmãos.

Às vezes as pessoas dizem que se ressentem por serem tratadas como se fossem crianças; que desejam saber tudo o que há para saber, seja bom ou mau, e sentem-se inteiramente competentes para decidir-se quanto ao uso que farão da informação recebida. Mas o fato é que, com relação a este conhecimento superior, o homem comum *é* uma criança, e apresentar-lhe de repente uma massa de novas informações não o tornaria mais maduro nem o habilitaria a lidar com ela de maneira segura. Nenhum conhecimento jamais é, ou pode ser, sonegado ao estudante sério. Aqueles que sabem adquiriram o direito de saber através de anos de estudo e autodesenvolvimento. O caminho que eles trilharam está aberto a todos, como sempre esteve, e homem nenhum pode impedir o outro de percorrer essa Senda. As verdades a serem obtidas ao longo deste caminho não são da mesma natureza daquelas promulgadas pela Ciência física. Se um homem descobre um novo metal, anuncia o fato ao mundo, e o mundo torna-se melhor e não pior por esta informação adicional; mas seria absurdo proporcionar circulação igualmente ampla à descoberta de algum novo veneno letal. Quando o segredo é mantido, sempre o é no interesse da humanidade. Fatos que não são discutidos em público geralmente caem em uma ou outra dessas quatro categorias:

1. Os que são perigosos.
2. Os que poderiam ser usados com o objetivo de fazer o mal.
3. Os que são incompreensíveis.
4. Os que poderiam provocar irreverência.

1. Os Que São Perigosos

Uma grande quantidade de conhecimento enquadra-se nesta categoria, pois existem forças na Natureza que só podem ser manejadas com segurança por homens que passaram por um longo curso de cuidadoso preparo. Ninguém largaria dinamite nas mãos de uma criança; contudo, isso seria um assunto trivial comparado à responsabilidade de colocar o conhecimento das grandes forças ocultas em mãos destreinadas ou indignas. Exemplos deste perigo não faltam, embora felizmente sejam superficiais e insignificantes. As pessoas que aprenderam um pequeno fragmento de conhecimento interno com relação ao fogo serpentino[1], ou mesmo alguns exercícios respiratórios elementares, frequentemente conseguem arruinar sua saúde ou sanidade mental; e as que foram infelizes o suficiente ao entrarem em contato com o mundo abaixo do Plano Físico, raramente viveram o bastante para lamentar a indiscrição que os conduziu aos domínios onde o homem não deve ingressar. A magia é uma realidade – às vezes uma realidade muito terrível – e indubitavelmente, para a maioria da humanidade, este é um dos casos em que "a ignorância é felicidade"; pois o homem que se mantiver fora disso está razoavelmente protegido de seus perigos.

2. Os Que Poderiam Ser Mal-Empregados

No Ocultismo, como em outras Ciências, "conhecimento é poder", e não é bom colocar poder nas mãos de um homem até que haja alguma garantia de que ele será empregado bem e de modo altruísta. Certos fragmentos do conhecimento oculto vazaram para o mundo exterior, e já vimos como o mundo está longe de ser digno mesmo de tão pequena dádiva. Nos últimos anos, as pessoas chegaram a aceitar, em alguma escala, o poder do pensamento e a possibilidade de dominarem a vontade de outra por um firme esforço. Isso é um fato pequeno e rudimentar – o mais simples começo do estudo da dinâmica mental – e, no entanto, vê-se que mesmo este primeiro passo na direção do verdadeiro conhecimento ao longo desse caminho está sendo mal-empregado. Já vimos anúncios de pessoas oferecendo-se para ensinar um homem a enganar o outro nos negócios pelo uso do poder mental – como obter sucesso (e

[1] O autor fez alguns comentários sobre este tema no item "O Fogo Serpentino"do capítulo décimo oitavo "O Espírito Santo". (N.E.)

sempre à custa dos outros) nos negócios. O modo pelo qual este fragmento do conhecimento interno tem sido recebido não encoraja seus guardiães a anunciarem mais nada.

Nos dias de hoje, apenas as raças geralmente consideradas as mais primitivas acreditam na eficácia da magia; pode se notar que aqueles que de fato acreditam nela e a utilizam, invariavelmente o fazem com propósitos nocivos. Lê-se a respeito de casos em que o praticante dos rituais de vodu ou *obeah* [2] provoca doença em sua vítima ou a faz definhar, mas nunca de um exemplo onde este poder repulsivo seja empregado para tornar um homem mais forte, melhor ou mais feliz. Ele é frequentemente utilizado para destruir as colheitas de um inimigo ou deixar seu gado estéril, mas nunca para aumentar a prosperidade geral de um país ou diminuir a pobreza e a enfermidade.

Não se nega que algum bom uso deste poder esteja sendo feito. As curas efetuadas pela Ciência cristã ou mental podem ser citadas na coluna dos aspectos positivos, e o fato de muitas pessoas terem aprendido a manter-se acima da possibilidade de depressão por este meio, é claramente um benefício. As verdades ocultas tornar-se-ão pouco a pouco conhecidas no mundo externo como o foram em outros períodos da história mundial. Até faz parte do plano que elas sejam conhecidas assim, porém não prematuramente, com receio de que o prejuízo causado seja maior e de que sejam poucos os que poderiam ser poupados do mal que viesse.

Alguns destes poderes eram bem conhecidos no grande continente de Atlântida. Uns poucos os utilizaram bem e por esse meio progrediram, mas tantos abusaram deles que finalmente foi preciso submergir o continente inteiro no mar. A história sem dúvida repetir-se-á. Parece certo que mesmo hoje haverá uma maioria que empregará seu conhecimento egoisticamente; contudo, espera-se, ao menos, que desta vez a minoria que empregar bem seu poder seja maior – sinal claro de que houve progresso.

Para que esta esperança possa ser concretizada, é necessário que o conhecimento se apresente ao mundo no momento adequado e a passos lentos. Despejar uma grande massa dele perante aqueles que estão inteiramente despreparados significaria perigo e não progresso. Todas as novas invenções que possam ser utilizadas com propósitos destrutivos são assim empregadas tão logo seu segredo seja dominado. Nós o verificamos no caso do avião e do submarino, assim como vimos antes no caso do aeróstato, da máquina a vapor e do telégrafo. Se o poder enormemente superior que jaz adormecido em cada átomo fosse colocado nas mãos dos homens de hoje, não veríamos uma exemplificação adicional da mesma tendência ao mal? [3] Até que as nações tenham se tornado civilizadas o suficiente para abandonarem as crueldades da guerra, é obviamente indesejável colocar em suas mãos poderes que ultrapassam em muito qualquer coisa hoje conhecida.

---

[2] Tipo de feitiçaria praticada nas Índias Ocidentais e partes da África. (N.E.)

[3] Isso foi escrito em 1924. Note-se as ameaças à paz mundial causadas pelo imenso arsenal núclear existente hoje. (N.E.)

Sem dúvida, no devido tempo, os cientistas descobrirão estas coisas por si mesmos. Tudo o que os ocultistas podem esperar é lutar seriamente para fazer cada vez mais pessoas entenderem a verdadeira tendência da evolução, de forma que ao ser feita a descoberta possa haver uma forte opinião pública a favor de seu emprego benévolo e altruísta. Certamente o mundo também deve atingir um nível de moralidade mais elevado com relação aos assuntos comerciais, antes que o conhecimento mais amplo possa ter real utilidade para ele; pois, infelizmente, nos dias atuais, é bem sabido que toda nova descoberta em química orgânica capaz de ser empregada desse modo significa uma nova adulteração dos alimentos.

Frequentemente as pessoas dizem que deve haver muitos segredos que podem ser divulgados sem perigo, que é possível evitar a menção destes terríveis poderes físicos e, ainda assim, transmitir muito do que seria de uso geral. Talvez isso não seja tão fácil quanto se supõe, uma vez que uma coisa leva à outra, e os processos da Natureza estão inextricavelmente vinculados; a responsabilidade por colocar investigadores científicos na trilha de fatos proibidos é por demais tremenda para ser assumida de forma leviana. Em nossa Igreja Católica Liberal, entretanto, já levantamos uma pequena extremidade do véu. Vejamos se o mundo utilizará o fragmento que lhe foi dado, de tal forma a convencer os guardiães do conhecimento mais amplo de que está pronto para revelações adicionais.

A Grande Fraternidade não tem outro interesse exceto o progresso da humanidade e, portanto, seus membros estão sempre observando aqueles a quem o conhecimento adicional pode ser fornecido com segurança. Muitos homens julgam-se plenamente preparados para receber e empregar com sabedoria qualquer conhecimento que possa cruzar seu caminho; mas isso em geral apenas significa que fazem uma estimativa de seus próprios méritos maior do que sua real condição justifica. Alguém que, com seriedade e consciência, eleve-se acima da massa da humanidade, atrai de imediato sua atenção, pois surge de súbito perante seu olhar, como o faz uma luz brilhante sobre um fundo de escuridão.

É completamente impossível que qualquer pessoa assim possa ser ignorada, concluindo-se daí que, se qualquer homem que esteja tentando evoluir seriamente ainda não foi percebido por eles, é necessário continuar e aumentar seus esforços.

3. Os Que São Incompreensíveis

Se um homem deseja entender um sistema de pensamento que é novo para ele, não é bem no início que todos os detalhes serão derramados sobre ele. Em primeiro lugar, é melhor que ele tenha uma compreensão global de seu esboço geral; depois este pode ser preenchido por etapas, para que cada nova ideia possa ser vista em sua exata proporção e possa ocupar naturalmente seu lugar. Em virtude do estágio de evolução ao qual chegamos, estamos atualmente empenhados no desenvolvimento do poder de discernimento da mente inferior ou concreta. É claro que isso nos torna mais críticos, de forma que instintivamente lançamo-nos sobre aqueles pontos de qualquer sistema que estejam mais afastados de nossas ideias anteriores; e, justo por serem novas para nós, porque nossa mente possui uma tendência para ressentir-se com a novidade, estes tópicos são logo exagerados e assomam com tanto vulto no esquema que ele, como um todo, é distorcido e formamos uma impressão inteiramente falsa a seu respeito. Este problema é evitado se as novidades nos são apresentadas pouco a pouco; mas envolve uma certa omissão de detalhes no início – fato que muitas pessoas criticam.

Existe muita informação no Ocultismo que só pode ser apreciada em seu devido valor pelos que desenvolveram as faculdades às quais ele requer. Até que este desenvolvimento tenha lugar, tal verdade é destituída de sentido para eles e é provável que seja mais prejudicial do que útil. Contudo, são justamente estas as pessoas que se queixam de que nada lhes deve ser omitido. Encontramos, no decorrer do estudo oculto, uma grande quantidade de conhecimento que não pode ser comunicada por ser de tal natureza que apenas o homem que o tenha experimentado por si mesmo é capaz de compreendê-lo. Todas as tentativas de descrevê-lo para alguém que não tenha passado pela experiência são infrutíferas, e para ele não passam de "falta de compreensão das ideias por palavras sem sentido." Com frequência tem sido explicado que o Ego, em seu corpo causal, pensa em realidades e não em expressão concreta; é natural que um pensamento como este transcenda todas as palavras e tentar exprimi-lo através da fala conduz inevitavelmente à confusão e ao equívoco.

Muitos outros fatos são incomunicáveis por serem intensamente pessoais; cada homem experimenta os por si mesmo e a seu próprio modo, e o método pelo qual certo homem aprendeu a avaliá-los seria de todo inconveniente para outro. No decurso de considerável experiência, ocorreu-me ouvir de vários discípulos dos Grandes Seres algo de suas relações com os respectivos Mestres, e nada impressionou-me mais do que a notável diversidade de métodos empregados e a maravilhosa exatidão com que esses métodos são adaptados à pessoa em questão. Não se trata apenas de inexistirem dois casos iguais; é que os métodos são fundamentalmente diferentes, e dois discípulos do mesmo Mestre podem ter quase nada em comum em sua experiência, até ficarem lado a lado em um determinado nível e descobrirem que, embora existam muitos caminhos, só há uma Meta. Obviamente, qualquer ensinamento que possamos passar acerca de assuntos deste tipo só pode ser de natureza mais genérica, e cada homem está qualificado para falar apenas do que sucedeu em sua própria experiência; e embora o que for dito por ele possa ser encorajador e útil para alguns, bem pode ser completamente sem sentido para outros, cuja natureza exige que eles sejam conduzidos por um caminho diferente.

4. Os Que Poderiam Provocar Irreverência

Existe um provérbio atribuído ao Nosso Senhor Bendito: "Não deis aos cães o que é santo, nem lanceis pérolas aos porcos, para que não as pisem e, voltando-se contra vós, vos estraçalhem."[4] Há uma enorme quantidade de verdade prática nesta observação, e a história recente fornece-nos farta evidência de que isso é tão real hoje quanto o foi há dois mil anos atrás. Não apenas a informação de inestimável valor é deixada de lado pelos que ainda não estão preparados para ela, como é ridicularizada e lançada na lama de seus próprios pensamentos impuros e, tendo-a assim utilizado,

---

4 *Mateus 7:6.* (N.E.)

invariavelmente se voltam contra a pessoa que a transmitiu a eles e fazem o que podem para injuriá-la. Não é prudente saber mais do que a maioria; pelo menos não é prudente deixá-los saber que se sabe mais. Galileu descobriu isso alguns séculos atrás, quando a Igreja obrigou-o a retratar-se de declarações que ele sabia perfeitamente bem serem verdadeiras. Durante todo aquele tempo mais obscuro da História europeia, houve aqueles que conheciam algo da verdade oculta, mas julgaram indesejável admitir seu conhecimento. Até falar destes fatos significava perseguição e morte nas mãos da maioria ignorante e fanática. Se alguém se aventurasse a contar a um daqueles pitorescos cavaleiros cruzados o tanto de ciência que hoje pode ser encontrado na cartilha de um colegial, ele teria sido visto como um mágico temível e provavelmente teria descoberto com rapidez que estavam sendo feitos preparativos para cremá-lo prematuramente na fogueira mais próxima. Assim vê-se que o que é conhecimento mágico ou secreto em um século pode tornar-se Ciência ortodoxa no seguinte. Nos dias atuais, os "porcos" ainda voltam-se e atacam o homem sábio – não seu corpo físico, talvez, mas sua reputação.

Isso torna qualquer tentativa de ensinar uma tarefa ingrata para o instrutor; porém, se isso fosse tudo, bem que seria válido correr o risco do ridículo e da difamação pela maioria ignorante a fim de que uns poucos pudessem aprender e tirar proveito. Infelizmente isso não é tudo, e o sofrimento do instrutor é uma soma desprezível se comparada com o prejuízo que os "porcos" podem trazer a si mesmos ao afundarem aquelas pérolas na lama. Não é bom oferecer uma chance à irreverência, pois esta traz consigo os mais sérios resultados. Entrar em contato com um dos Grandes Seres oferece uma oportunidade de desenvolvimento rápido que não pode ser obtida de nenhum outro modo; e ajudar, ou ser útil, a um destes Seres produz bom *karma* que, diante disso, parece inteiramente desproporcional ao real serviço prestado. Porém, devemos lembrar que o oposto também é verdadeiro – qualquer prejuízo causado a um Deles traz um peso correspondente de mau *karma*.

Frequentemente as pessoas parecem pensar que a ignorância pode ser alegada como desculpa em tal caso, e que um homem que não soubesse tratar-se de um Grande Ser a quem ele estivesse injuriando, deveria, portanto, escapar do resultado inevitável. Só se pode dizer em resposta que não é assim. Primeiramente, o homem não deveria deliberadamente ofender ninguém, soubesse ou não tratar-se de um Grande; e qualquer *karma* que lhe sobrevenha como resultado da injúria é inteiramente culpa sua; em segundo lugar, as leis da Natureza funcionam de modo automático e não levam em conta nosso conhecimento ou nossa ignorância. O homem que pega um ferro em brasa será queimado, sabendo ou não que ele está em brasa. O homem que caminha para um precipício no escuro cairá, sabendo ou não que ali havia um precipício. Portanto, não é bom fazer o inimigo blasfemar, ou oferecer aos ignorantes e presunçosos a oportunidade de causarem prejuízo a si mesmos por zombarem do que deveriam respeitar.

Por esta razão, toda a menção mais detalhada dos Grandes Seres e dos acontecimentos de suas vidas é evitada entre os estudiosos da Sabedoria, exceto na presença daqueles em que se pode confiar e que compreendem tal alusão adotando a atitude correta. Não significa sequer que os Grandes Seres sentir-se-iam ofendidos por tal interpretação errônea ou pensamento impertinente; é que tais pensamentos e sentimentos fazem mal àqueles que os experimentam, e também provocam muita dor nos seguidores do Instrutor que é assim difamado. Por esta razão (embora quando indagados, sempre nos consideramos obrigados a prestar depoimento, mesmo perante testemunhas hostis, acerca do fato da existência dos Mestres), falamos neles nas elocuções públicas tão pouco quanto possível, e fornecemos detalhes apenas àqueles de cuja reverência e compreensão nos sentimos seguros.

As considerações acima, dentre outras, demonstram a razão para uma certa dose de reserva ao falarmos de assuntos ocultos. Mas exoterismo e esoterismo – o aberto e o secreto – são apenas duas partes de um grande conjunto que vagarosamente está se revelando à medida que a humanidade progride. Consequentemente, a linha que os divide é uma linha móvel e, conforme o tempo passa, muitos fatos que no início eram mantidos em rígido segredo são mencionados de maneira aberta. Este avanço é tanto benéfico quanto inevitável. É uma prova do sucesso dos meios adotados para difundir o ensinamento interno que o pensamento do mundo como um todo tenha sido até aqui afetado, que o público – ou uma certa parte dele – já esteja preparado para muito do que, em tempos passados, teria sido escarnecido ou mal compreendido. A atitude geral com relação ao ensinamento oculto está mais interessada e mais respeitosa do que era. As pessoas não foram longe, mas fizeram algum progresso; a história de fantasmas que outrora teria sido recebida com risos de escárnio e ridículo agora é aceita com a observação de que parece haver alguma verdade nestes fatos. Não um grande avanço, com certeza, mas algo para agradecermos quando lembramos a atitude que era comum no tempo de nossos avós. Ainda é necessário que eduquemos o mundo nestes assuntos; todavia mesmo agora devemos fazê-lo gradualmente e dar-lhes apenas o que é capaz de assimilar, pois, se vertermos sobre ele uma parcela muito grande dos vastos depósitos do conhecimento oculto, simplesmente causar-lhe-emos uma espécie de indigestão mental e, assim, faremos mais mal do que bem.

Cuidemo-nos para que nosso conhecimento esotérico não nos leve ao orgulho, para que não menosprezemos aqueles que sabem menos do que nós. É verdade que nosso ensinamento Católico Liberal nos fornece uma vasta quantidade de informação, que nos coloca na posição de lidarmos melhor com as dificuldades da vida, de resolvermos seus problemas e explicarmos seus mistérios; contudo, devemos lembrar que o que foi levantado para nós é só uma minúscula extremidade do véu; e enquanto mesmo esse pouco tenha produzido os melhores resultados para nós e, na verdade, tenha mudado inteiramente nossa compreensão da vida, ainda será prudente conservarmo-nos humildes recordando a nós próprios o quanto mais existe para aprender e como é infinitamente pequeno nosso conhecimento quando comparado com tudo o que há para conhecer. Quando colocamos nossa ignorância ao lado da ignorância ainda maior do homem comum, temos, na verdade, um motivo para gratidão, mas nenhum para presunção. Quando comparamos nossa ignorância com o conhecimento de um Adepto ou um Santo, pela primeira vez, temos alguma ideia da verdadeira proporção dos fatos, e vemos que a humildade profunda é a única atitude que nos convém.

O próprio fato de que tenhamos aprendido tanto faz-nos desejar seriamente aprender mais; e sabemos que a informação mais completa ser-nos-á dada apenas se tivermos feito bom uso do pouco que já sabemos. Portanto, se desejarmos penetrar nos domínios que ainda são esotéricos para nós, devemos ser capazes de mostrar o que fizemos com o conhecimento adicional que já adquirimos. Se tivermos sido generosos, ainda que judiciosos, ao compartilhá-lo; se por meio dele tivermos aliviado a tristeza do mundo ao nosso redor, logo deveremos considerar possível obter mais informações; pois o Ocultismo é essencialmente uma coisa prática e o conhecimento que ele fornece é planejado para aplicação imediata. "Àquele que tem, mais ser-lhe-á dado," mas só se ele o tiver empregado com sabedoria.

Não importando o quanto da verdade ainda é esotérico para nós, ao menos aprendemos o suficiente para sentir absoluta certeza de que tudo é inteiramente administrado para o bem geral. Quando a informação é dada, é dada com vistas a esse bem; e reconhecemos com igual certeza que, em sendo omitida, é sempre e sem exceção pelo mesmo motivo. Buscamos o conhecimento de Deus; e quanto mais dele obtemos, mais claramente enxergamos a profundidade e a elevação do amor de Deus[5] que, como a paz de Deus, "ultrapassa todo o entendimento".[6] Nessa paz nos envolvemos, a esse amor nos confiamos tranquilos, na certeza de que o conhecimento mais profundo só pode revelar-nos ainda mais da glória em cuja direção, embora lentamente, estamos nos movendo. Dele viemos; a Ele retornaremos; e, por mais profundo que possa ter sido nosso sono, quando estivemos sepultados nos abismos da matéria, sabemos que estamos subindo constantemente em direção à Sua completa realização.

---

5 *Efésios 3:19.* (N.E.)

6 *Filipenses 4:7.* (N.E.)

CAPÍTULO TRIGÉSIMO SEGUNDO

UMA NOVA ATITUDE EM RELAÇÃO AO PECADO

A atitude dos Católicos Liberais em relação ao pecado geralmente difere da dos membros de outras Igrejas.

Alguns de nossos irmãos cristãos consideram, de fato, difícil entender o modo como encaramos o assunto. Eles parecem pensar que lhe atribuímos pouca importância, que não estamos suficientemente impressionados com sua culpa e suas terríveis consequências. Muitas pessoas pensam que a morte de Cristo foi para salvar os homens do pecado, e vão mais além do que isso, dizendo que o pecado foi realmente a *causa* da crucificação de Nosso Senhor.

Os leitores que possam ter pertencido à Igreja da Inglaterra (como eu) talvez lembrem um verso assustador que aparece em um dos hinos da coleção "Antiga e Moderna".

> "Oh pecador, observa e pondera bem
> Do pecado a terrível condenação;
> Pensa no sacrifício que custa
> Comprar a tua salvação;
> Nunca houvesse Jesus sangrado e morrido,
> O que então aconteceria a ti e a todos
> Senão a maior danação?"

O Cristo foi verdadeiramente crucificado sobre a cruz da matéria. Em nenhum momento negamos que isso tenha sido um sacrifício muito real e inefável; em nenhum momento procuramos minimizar a dimensão do sacrifício quando a Segunda Pessoa da eterna Bendita Trindade deixou de lado Sua glória e tomou sobre Si a limitação da matéria. Não podemos esperar compreender como esse sacrifício foi grande. O verdadeiro sacrifício de Cristo envolve não tanto a morte dolorosa de um corpo físico quanto uma longa limitação de glória que está muito além da nossa compreensão, um enclausuramento dessa glória na prisão da Terra e da matéria. Esse sacrifício foi empreendido por nós, não para salvar-nos de nossos pecados, não na verdade "por nossa salvação", mas por nossa própria existência. Se o Cristo nunca tivesse descido à matéria, poderia não existir a humanidade como a conhecemos hoje. Nossa própria vida depende desse sacrifício eterno, não de uma ação efetivada uma vez, há muito tempo atrás, porém um eterno sacrifício sendo oferecido aqui e agora, estendendo-se desde antes da fundação do mundo, quando o Cordeiro foi imolado, até o último momento em que o último ser humano tiver sido plenamente absorvido pela Deidade.

Este é um sacrifício além de todas as palavras, mas não foi a consequência dos nossos pecados; por mais tristes que nossos pecados possam ser, não podemos pelo bom senso vê-los como a causa desse sacrifício tremendo.

O pecado é algo terrível, todavia devemos tentar compreender exatamente o que ele é. Dois grandes Instrutores mostraram duas maneiras de olhar o problema do pecado. O Senhor Buda disse-nos que toda a dificuldade e perturbação, a tristeza e o pecado do mundo, vêm da ignorância; que, se os homens se despojassem de sua ignorância e aprendessem, e se tornassem sábios, não haveria mais tristeza, nem sofrimento, nem problemas. O Senhor Cristo, que O sucedeu como Instrutor do Mundo, ensinou-nos que o sofrimento, a tristeza e o pecado do mundo vêm da falta de amor.

Estes dois ensinamentos são inteiramente verdadeiros pois, em seu aspecto superior, a sabedoria e o amor são idênticos. Se um homem pudesse ver o resultado total do mal, desviar-se-ia dele, e se um homem estivesse cheio de amor, em todos os momentos, ele levaria em conta o efeito de suas ações e palavras sobre os outros, e também o efeito de seus pensamentos. Assim, de um ou de outro modo, evitaríamos o pecado; se tivéssemos conhecimento perfeito, ou se amássemos perfeitamente, não haveria mais pecado.

Existe uma diferença fundamental, então, entre nossa doutrina e as outras. Mas talvez eu não devesse usar a expressão "nossa doutrina", pois não formulamos dogmas na Igreja; deixamos nossos seguidores, nossos amigos e membros, completamente livres para acreditarem no que quiserem. Nossa função enquanto Igreja é ministrar os sacramentos de Cristo a nosso povo; não nos ocupamos com o que eles acreditam. Nosso altar é franqueado a todos que dele se aproximam com reverência; não impomos um credo, nem exigimos nenhuma expressão de crença de homem algum. Mas isso não significa que nós, que atuamos como ministros da Igreja – seus bispos e seus sacerdotes – não tenhamos uma crença própria definida. Temos um grande ensinamento a dar ao mundo e é nosso direito e nosso dever dá-lo, mas não exigimos sua aceitação como condição para ser membro da Igreja, ou como pré-requisito para receber os sacramentos.

Pecado Original

A diferença fundamental entre as nossas ideias de pecado e as de muitos de nossos irmãos cristãos de outras ramificações da Igreja é que eles sustentam a chamada doutrina do *pecado original*, e nós não. Eles acreditam que um homem é essencialmente mau, que nasce sob um estigma do qual pode fugir apenas pela crença na história do Cristo segundo as Escrituras. Essa história é verdadeira num certo sentido. Não é necessário que um homem acredite ter Cristo nascido e vivido e morrido na Palestina há dois mil anos atrás. Não é nesse sentido que ele deve crer; mas deve acreditar e reconhecer o Cristo dentro de si – esse "Cristo em vós" que, segundo nos é dito, é a "esperança de glória"[1]. Este é o cerne da questão, pois sem esse Cristo dentro de ti não poderia haver esperança de encontrar o Cristo exterior. Portanto, neste sentido, a história é real, mas foi distorcida e alterada e teve seu sentido transformado em algo que nunca se pretendeu transmitir.

---

1 *Colossenses, 1:27.* (N.E.).

Nós não cremos que o homem seja originalmente mau, ou que esteja tomado pelo desejo de praticar o mal pelo mal em si. Admitimos sim que o homem é ignorante, que é egoísta e que sua percepção é limitada somente porque não está evoluído: com frequência age sem ver o efeito de suas ações; e também é verdade que ele amiúde negligencia as consequências de seus atos. Uma criança comete erros, age tolamente, e às vezes de modo passional, porque não tem sabedoria. Assim acontece com o homem: ele ainda não sabe o suficiente; se ao menos compreendesse esses fatos, ele seria completamente diferente. Pecados, em nosso ponto de vista, comumente não são violações intencionais às leis de Deus, mas infrações que ignoram as mesmas. O homem esquece-se; não seria verdade dizer que ele nunca soube, pois Deus jamais o deixou sem um testemunho.

Todas as raças possuem seus instrutores, mas muitos homens não os escutam ou seguem. Em muitos casos, eles não enxergam por que deveriam fazê-lo. O homem esquece o que aprendeu, ou é movido pela paixão, ou pensa talvez que só por esta ocasião não importa. Os homens arranjam muitas desculpas levianas, contudo o fazem porque não sabem. Se compreendessem a imutável lei do *karma*, da justiça de Deus, veriam que aquilo que o homem semeia é o que colherá.[2] O pecador frequentemente é censurável, porém ele sempre merece mais compaixão do que culpa.

Nossos Próprios Pecados

Tal é nossa atitude com relação aos pecados dos outros. Qual deveria ser nossa atitude para com os nossos próprios pecados? Indubitavelmente deveria haver a mais séria e determinada decisão de nos livrarmos do pecado. Mas nós[3] rejeitamos os apelos servis à misericórdia de Deus, porque eles desonram a Deus, pondo-O numa posição em que nem mesmo um homem justo e bom deveria ser posto. Acreditamos que o homem seja divino em sua origem, cremos que seja um Deus em formação – "Eu disse: vós sois deuses, e todos vós sois filhos do Altíssimo."[4] O Cristo fez esse magnífico sacrifício a fim de que nós também pudéssemos ser como Ele um dia. "Porque Deus amou o mundo de tal maneira que deu o seu Filho unigênito[5] para que todo aquele que Nele crê não pereça, mas tenha a vida eterna."[6] Portanto, a nossa atitude com relação aos nossos próprios pecados não é de desespero ou depressão, mas de esperança e de esforço sério e incansável. "Noto que cometi este e aquele erro; com a ajuda de Deus não o repetirei. Outras faltas posso ter, exceto essa insensatez em particular que enxerguei agora: essa pelo menos, não repetirei." Se lutarmos com firmeza, a vitória é certa. Disso podemos ficar *absolutamente* certos; é só uma questão de tempo e perseverança.

Portanto, sejam quais forem nossos pecados, nunca devemos desesperar-nos mas determinarmo-nos. Não é exigido perdão. É uma estranha noção a respeito de

---

2 *Gálatas, 6:7.* (N.E.)

3 O autor refere-se à postura da Igreja Católica Liberal que é contrária a uma atitude pedinte ou servil em relação a Deus. (N.E.)

4 *Salmos 82:6.* (N. do Original)

5 No original em inglês [*alone - born*]. (N.E.)

6 *João 3:16.* (N. do Original)

Deus pensar que Ele precisaria ser implorado para perdoar Seus filhos, em virtude de seus erros e suas fraquezas. Ele sabe bem melhor do que nós como esses deslizes e fraquezas acontecem. Ele sabe tudo; Ele observa tudo; em Suas mãos jaz o destino da humanidade e Ele fica satisfeito com o progresso que está sendo feito. A Igreja proporciona os meios de erradicarmos os obstáculos que construímos para nós mesmos através das nossas ações tolas e ignorantes, e desse modo ela nos ajuda a abrirmo-nos uma vez mais à ação de todas as forças boas e auxiliadoras que nos cercam.

Quando cometemos um erro, colocamo-nos contra a corrente da evolução, contra a vontade de Deus para conosco. Deus não se abala; Ele não fica zangado ou perturbado; mas, ao colocarmo-nos contra essas correntes, perturbamos a nós mesmos e ao que nos cerca. Deparamo-nos com um obstáculo, e ficamos tão preocupados com ele que a graça de Deus não consegue entrar. Ele bate à porta do coração humano, mas não pode arrombá-la; Ele não Se impõe ao homem, mas espera e Se oferece pacientemente. A força ainda está fluindo, todavia o homem se fecha para Deus. O que é necessário, então, não é uma mudança da atitude de *Deus* – uma troca do ódio para o perdão – mas uma mudança da atitude do homem – uma troca da discórdia para a harmonia, da teimosia e da estupidez para a responsividade e a compreensão, do medo e da raiva para o amor – a fim de que possa uma vez mais estar aberto à luz do Sol do amor de Deus, que esteve brilhando o tempo todo.

É isso o que a Igreja faz na Absolvição que concede a cada serviço. Se você sabe que agiu errado, se o lamenta e deseja seriamente acabar com isso, que (como disse certa vez um dos Mestres de Sabedoria) é a única forma de arrependimento de algum valor, então a Igreja na Absolvição supera as obstruções ao fluxo da luz e do amor de Deus. Não adianta sentar e chorar sobre o passado. Levante-se e continue, e não cometa o mesmo erro novamente. Se o fizer, decida com mais firmeza do que nunca que, desta vez, terá sucesso em seu esforço, e seja fiel a essa determinação até ter obtido a vitória.

Olhemos para o pecado racional, compassiva e compreensivamente, mantendo uma terna tolerância para com os outros, pois cada coração sabe de sua própria amargura. Porém, estabeleçamos uma regra rígida para conosco, lembrando sempre que o Espírito Santo, o Grande Encorajador, que penetrou em nós no Sacramento da Confirmação, está o tempo todo em nosso íntimo trabalhando pela retidão e ajudando-nos a avançar até a gloriosa consumação daquele inefável sacrifício de Cristo.

O Pecado Contra o Espírito Santo

Um problema bíblico curioso que tem ocupado as mentes de muitos estudantes é a natureza do chamado pecado contra o Espírito Santo. A questão surge de um ditado atribuído a Cristo: "Todo pecado e blasfêmia serão perdoados aos homens, mas a blasfêmia contra o Espírito Santo não será perdoada. Se alguém disser uma palavra contra o Filho do Homem, ser-lhe-á perdoado, mas se disser contra o Espírito Santo, não lhe será perdoado, nem neste mundo, nem no vindouro."[7] Quem comenta

---

7 *Mateus* 12:31, 32. (N. do Original)

o assunto tem, não raro, adotado a interpretação comum das palavras "pecado" e "perdão"; eles supõem que qualquer coisa que fosse dita contra Deus Espírito Santo ofendê-Lo-ia tão seriamente que Ele seria incapaz de esquecer Seu ressentimento neste mundo ou no próximo. Outros concluíram que o pecado imperdoável é a impenitência persistente, e muitas outras sugestões também têm sido feitas.

O contexto desta passagem parece significar que o crime contra o qual Cristo estava se referindo era a atribuição de uma boa ação a uma fonte má. Ele estivera, de acordo com a história, "expulsando demônios", isto é, libertando as pessoas de alguma forma de obsessão. Como a multidão estava amplamente impressionada com isto, os fariseus, que O odiavam, visavam depreciar Sua ação afirmando que Ele era capaz de expulsar demônios porque fizera, Ele próprio, um pacto com o príncipe do mal; e aparentemente foi esta atribuição de uma manifestação de poder divino a uma fonte diabólica que ele condenou em linguagem tão enfática. Este é um crime dos mais comuns; nós o vemos em evidência por todo o curso da história e exemplos nos chegam, também, na vida cotidiana. Um homem com o melhor e mais puro dos motivos tenta realizar uma ação que, para ele, parece boa; imediatamente seus inimigos lançam-se sobre ela, distorcem-na, e atribuem a ele o mais infame dos motivos. Se este for o pecado imperdoável, a hoste de imperdoáveis deve ser uma multidão que homem algum consegue contar! Ela é uma forma singularmente mesquinha e desprezível de maldade; contudo, não pode ser só a isso que o texto se refere.

O assunto é mais sério do que aparenta ser à primeira vista, pois este texto bastante repulsivo parece exercer uma atração maligna sobre muitas pessoas de mente mórbida. Eu próprio recebi diversas vezes uma porção de cartas de pessoas infelizes, cada qual completamente persuadida de que havia cometido o pecado imperdoável contra o Espírito Santo e, por consequência, estavam nas profundezas do desespero. Mais de um suicida deixou atrás de si uma declaração de que fora levado a este ato precipitado pela convicção de ter cometido este pecado misterioso. Portanto, é válido dizer umas breves palavras sobre o tema, de modo que, se qualquer um de nós encontrar um infeliz sofrendo desta ilusão, possamos oferecer-lhe alguma ajuda.

Em primeiro lugar, deve ser claramente compreendido que a aparição do texto no Novo Testamento não é garantia alguma de que as palavras de fato tenham sido usadas por Cristo. Os Evangelhos nunca pretenderam ser históricos, mas são apresentações bastante simbólicas do grande drama de Cristo, mostrando os principais estágios da história espiritual de cada homem à medida que ele galga o caminho ascendente. Ao mesmo tempo, muitos dos provérbios popularmente atribuídos ao Cristo foram incorporados ao drama, e é possível que este seja um deles; embora podendo sê-lo, nunca podemos ter certeza de que é de alguma forma igual ao original, pois muitos de tais provérbios têm sido alterados quase que além do reconhecimento.

Assumindo, entretanto, que seja um provérbio genuíno, devemos ainda objetar à sua forma inglesa, pela má tradução das palavras que são interpretadas como *mundo* e *perdão*. Como de costume, a primeira palavra é atribuída ao termo grego *aion*, que é idêntico ao inglês *aeon*, e nada pode significar exceto uma era ou período. Então, novamente, o sentido que agora afixamos à palavra "perdão" é inteiramente estranho ao termo grego que ela representa. Um homem sente ressentimento por alguém que lhe fez um mal; eventualmente ele toma a decisão de deixar passar esse ressentimento, e aí dizemos que ele perdoou aquela pessoa. Mas não haveria sentido na palavra perdão se antes ele não tivesse sentido ressentimento.

Não temos qualquer direito de considerar que Deus alguma vez sente ressentimento por alguém sejam quais forem as circunstâncias; sabemos que a Natureza Divina é totalmente incapaz de um tal sentimento; portanto, falar em Deus como perdoando-nos é realmente uma blasfêmia contra Ele. Nosso amado Pai não guarda rancor contra homem algum, nem haveria a possibilidade Dele ficar zangado. O chamado homem mau é alguém que está trabalhando egoisticamente contra a corrente da evolução e, portanto, contra seus próprios e melhores interesses. Tal pessoa, sem dúvida, está arranjando para si uma grande quantidade de problemas e sofrimentos; bem que podemos nos compadecer dela, mas é inútil ficar zangado com ela. A atitude mental indicada pela palavra "perdão" é impossível para Deus, e devemos entender que o termo aqui está empregado no mesmo sentido que no Credo – o de reajuste do que está errado, a erradicação dos obstáculos que erigimos por nossas transgressões. Observe o significado dos termos; *progredir* é avançar com a corrente da Vontade divina; *transgredir* é mover-se contra esta corrente e, consequentemente, causar confusão. É a solução da confusão que armamos ao nosso redor por meio de nossas próprias ações que é descrita de maneira inadequada pela palavra perdão.

Tendo em mente estas considerações, talvez possamos tentar uma paráfrase do controvertido provérbio que deve conter um sentido mais inteligível do que o comumente atribuído a ele. O Cristo fala com frequência de Si mesmo como o Filho do Homem, e talvez possamos considerar que Ele esteja fazendo o mesmo nesta frase. A passagem poderia ter uma forma algo semelhante a esta: "Por mais que vós vos posicioneis contra Mim ou falardes contra Mim, o obstáculo resultante pode ser solucionado; mas se agirdes ou falardes contra o Espírito Santo, não podereis absolutamente consertar esta linha nesta era, e talvez nem mesmo na vindoura."

O Espírito Santo é o próprio símbolo e agente da evolução. Foi Ele quem primeiro estabeleceu o plano, que "pairou" sobre as águas virgens do espaço, que efundiu vida no que, de outro modo, seria matéria inerte; assim, bem poderíamos imaginar qualquer pessoa que persistentemente se pusesse a trabalhar contra a corrente da evolução como pecando contra o Espírito Santo. Não pode haver dúvida de que um homem que deliberadamente se ponha a causar prejuízo, a fazer o mal ao invés do bem, esteja agindo em oposição a Deus, o Espírito Santo, e reunindo para si mesmo os resultados mais desagradáveis no futuro. Se o Cristo alguma vez fez a declaração contida no texto, é bem possível que Ele tenha almejado dar-lhe esta conotação.

A atitude mental que parece ser aqui indicada não é em absoluto a da pessoa "má" comum. Geralmente aplicamos esse termo a alguém que é egoísta e busca seus próprios interesses à custa de prejudicar ou arruinar outros, ou a alguém que incide em todo o tipo de abusos desenfreados para a gratificação de seus veículos inferiores. As pessoas que fazem isso são simplesmente ignorantes; elas ainda não aprenderam que nada do que seja prejudicial a alguém jamais pode beneficiar a outrem; ainda não descobriram que só as coisas que são verdadeiramente boas para qualquer pessoa também são boas e úteis para todos. Elas não compreendem o curso da evolução, e, assim, estão agindo sem tê-lo como referência. A pessoa que comete o pecado contra o Espírito Santo é alguém que entende o esquema da evolução e deliberadamente coloca-se em ação contra ele. Alguém que adotasse essa atitude poderia muito bem comprometer-se de modo a precisar de mais de uma era ou dispensação para que seus obstáculos pudessem ser completamente resolvidos.

É improvável que qualquer um de nós esteja na iminência de cair em tal condenação; no entanto, seria bom que ficássemos em guarda contra essa forma menor de blasfêmia contra o Espírito Santo que está implícita na constante atribuição de razões escusas a nossos semelhantes. A maioria de nós provavelmente teve a experiência de ser mal compreendido de forma grosseira; aquelas nossas ações que julgávamos ser as mais benéficas foram vistas como evidência de depravação.

Às vezes, até mesmo a nossa Igreja é mal compreendida da maneira mais surpreendente. Nosso bem é difamado, e as calúnias mais abomináveis são inventadas e circulam livremente contra nós; e ainda assim sabemos perfeitamente bem, o tempo todo, que as nossas intenções são das mais nobres, e estamos apenas tentando realizar da melhor maneira possível o trabalho colocado em nossas mãos. Com frequência os ataques parecem tão maliciosos que é difícil acreditar serem devidos somente à incrível ignorância; entretanto, na verdade, deve ser isso.

Com tal experiência podemos aprender a abster-nos da atribuição de motivos, mesmo quando o ódio e a malevolência parecem tão aparentes. Mostremos a vantagem do treinamento que a nossa Igreja concede devolvendo constantemente o bem pelo mal, a bênção pela blasfêmia, sabendo que o futuro sempre está com os que realizam o trabalho e não com quem nos insulta por o fazermos. E sempre existe o consolo de que o bom trabalho não é infrutífero; sempre há os ignorantes que zombam e interpretam mal, mas também existem aqueles que apreciam e os que são ajudados e enaltecidos.

CAPÍTULO TRIGÉSIMO TERCEIRO

UM CREDO RACIONAL

Uma das maiores necessidades de hoje é um credo racional que se recomende ao homem e à mulher comuns do século vinte, que estão buscando uma explicação para os problemas da vida. Os credos tradicionais da Igreja Católica são na verdade repletos de significado quando compreendidos adequadamente, mas uma vez que a verdadeira interpretação do seu antigo simbolismo parece ter sido esquecida quase que por completo pelas igrejas, eles são de pouca utilidade para o homem comum. Portanto, em nossa Liturgia, como complementação[1] aos credos mais antigos, incluímos uma declaração muito simples de nossa crença no Ato de Fé que recitamos na Forma Abreviada da Sagrada Eucaristia, e nos Ofícios de Prima e Completas. É a seguinte:

"Cremos que Deus é amor, poder, verdade e luz, que uma justiça perfeita regula o mundo; que todos os seus filhos um dia chegarão aos seus pés, por muito que se tenham transviado. Sustentamos a paternidade de Deus e a fraternidade humana. Sabemos que tanto melhor serviremos a Deus quanto melhor servirmos ao homem nosso irmão, por isso, a Sua bênção repousa sobre nós, bem como a Sua paz, para sempre."

Esta não é uma declaração completa ou detalhada, mas inclui os pontos principais de nossa fé, e é especialmente indicada para lembrar o nosso povo dos postulados iniciais, confortar os que estão em dificuldades e agir como um antídoto contra as crenças falsas e tolas que são tão frequentes nos dias de hoje.

Da assertiva da abertura – que Deus é amor, poder, verdade e luz – necessariamente conclui-se que, apesar das aparências, tudo está definitiva e inteligentemente concorrendo para o bem; que todas as circunstâncias, por mais adversas que possam parecer, são, na realidade, o de que se necessita; que tudo à nossa volta tende não a retardar-nos mas a ajudar nos, se ao menos pudéssemos compreender. A evolução que estamos considerando é uma evolução *espiritual* – uma evolução da alma bem mais que do corpo. O motivo da produção de corpos melhores e mais refinados é que eles são necessários para a expressão das almas em evolução; e, portanto,

1 O Autor utiliza-se aqui de uma posição da Declaração de Princípios de sua Igreja que afirma: "A Igreja Católica Liberal crê que há um corpo de doutrina e experiência mística comum a todas as religiões, o qual não pode ser reivindicado como de posse exclusiva de nenhuma delas... (Ela) deixa a seus membros em liberdade para interpretar os credos, escrituras e tradição, e sua Liturgia e Sumário de Doutrina" (*Declaração de Princípios da Igreja Católica Liberal.* Bogotá, Ed. San Albano, 1975. p. 5-8). (N.E.)

devemos sempre lembrar que o verdadeiro homem é a alma, e este corpo ao qual dedicamos tanta atenção é, afinal, apenas um apêndice dela. Devemos olhar para tudo a partir do ponto de vista da alma; e em cada caso onde ocorrer uma luta interna, devemos compreender nossa identidade com o superior e não com o inferior.

Um outro assunto importante a ser compreendido é o método da evolução. A alma é de fato uma centelha do fogo divino e, portanto, tem dentro de si as mais maravilhosas possibilidades divinas; mas até aqui elas não passam de sementes, e precisam ser desenvolvidas. Como pode ser obtido este desenvolvimento? Será observado que esta realização é o objetivo total da descida da Segunda Pessoa da Santíssima Trindade à matéria; é bem verdade que "por nós homens e para nossa salvação [Ele] desceu do Céu." Os germes ou qualidades latentes são despertados por impacto ou vibração externa; e uma vez que os movimentos mais sutis dos mundos superiores não conseguem afetar de imediato a alma pouco desenvolvida, ela tem que se revestir de roupagens de matéria mais grosseira por meio das quais as vibrações mais densas podem atuar; e então sucessivamente toma sobre si o corpo mental, o emocional e o físico. Isto é o nascimento ou encarnação – o começo de uma vida física. Durante esta vida todos os tipos de experiência chegam à alma através do corpo físico, e é por elas que a alma deveria aprender algumas lições e desenvolver certas qualidades dentro de si. Após algum tempo a alma começa a retirar-se novamente para dentro de si mesma, e despir por etapas as roupagens que assumiu. A primeira a ser abandonada é o corpo físico, e esse abandono é o que chamamos morte. Mas isso não é o fim das suas atividades, como muitas pessoas supõem: está simplesmente afastando-se de um esforço, levando de volta consigo os resultados; ela retorna, como diz o Evangelho, trazendo consigo seus fardos; e depois de um certo tempo de comparativo repouso, fará outro esforço do mesmo tipo.

Muitas Vidas

Assim, conforme foi dito, o que comumente chamamos de vida é apenas um dia da vida real e mais ampla – um dia na escola durante o qual aprendemos certas lições. Mas, em sendo uma vida breve de setenta ou oitenta anos no máximo, não é suficiente para dar uma oportunidade de aprender todas as lições que este maravilhoso e belo mundo tem a ensinar, e como Deus pretende que aprendamos todas elas, é necessário voltarmos muitas vezes, vivermos muitos destes dias de escola em classes diferentes e sob circunstâncias diversas, até que todas as lições sejam aprendidas. Então este trabalho da escola primária terminará e passaremos a algo mais elevado e mais glorioso, o verdadeiro trabalho da vida divina, para o qual esta vida escolar terrena preparou-nos.

Não devemos em qualquer momento confundir a doutrina da reencarnação com uma teoria, às vezes sustentada pelos ignorantes nos tempos clássicos, de que é possível para uma alma que atingiu o estágio humano renascer como um animal. Um tal retrocesso não é possível; uma vez que um homem tenha existido como uma alma humana habitando um corpo causal, ele nunca poderá cair novamente em um reino inferior da Natureza, sejam quais forem os erros que tenha cometido ou por mais que tenha deixado de tirar proveito de sua oportunidade. Se for negligente na escola da vida, poderá precisar retomar a mesma lição diversas vezes antes que a aprenda de verdade; mas, no todo, o progresso é constante embora frequentemente possa ser lento.

A vida apresenta-nos muitos problemas que, em qualquer outra hipótese que não essa da reencarnação, parecem totalmente insolúveis; esta grande verdade explica-os e, portanto, deve ser conservada até que uma outra hipótese mais satisfatória possa ser encontrada. Isto, é claro, não é uma hipótese para alguns de nós, porém um assunto de conhecimento direto, embora, naturalmente, nosso conhecimento não seja uma prova para os outros.

Justiça Absoluta

O crescimento gradual do homem ocorre sob uma lei de absoluta justiça, talvez melhor descrita como uma lei imutável de causa e efeito, de modo que nada pode acontecer-lhe a menos que ele o tenha merecido. Tudo o que lhe acontece (seja tristeza ou alegria) é, por um lado, o resultado direto de suas próprias ações no passado e, por outro, uma oportunidade por meio da qual pode deliberadamente moldar seu futuro.

Mas esta lei funciona de ambos os modos; ela não só reage sobre nós a partir do passado, mas também estende-se de nosso presente para dentro de nosso futuro. Cada pensamento, palavra ou ação produz seu resultado definido; nem uma recompensa ou uma punição imposta de fora, mas um resultado inerente à própria ação e definitivamente ligado a ela na relação de causa e efeito, sendo estas na verdade apenas duas partes inseparáveis de um todo. Assim como o nosso presente é resultado do que pensamos e dissemos e fizemos no passado, também estamos definitiva e infalivelmente construindo nosso futuro por nós mesmos, pelo que pensamos, dizemos e fazemos agora. É do nosso interesse estudarmos esta lei divina de causa e efeito bem de perto, de modo que sejamos capazes de adaptar-nos a ela e de utilizá-la como o fazemos com as outras leis da Natureza. Conclui-se claramente também que é necessário conquistar perfeito controle sobre nós mesmos, de modo que possamos dirigir nossas vidas com inteligência, de acordo com esta lei.

O Plano

O Plano foi compreendido há muito tempo pelas antigas religiões, e certamente fez parte do ensinamento do Cristo: mas foi esquecido, distorcido e revestido por toda a sorte de tradições confusas. Seus esboços gerais foram amplamente conhecidos no mundo por milhares de anos, e *são* assim conhecidos nos dias atuais. Somente nós, da civilização europeia, em nossa inacreditável autossuficiência, permanecemos ignorantes dos fatos e zombamos de cada fragmento deles que surja à nossa frente. Como no caso de qualquer outra Ciência, também nesta Ciência da alma, os detalhes completos apenas são conhecidos por aqueles que devotam suas vidas à sua busca. Os que têm pleno conhecimento pacientemente desenvolveram dentro de si os poderes necessários à perfeita observação. Pois a este respeito existe uma diferença entre os métodos da investigação interior e os da Ciência; os últimos devotam sua energia ao aprimoramento de seus instrumentos, enquanto os primeiros visam antes ao desenvolvimento do observador.

Este desenvolvimento é inteiramente uma questão de vibração. Toda a informação que chega a um homem a partir do mundo externo, atinge-o por meio de vibração, seja através dos sentidos da visão, da audição ou do tato. Por consequência, se um homem é capaz de tornar-se sensível às vibrações adicionais, obtê-las-á. Está constatado que é possível ao homem tornar-se cada vez mais sensível às várias vibrações mais sutis, até que sua consciência, atuando por meio de muitas faculdades desenvolvidas, funcione livremente em modalidades novas e mais elevadas. Então ele descobrirá novos mundos de matéria mais sutil descortinando-se à sua frente, embora, na realidade, sejam apenas novas porções do mundo que ele já conhece. Desse modo, ele aprende que existe um vasto Universo invisível ao seu redor que está sempre o afetando de muitas maneiras, apesar de permanecer inconsciente disso. Quando tiver desenvolvido as faculdades pelas quais pode sentir estes outros mundos, estará apto a observá-las cientificamente, a repetir estas observações a qualquer momento que seja necessário e a conferi-las com as dos outros.

Tudo isso tem sido feito, não uma, mas milhares de vezes. A visão destas opções usualmente invisíveis dos nossos mundos traz, de imediato, ao nosso conhecimento um vasto volume de fatos inteiramente novos para a maioria de nós, embora não sejam novos para aqueles que estudaram com cuidado as religiões e as Filosofias antigas. Mas essas religiões antigas, como a nossa própria, têm sido distorcidas e sobrecarregadas com acréscimos desnecessários à medida que os séculos foram passando e, portanto, são com frequência completamente ininteligíveis.

Uma Poderosa Totalidade

O que nós, que estudamos estas coisas, estamos na verdade fazendo é aplicar métodos modernos de investigação científica a estes fatos da vida superior que até aqui foram ensinados como revelações do alto. Estamos trazendo à tona o ensinamento secreto dos Mistérios para o auxílio daqueles que estão aptos a recebê-lo e compreendê-lo. Este ensinamento aos poucos resolve para nós muitos dos problemas mais difíceis da vida; ele esclarece muitos mistérios de modo que hoje percebemos que permaneceram como mistérios para nós por tanto tempo somente porque, até agora, enxergávamos uma parcela muito pequena dos fatos, e os víamos daqui de baixo como fragmentos desconexos isolados, em vez de erguermo-nos acima deles até um ponto de onde pudessem ser compreendidos como parte de uma poderosa totalidade. Ele resolve em um instante várias questões que têm sido muito discutidas, tais como, por exemplo, a da existência ininterrupta do homem após a morte. Ele nos proporciona a real explicação de muitas declarações desenfreadamente impossíveis feitas a respeito do Céu, do inferno e do purgatório; dissipa nossa ignorância e afasta nosso temor do desconhecido, fornecendo-nos informação racional sobre o esquema ordenado da vida e do mundo.

Haverá os que acharão alguns dos resultados destas investigações inacreditáveis ou, no mínimo, totalmente contrários às suas ideias preconcebidas. Se for assim, eu pediria para lembrarem-se de que não os estou apresentando como uma teoria, como uma especulação metafísica ou uma opinião piedosa própria, porém como um conjunto de fatos científicos definidos que têm sido examinados reiteradamente, não só por mim mas por muitos outros também. Não estamos oferecendo um credo para ser engolido como um comprimido, mas tentando demonstrar um sistema a ser estudado e uma vida a ser vivida. Não exigimos fé cega de ninguém, mas sugerimos que estes ensinamentos sejam considerados como hipóteses de trabalho, embora para muitos de nós eles não sejam hipóteses e sim fatos vivos.

Se o estudante deste sistema achá-lo mais satisfatório do que outros que lhe tenham sido apresentados, se lhe parecer que ele resolve mais dos problemas da vida, que responde a um maior número das perguntas que inevitavelmente surgem ao homem pensante, ele provavelmente prosseguirá em seu estudo e nele encontrará a mesma satisfação e alegria crescentes que muitos outros encontraram. Se, por outro lado, julgar preferível algum outro sistema, não haverá prejuízo; ele terá meramente se familiarizado com alguns princípios com os quais ele é incapaz de concordar até então. Naturalmente, nosso próprio conhecimento não é prova para os demais. É simplesmente uma evidência que o estudante é convidado a considerar quando examina e compara sistemas de pensamento.

Devemos ter sempre clara na mente a diferença entre evidência e prova. Minha própria evidência sobre o assunto é a seguinte: durante muitos anos de trabalho aprendi a utilizar algumas das faculdades da alma, como sendo distintas daquelas do corpo. Qualquer um pode aprender a fazê-lo desde que esteja disposto a empreender o esforço necessário e a perseverar pelo tempo necessário, mas poucos homens encarariam este estudo, dedicando-se com toda a alma e perseverando através de um período de tempo bastante longo. Ainda assim, pode ser feito, pois muitos o Fizeram. Quanto tempo qualquer pessoa em particular levaria é impossível dizer, porque ninguém sabe a espessura de Crosta que precisa perfurar até que possa alcançar seu próprio cerne, o verdadeiro homem.

As vantagens Deste Conhecimento

Quando este conhecimento é plenamente assimilado, altera tão completamente a visão da pessoa sobre a vida, que seria difícil enumerar todas as vantagens que dele derivam. Talvez eu possa mencionar algumas das linhas principais sobre as quais se produz esta mudança, e seu próprio pensamento será capaz de indicar algumas das infindáveis ramificações que são sua necessária consequência. Mas deve-se compreender que nenhum conhecimento *vago* será suficiente. Tal crença será um tanto inútil, algo similar às afirmativas religiosas com as quais a maioria dos homens concorda em sua religião, à medida que não produzem qualquer efeito prático em suas vidas. Mas se acreditarmos nestas verdades como nas outras leis da Natureza, como acreditamos que o fogo queima e a água afoga, então o efeito que eles produzirão em nossas vidas será enorme. Pois nossa crença nas leis da Natureza é real o suficiente para induzir-nos a organizar nossas vidas de acordo com elas. Crendo que o fogo queima, tomamos as precauções para evitá-lo; acreditando que a água afoga, esquivamo-nos de ir ao fundo a menos que saibamos nadar.

Primeiro, então, obtemos uma compreensão racional da vida; sabemos como devemos viver, e por que, e aprendemos que a vida vale ser vivida quando compreendida apropriadamente. Para muitos de nós parece bem pouco válido viver por causa de prazeres ou vantagens pertencentes somente ao Plano Físico; mas é enfaticamente válido viver quando a vida é vista como uma escola que nos prepara para as indescritíveis glórias e as infinitas possibilidades à nossa frente; quando a consideramos não do ponto de vista egoísta do quanto podemos ganhar com ela, mas do ponto de vista superior das oportunidades que ela nos oferece, e do serviço que podemos prestar aos demais. Aprendendo a nos governar (e, portanto, a nos desenvolver) também aprendemos a melhor maneira de ajudarmos àqueles que amamos, a nos tornarmos úteis a todos com quem contatamos e, por fim, a toda a raça humana. Percebemos que é nosso dever alinharmo-nos definitivamente ao lado de Deus, e permanecermos com Ele contra tudo o que seja mau e sórdido no mundo que nos rodeia. Não existe um dentre nós que não possa fazer algo para aliviar o fardo daqueles com quem entra em contato, mesmo que seja apenas com uma palavra que conforte e um pensamento amável.

Uma Visão Mais Abrangente

Com este estudo aprendemos a enxergar tudo a partir do ponto de vista filosófico mais abrangente ao invés da visão mesquinha e puramente pessoal. Inevitavelmente começamos a considerar todas as coisas não somente enquanto afetam nossos eus infinitesimais, porém a pensar em sua influência sobre os outros, mesmo sobre a humanidade como um todo.

Devido a isso tudo, os problemas da vida não parecem mais tão grandes. Para muitos de nós, nossos sofrimentos são vistos de forma completamente desproporcional por estarem muito próximos: eles parecem obscurecer o horizonte inteiro assim como uma chapa mantida perto dos olhos encobriria o Sol. Mas o verdadeiro ensinamento cristão traz todas estas coisas à sua perspectiva devida, de forma que conseguimos nos elevar sobre as nuvens da tristeza, olhar para baixo e ver tudo como é, e não apenas como parece ser quando visto de baixo por uma visão muito limitada. Aprendemos a destituir o conjunto da personalidade inferior com sua massa de desilusões e preconceitos e sua incapacidade de ver qualquer coisa com exatidão; aprendemos a nos colocar num ponto de vista impessoal, altruísta, onde fazer o bem pelo bem em si é a única regra da vida, e ajudar nossos irmãos é a maior de nossas alegrias.

Deus Todo-Poderoso e Todo-Bondade

Muitos homens bons têm sido forçados a admitir que são incapazes de conciliar o estado de coisas que existe no mundo ao seu redor com sua crença de que Deus é simultaneamente Todo-Poderoso e Todo-Bondade. Eles sentiram, ao olhar para toda a tristeza e sofrimento de partir o coração, que, ou Deus não é todo-poderoso e não consegue impedir isso, ou não é todo-bondade e não se importa. Mas nós sustentamos com a mais completa firmeza de convicção que Deus é ao mesmo tempo Todo-Poderoso e Todo-Bondade, e somos capazes de conciliar os fatos existentes da vida com esta certeza por meio deste ensinamento. Com certeza, a hipótese que nos permite reconhecer razoavelmente a perfeição do poder e do amor na Deidade é a única que merece exame cuidadoso.

Entendemos que essa nossa vida presente não é a primeira, mas que cada um de nós tem atrás de si uma longa série de vidas, e por nossa experiência nelas evoluímos até nossa posição atual. Com segurança, nessas vidas passadas devemos ter feito tanto o bem quanto o mal, e cada uma de nossas ações produziu, sob a inexorável lei da justiça, um resultado proporcional definido. Do bem deriva a felicidade e mais oportunidades; do mal origina-se a tristeza e a limitação. Assim, se nos encontramos limitados de alguma forma, a limitação foi provocada por nós mesmos ou deve-se simplesmente à juventude da alma; se temos tristezas e sofrimentos para suportar, somente nós somos os responsáveis. Portanto, não devemos ter sentimentos de injustiça quanto ao nosso ambiente e nosso destino. Sabemos que é inútil e insensato reclamar do que nos acontece por mais desagradável que seja. Não poderia acontecer-nos se não o merecêssemos e, assim, vemos isso como pagamento de um débito que deve ser tirado do caminho antes que novo progresso seja alcançado.

Adquirimos uma visão da vida após a morte totalmente diferente e compreendemos seu lugar na evolução. Sabemos que a morte é um assunto de importância bem menor do que a comumente suposta, uma vez que não é de modo algum o fim da existência, mas somente a passagem de um estágio de vida para outra. Tornamo-nos completamente livres do medo da nossa própria morte, e nossa aflição no que se refere à morte daqueles que amamos é bastante atenuada.

Uma Esplêndida Evolução à Nossa Frente

Também resulta que temos uma esplêndida evolução à nossa frente, cujo estudo será mais fascinante e atrativo se pudermos obter quaisquer informações quanto à sua Natureza e detalhes. Além do mais, existe uma absoluta certeza de realização final para cada alma humana, não importando quão distante eles parecem ter se desviado da Senda da evolução pois, conforme dito em nosso Ato de Fé: "Todos os Seus filhos um dia chegarão a Seus pés por muito que se tenham transviado." Pela compreensão destes fatos, livramo-nos de preocupações e temores religiosos, tanto com relação a nós mesmos quanto a nossos amigos. Não somos mais perturbados por qualquer incerteza quanto à nossa sorte futura, mas vivemos em perfeita serenidade e destemor.

Não podemos adotar senão uma visão séria da vida, porque sabemos como ela está plena de oportunidades e o quanto nela há para fazermos por Deus e por nossos irmãos; contudo, confiantes, nossa vida deve ser calma e feliz. Devemos ser distinguíveis do resto do mundo por nosso perene contentamento, nossa coragem intrépida nas dificuldades e nossa pronta solidariedade e assistência. Devemos sempre procurar o bem em todas as coisas onde pudermos fortalecê-lo; devemos zelar pela ação da grande lei da evolução, a fim de que possamos alinhar-nos a seu lado e contribuir para sua energia com nossa diminuta corrente de força. Deste modo, esforçando-nos sempre para ajudar e nunca para impedir, deveremos tornar-nos uma das forças benéficas da Natureza em nossa restrita esfera de influência; deveremos ter a felicidade de saber que estamos tornando um pouco melhor nosso pequeno pedaço de mundo; deveremos saber que estamos trabalhando do lado de Deus com o melhor da nossa habilidade e empenhando-nos em fazer Sua vontade na Terra, assim como no Céu.

A.M.D.G.[2]

---

2 No original em latim *Ad Majorem Dei Gloriam*, que significa: "Para Maior Glória de Deus". (N.E.)

Apêndice

A ATITUDE TEOSÓFICA

C.W. Leadbeater[1]

Tem sido mais de uma vez declarado que a atitude teosófica perante a vida é mais importante do que o conhecimento teosófico, e os estudantes perguntam, frequentemente, como essa atitude poderá ser obtida. É, na verdade, a primeiríssima coisa que o estudante necessita e todavia é, usualmente, a última que ele alcança;

---

[1] O Revmo. Bispo Charles Webster Leadbeater (1847-1934) foi um devotado membro da Sociedade Teosófica. Recebeu, a partir de 31/10/1884, três cartas do Mestre K.H., que foram publicadas pelo Sr. C. Jinarajadasa (*Cartas dos Mestres de Sabedoria.* Brasília: Ed. Teosófica, 1996. Cartas 7, 8 e 37 da I Série). Foi treinado em ocultismo pela Sra. H. P. Blavatsky, Sr. T. Subba Row e pelo menos dois Mestres de Sabedoria, tendo desenvolvido notavelmente a clarividência. Foi autor de numerosas obras, a maioria com os relatos das suas investigações clarividentes. Em 1908, publicou *A Química Oculta,* em coautoria com a Dra. Annie Besant, que vem sendo reeditada desde então [*Occcult Chemistry*. Chennai (Madras), The Theosophical Publishing House (TPH), 1994.]. Nesta obra de investigação clarividente sobre a matéria e suas dimensões mais sutis, ele se antecipa à Ciência contemporânea de tal modo, quando descreve o átomo e suas partículas subatômicas, que até hoje cientistas renomados têm feito comentários sobre sua surpreendente precisão na pesquisa clarividente (vide PHILLIPS, S.M., Ph.D. *Extra-Sensory Perception of Quarks*. TPH, 1980. PHILLIPS, S.M., Ph.D.. *Evidence of a Yogic Siddhi - Anima:* Remote Viewing of Subatomic Particles. TPH,1996. ARNIKAR, H. J., Ph.D. *Essentials of Occult Chemistry and Modern Science*. TPH, 2000. SRINIVASAN, M., Ph.D. *Introduction to 'Occult Chemistry'*: The Amazing Phenomenon of Extra-Sensory Perception of Nuclear Structure and Subatomic Particles. TPH, 2002. [HUGHES, Jeff. Occultism and the Atom: the curious story of isotopes. *Physics World.* Sep. 2003, p. 31 – 35. (ISSN: 0953-8585)]) Em 1909, descobriu clarividentemente o talento do Sr. Jiddu Krishnamurti, apesar de sua aparência, então um menino de 13 anos,"esquelético, subnutrido, coberto de picadas de mosquito, com piolhos até nas sobrancelhas, dentes cariados..." (LUTYENS, Mary. *Vida e Morte de Krishnamurti*. Brasília: Ed. Teosófica, 1996. p.29.), tendo auxiliado em sua educação. Em 1913, também em coautoria com Dra. Besant, publicou *O Homem*: donde e como veio e para onde vai?(São Paulo: Ed. Pensamento, 1993.) onde previu com sua clarividência a Internet (*Op. Cit*., p .318), a unificação da Europa (p. 333) e o surgimento da sexta raça raiz no Século XXVII, na Califórnia (p.265). O Bp. Leadbeater chegou a ser Bispo-Presidente da Igreja Católica Liberal de 1923 a 1934, quando através de sua pesquisa clarividente na história do Cristianismo descreveu fatos da vida de Jesus que foram encontrar respaldo arqueológico somente na descoberta dos papiros do Mar Morto em 1947 (vide LEADBEATER. *A Gnose Cristã*. Brasília: Ed. Teosófica, 1994. p. 119). Numa etapa delicada da sua vida, na qual foi tratado de maneira muito injusta, o Bp. Leadbeater foi levado a renunciar à Sociedade Teosófica, em 1906. O Presidente Fundador da Sociedade, Cel. H. S. Olcott, porém, recebeu em seu leito de morte a visita dos Mestres M. e K. H. que agradeceram a dedicação de sua vida à causa teosófica, mas alertaram-no que no caso do Bp. Leadbeater havia sido cometida uma injustiça. O Cel. Olcott prontamente redigiu uma carta solicitando o retorno do Sr. Leadbeater, que reingressou, em 1908, continuando com fidelidade o seu trabalho teosófico até o final de a sua existência, em 1934. (N. E.)

pois ela não poderá ser obtida apenas pela leitura a respeito, nem poderá ser aprendida meramente como uma lição, é algo em que um homem cresce lentamente, como resultado do seu estudo, e mais propriamente ainda de seus esforços para pôr esse estudo em prática.

É nosso costume dizer que a Teosofia não é uma religião, mas é, mais propriamente, a filosofia que é base de todas as religiões. Isso é totalmente verdadeiro e ainda, certamente, é também verdadeiro dizer que nossa Teosofia nos supre com uma grande quantidade do estímulo que se espera que os devotos de religiões obtenham das mesmas. Tenho considerado, em outro lugar, que ela é na verdade uma filosofia, uma religião e uma ciência. Uma filosofia, por ser uma teoria inteligível e satisfatória da constituição e da razão do Universo; uma religião, porque nos fala de Deus, de sua relação com o homem, e de sua vontade com respeito ao nosso progresso; uma ciência, porque nos propõe seus ensinamentos não como meras teorias abstratas, porém como deduções extraídas de fatos que foram repetidamente observados.

Apesar de ser, até esta extensão, como uma religião, ela afeta seus seguidores muito diferentemente do que outras religiões. Nós, do Ocidente, estamos acostumados a uma religião que é absolutamente divorciada da prática – que não tem qualquer relação com a vida diária. Com exceção, talvez, de um pequeno número de pessoas pertencentes a ordens monásticas, ninguém faz nenhuma tentativa de, realmente, realizar os ensinamentos do Cristo. É costume considerar-se que qualquer pessoa que vá à Igreja regularmente, que faça algumas doações de caridade e viva, em geral, uma vida de auxílio e de bondade, esteja impelida por motivos religiosos e esteja fazendo tudo o que se pode esperar de um seguidor do Mestre da Palestina. Além disso, se nós encararmos os fatos, em vez de nos escondermos por trás das convenções, descobriremos que as pessoas fazem essas coisas principalmente por causa de sua própria propensão bondosa, e não por especial observância a quaisquer mandamentos religiosos; e, além do mais, elas não estão, de maneira alguma, preparadas para seguir as verdadeiras instruções atribuídas ao Cristo. Ele diz:

> "Não vos preocupeis com a vossa vida quanto ao que haveis de comer ou quanto ao que haveis de beber; nem com o vosso corpo quanto ao que haveis de vestir"(Mateus VI.25). "Não vos preocupeis com o dia de amanhã, pois o dia de amanhã cuidará de si mesmo"(Mateus VI.34)."Não julgueis, para que não sejais julgados"(Mateus VII.1). "Se qualquer te bater na face direita, oferece-lhe também a outra; e ao que quiser pleitear contigo, e tirar-te a túnica, deixa-lhe também a capa"(Mateus V.39-40). "Vende tudo o que tens e dá-o aos pobres, (...) e vem, e segue-me"(Mateus XIX.21). "Se alguém vier a mim e não aborrecer a seu pai, e mãe, e esposa, e filhos, e irmãos, e irmãs, (...) não poderá ser meu discípulo"(Lucas XIV.26).

Os cristãos dirão a vocês que tais mandamentos são inadequados ao espírito cristão da atualidade, e não se pretende que sejam seguidos literalmente. Tem sido dito, até, que se fossem seguidos literalmente, iriam provocar mais danos do que benefícios. Talvez nas condições de uma sociedade imensamente artificial, como a nossa atual, isso possa ser verdade; mas isso não altera o fato de que é inútil para os homens terem-se na conta de seguidores de Cristo, se não estiverem preparados para pôr em prática as instruções que, segundo se diz, foram dadas por Ele. Nem mesmo aqueles que professam segui-Lo fazem qualquer tipo de tentativa para realizar tais instruções em sua vida diária. Obviamente, ser-lhes-ia extremamente inconveniente fazer isso.

O mesmo é verdadeiro para as demais religiões. Todas as grandes religiões do mundo oferecem o mesmo ensinamento ético aos seus devotos. Se cada homem apenas seguisse realmente o ensinamento de sua religião, não importando qual ela fosse, nós teríamos, de uma só vez, algo como o milênio do reino de Cristo na Terra, e sem nenhum novo problema. Há, felizmente, muitas pessoas boas no mundo e muita gente com uma bondade mediana, mas apenas muito poucas que na verdade obedecem plenamente aos ensinamentos de sua própria religião. Poder-se-ia perguntar por que isso ocorre. A causa parece ser que nenhuma dessas pessoas realmente acredita no que declara acreditar. Elas pensam sobre esses ensinamentos religiosos como algo em que se espera delas uma aceitação formal aos domingos, mas, de modo algum, como verdadeiras regras de vida a serem postas em prática cada dia e ao longo de todo o dia.

Dessa forma, percebe-se que a crença religiosa encontra-se numa categoria absolutamente diferente daquilo que se pode chamar da crença científica, ou aquela crença que é baseada em conhecimento real. Um homem que tem diante de si um fato científico sabe que pode confiar nesse fato, e por isso ele age em conformidade. Se ele lidou com alguma coisa experimentalmente, sabe exatamente o que fazer com ela, e ninguém poderá persuadi-lo a agir contra a experiência que, daquele modo, ele adquiriu. Um homem sabe que o fogo irá queimá-lo, ele é sempre cuidadoso ao lembrar-se deste fato. Ele sabe que a água sempre descerá morro abaixo, por isso ele nunca agirá como se esperasse que ela corresse para cima. Contudo, um homem defenderá os mais exaltados sentimentos religiosos, e agirá na vida diária em direta contradição a eles. Obviamente, isso pode ocorrer somente porque os sentimentos são meramente superficiais, e ele não crê realmente neles, em absoluto.

Sendo assim, existe esta enorme diferença entre o modo como um teósofo adota a sua Teosofia e o modo como o religioso comum adota a sua religião – é que o teósofo não pode senão realmente acreditar nos ensinamentos a ele oferecidos, e por isso ele, obviamente, age em conformidade. Se for descoberto que ele não age em conformidade, então a mesma lógica sem remorsos se aplica – ele não é, de modo algum, um verdadeiro teósofo. Este então é o segredo da atitude teosófica perante a vida; é a atitude de quem realmente acredita naquilo que as outras pessoas somente declaram acreditar – ele acredita nisso tão plenamente que na vida diária ele age como se isso fosse verdade. Há homens que se filiaram à Sociedade Teosófica, e posteriormente a abandonaram, mas estes nunca foram verdadeiros teósofos.

Uma pessoa pode adotar uma série de regras, viver em conformidade com elas por algum tempo, e depois se cansar delas e decidir abandoná-las; porém isto somente é possível quando tais regras não são leis da Natureza, mas apenas leis arbitrárias aceitas voluntariamente. Assim, um homem pode aceitar uma religião e logo deixá-la outra vez; mas aceitar verdadeira e plenamente a Teosofia é abrir os olhos para um conjunto de novas verdades, adquirir uma quantidade de informações adicionais as quais são impossíveis de ignorar-se posteriormente. Um homem que conheceu e compreendeu essas verdades jamais poderá desaprendê-las – nunca poderá cair novamente na situação de quem as ignora, é mesmo tão impossível quanto seria para um homem regredir em seu crescimento até tornar-se criança outra vez. Portanto, aquele que alcançou uma vez a atitude teosófica não poderá perdê-la novamente, ele pode falhar muitas em viver muitas vezesconforme aquele padrão, mas ele assim sempre saberá que falhou e perpetuamente lutará em busca de um sucesso mais perfeito. Tendo uma vez visto o Sol, nunca mais poderemos negar a sua existência, mesmo que, por um período de tempo, ele possa estar oculto de nossas vistas; e da mesma maneira, um homem que compreendeu uma vez a verdade da Teosofia, e teve toda sua vida expandida e colorida por ela, nunca mais poderá cair novamente na ortodoxia ou no materialismo.

Como poderá alcançar-se tal atitude? Não há nenhuma maneira senão tornar a Teosofia real em nossas vidas, tornar-se permeado pelo sentimento teosófico e pelo modo teosófico de olhar para todas as coisas. Considera as três grandes verdades básicas apresentadas em *O Idílio do Lótus Branco* (Ed. Teosófica, 2000) – que Deus é bom, que o homem é imortal, e que o que ele semear, isso também ele colherá. Meramente aderir a estas palavras como a uma crença sentimental significa pouco; mas o homem que tem absolutamente certeza delas, que sente profundamente dentro de si que elas são verdadeiras, sabe que ele tem, por meio delas, uma base absolutamente segura, que através delas ele poderá obter todas as coisas boas, se ele apenas trabalhar firmemente para consegui-las.

Vê quantos outros fatos imediatamente decorrem desta certeza. Eu desenvolvi alguns corolários na obra *Introdução à Teosofia* (Ed. Teosófica, 2010). Se Deus é bom, então todas as coisas tendem em direção a um fim que será bom para todos. Por isso, uma pessoa que se permita sentir-se desgraçada por quaisquer eventos que aconteçam, ainda não compreendeu a realidade desta verdade. Um homem que se permita sentir pesar ou depressão, não acredita realmente que Deus é bom. O pesar ou o sofrimento evanescentes são mais verdadeiros para ele do que a grande verdade que existe subjacentemente. Sei muito bem que nem sempre é fácil ver que todas as coisas estão trabalhando conjuntamente para o bem, mas isso é assim porque nós as vemos apenas parcialmente e não compreendemos como elas se ajustam dentro do grande Plano. Não negamos a existência do mal, mas afirmamos que todo o mal , realmente, é obra do homem, e surge diretamente como o resultado da violação da lei divina. Por isso, a atitude teosófica inclui perfeita calma, pois um homem que sabe que tudo deve estar bem não pode se preocupar.

Embora tudo esteja tendendo para um fim glorioso, este ainda não foi atingido de modo algum, e por isso, quando vemos múltiplos erros e sofrimentos à nossa volta, devemos fazer tudo o que pudermos para acertar as coisas – permitir que o bem essencial se manifeste. Porém se, apesar de todos os nossos esforços, as coisas não puderem ser conduzidas para o bem, ao menos não será por nossa falta. A Deidade confia ao homem uma certa quantidade de livre-arbítrio, e portanto o homem pode usá-lo mal, e uma certa proporção da humanidade sempre procede assim. Se as coisas não forem tão bem quanto deveriam, certamente haverá uma boa razão no presente para que assim seja, pois sabemos com absoluta certeza que, finalmente, ficarão bem. Por que, então, deveríamos nos preocupar com isso? Aquele que se preocupa não é um verdadeiro teósofo, pois tal hábito envia vibrações maléficas, que muito prejudicam os outros, e nenhum teósofo prejudicaria, intencionalmente, qualquer ser vivo. Ele, também, não poderia senão sentir que o homem que se preocupa está desconfiando de Deus – demonstrando falta de fé em Seu poder e em Seu amor. Sua atitude deve ser uma de máxima confiança.

Novamente, segue-se que se Deus é bom e é o Pai amoroso da humanidade, os homens devem também ser irmãos – como de fato todos os teósofos já sustentam, uma vez que promover a fraternidade é o primeiro dos três objetivos da Sociedade Teosófica. Porém, se nós sustentamos esta verdade da fraternidade da humanidade, torna-se impossível para nós continuarmos a agir egoisticamente, pois, se um homem compreende que não é mais um ser separado dos outros, ele não pode mais ser egoísta. Alguns de nossos membros, a respeito desses assuntos, dizem:

> "Intelectualmente, acreditamos que tudo isto é assim, porque o ensinamento teosófico parece-nos ser uma hipótese muito mais do que satisfatória, válida para tudo o que nós vemos no mundo; mas não temos aquela certeza absoluta desses assuntos que somente pode vir do conhecimento direto, e assim nossos sentimentos às vezes se sobrepõem a nós e parecemos perder a segurança, por um tempo, das verdades fundamentais".

Simpatizo inteiramente com aqueles que possuem tais sentimentos. Tenho reconhecido que alguns de nós possuem uma grande vantagem, aqueles que têm tido experiência direta, que, pelo uso de faculdades superiores, têm visto provas esmagadoras da verdade dessas grandes declarações. Sei muito bem quão imensa é a diferença entre nossa certeza absoluta e mesmo a mais forte convicção a qual se chega meramente através da razão. Porém, se um homem iniciar com a teoria teosófica como uma hipótese, ele descobrirá que tudo que acontece se ajusta a ela e é por ela explicado, e ele encontrará diversas circunstâncias corroborativas – cada uma delas talvez seja pequena em si mesma, porém, cumulativamente, passam a ter uma força enorme – até que, gradualmente, sua convicção se expanda e aprofunde na certeza.

Um homem que se recusa a aceitar uma teoria tal como esta, constantemente encontrará fatos que para ele são inexplicáveis – fatos que não se ajustarão em seu esquema. Se, por exemplo, um homem negar a existência do mundo astral, e da vida após a morte, ele se encontrará sem qualquer explicação racional para um grande número de fenômenos autênticos e de toda sorte de acontecimentos menores na vida diária; ele terá que ignorar essas coisas ou atribuí-las (contra toda a razão e bom senso) à alucinação, enquanto um homem que compreende os fatos do caso pode ajustá-los facilmente dentro do esquema que já existe em sua mente. Ele poderá não compreender em detalhes como os resultados são produzidos, mas verá imediatamente que estão em conformidade com o que ele já conhece e não são, de qualquer modo, estranhos para ele. Então, sem ser ele mesmo um clarividente, ele pode acumular uma grande quantidade de evidências da existência de planos superiores. De fato, sua posição comparada com a do cético é tal qual a dos que primeiro acreditaram na teoria heliocêntrica em contraposição àqueles que acreditavam na Terra plana e fixa. Aqueles que sustentavam esta última ideia tornaram-se mais e mais confusos à medida que adquiriam mais informações; quanto mais aprendiam sobre os movimentos dos diferentes planetas e estrelas, mais desesperada a confusão se tornava; ao passo que uma vez compreendido o fato fundamental dos movimentos da Terra, tudo imediatamente entrou em seu devido lugar e foi visto como parte de um todo coerente e compreensível. Cada fragmento adicional de evidência não é meramente uma adição para a força da prova como um todo, mas na verdade uma multiplicação dela.

Todas as teorias do homem sobre a Deidade podem ser classificadas sob três categorias: ou Ela é indiferente a nós, ou Ela é ativamente hostil a nós e precisa ser propiciada, ou Ela é plena de amor e boa vontade para conosco. Se Deus for indiferente a nós, se Ele nos trouxe à existência por um simples capricho, ou se surgimos fortuitamente como o resultado da operação cega de leis naturais, isso seria para nós, para todas intenções e propósitos, como se não existisse absolutamente nenhum Deus.

Esta crença, obviamente, não há nenhuma teoria coerente do Universo para nos oferecer – nenhum plano e, consequentemente, nenhuma esperança de qualquer objetivo final que possa justificar ou dar razão para nossa existência. Muitos, no passado, sustentaram esta crença desconfortante e é mesmo possível que haja alguns que a sustentem atualmente. Parece inconcebível que alguém possa desejar sustentá-la, porém alguns podem imaginar-se forçados a fazê-lo porque consideram que falte suficiente evidência em contrário. O estudante de Teosofia sabe que tal prova em contrário existe, e existe em quantidade esmagadora; porém como muito dela depende de evidência clarividente, o homem que desejar examiná-la terá de satisfazer-se considerando a possibilidade da clarividência existir.

A segunda teoria, – de que Deus é caprichoso ou hostil ao homem – tem sido amplamente sustentada. O homem imagina Deus como o mais elevado que ele pode conceber; mas o mais elevado que ele pode conceber é, frequentemente, apenas uma edição glorificada e intensificada de si mesmo. Consequentemente, quando as nações estão no estágio rude, belicoso e violento, que acompanha os primeiros passos de seu desenvolvimento, elas usualmente providenciam para si mesmas um deus que é um homem guerreiro e que lutará por elas contra seus inimigos. Tal deus é comumente considerado capaz de ira e grande crueldade e, por isso, precisa de propiciação a fim de se evitar que ele libere suas paixões violentas sobre seus infelizes devotos. Todas as religiões que oferecem qualquer tipo de sacrifício a Deus pertencem a esta categoria, porque em todos os casos a ideia subjacente ao sacrifício é a de que: ou por meio desta oferenda possa-se agradar a Deidade e induzi-La a fazer em troca alguma benevolência que, caso contrário, Ela não faria; ou então que por meio desta oferenda Ela seja subornada a não fazer algum mal que, caso contrário, Ela faria. O Iahweh judaico foi, obviamente, uma Deidade deste tipo, e a influência perniciosa desta ideia de propiciação que se permitiu ser estendida até o Cristianismo; e é responsável pela assombrosa e certamente blasfema distorção da bela e inspiradora narrativa da descida da Segunda Pessoa da Santíssima Trindade na matéria.

Portanto, aqueles que não compreendem o verdadeiro significado de seu credo são impelidos à insustentável posição de que Deus, em uma forma, sacrifica a si mesmo para propiciar Deus em uma outra forma, a fim de impedi-Lo de perpetrar crueldades incríveis para com suas criaturas; e mesmo este sacrifício tremendo e incrível é representado como sendo mais do que eficaz para que apenas uma irrisória fração da humanidade seja, no final de tudo, redimida por tal sacrifício. A absoluta impossibilidade de uma teoria tão monstruosa escapa à observação daqueles que pensam acreditar nela, apenas porque nunca ousaram realmente encará-la, mas tomam sua declaração por certa como parte de um sistema teológico que se supõe existir absolutamente fora da esfera da razão e do bom senso. Esta segunda forma de crença normalmente envolve uma teoria do Universo de que ele existe para um certo objetivo, mas construído de maneira tão defeituosa que falha quase completamente em sua intenção original, e assegura a felicidade permanente apenas a uma pequena proporção de seus habitantes – e mesmo assim na suposição notável de que eles seriam, de algum modo, capazes de esquecer o pavoroso destino que alcança a grande massa da humanidade.

A terceira teoria – de que Deus é amor, e que todo o seu poderoso Universo está se movimentando firmemente na direção de um determinado objetivo final de unidade consciente com Ele – é a única que pode ser aceita pelo estudante teosófico. O ilimitado amor da Deidade é o próprio fundamento do ponto de vista teosófico. Nem sacrifícios, nem oferendas, nem preces poderiam ser necessários ao Deus que é o Pai amantíssimo de todos os seus filhos, e já está fazendo por eles muito mais do que eles poderiam pedir, muito mais do que eles podem conceber. Tudo o que Lhe podemos oferecer em retribuição é o nosso amor e o nosso serviço, e o nosso amor é a própria manifestação de Deus dentro de nós, de tal modo que a única ação de nossa parte, que pode ser concebida como prazerosa para Ele, é aquela que permite cada vez mais ao Deus interno manifestar a si mesmo através de nós. Esta me parece ser a maior de todas as verdades – a verdade da qual tudo mais depende.

Quando um homem é completamente permeado pela absoluta certeza do amor eterno e da justiça absoluta, ele descobrirá, a partir daí, como um fato básico, todos os outros fatos na Natureza gradualmente se alinhando e ocupando seus próprios lugares. Algum tipo de problema advém a cada ser humano, e por causa disso o homem é às vezes tentado a crer que algo está errado – que deve haver uma falha em algum lugar e de algum modo na operação do esquema divino. Este erro é natural; mas ainda assim é um erro, e o homem que o comete está na posição do chefe africano que se recusava a acreditar que a água alguma vez pudesse se tornar sólida, porque ele nunca tinha visto um exemplo desse fenômeno.

Para o estudante mediano, esta certeza chega somente como resultado da convicção intelectual de que deve ser assim – que a evidência a favor dela é mais forte do que a oferecida contra ela. O clarividente tem a enorme vantagem de poder ver nos planos superiores evidências muito mais definidas do curso das grandes forças que estão operando através e ao redor da humanidade. Vendo apenas a vida física, um homem tem uma visão distorcida e se ele é por natureza hipocondríaco poderá projetar e manter uma visão pessimista da vida, mas aquele que pode ver além do Plano Físico está por isso capacitado para avaliar as coisas de modo mais aproximado de seu valor real, compreendê-las em perspectiva e ver suas proporções relativas. Assim, em poder desse conhecimento superior mais elevado, ele é capaz de dizer com certeza que sabe que as grandes forças que nos rodeiam estão tendendo, finalmente, para o bem. Muito daquilo que é temporariamente o mal surge, e tem necessariamente de surgir, da dádiva ao homem mesmo de uma pequena quantidade de livre-arbítrio. Mas todo o mal é apenas parcial ou transitório, e seus efeitos são todos arrastados ao longo da poderosa corrente da evolução, exatamente como os pequenos redemoinhos e contracorrentes da superfície de uma ruidosa torrente são, contudo, arrastados adiante no seu curso em direção ao mar.

Quando um homem está plenamente convencido de que essa é a lei universal, é capaz de avaliar, em seu verdadeiro valor, as pequenas divergências aparentes dessa lei que ele encontra na vida diária. Seus próprios problemas e dificuldades, por sua proximidade, parecem grandes para dele, mas o conhecimento teosófico habilita-o a elevar-se acima deles e olhar de cima para eles, de um ponto de vista superior, de modo que ele possa ver suas verdadeiras proporções. Ele, de modo nenhum, deixa de compadecer-se de um indivíduo que está sofrendo temporariamente; porém, ele não pode ser oprimido pelo sofrimento, porque ele vê além do sofrimento, o seu resultado, e além do pesar, a meta de eterna alegria. Todos os problemas são para ele necessariamente evanescentes, como os desconfortos de uma viagem. Eles são sem dúvida desgostosos e reais enquanto duram, mas o homem os encara precisamente porque deseja chegar ao destino da viagem. Para o verdadeiro teósofo, portanto, a depressão[2] é uma impossibilidade; ele a considera não apenas como uma fraqueza, porém como um erro, porque, como dissemos antes, ele sabe que ela contamina aqueles ao seu redor, e os detém em seu progresso na senda ascendente.

Ele sabe que é inútil e tolo queixar-se daquilo que lhe acontece, por mais desagradável que seja. Não poderia ter acontecido a ele, a menos que o tenha merecido, e, consequentemente, ele considera isso como o pagamento de uma dívida que tem de ser afastada do caminho antes que um progresso ulterior possa ser feito. Ele não se queixa das deficiências e fraquezas que encontra em si mesmo, porque sabe que foi ele e ninguém mais que o fez tal como é, e que é ele e ninguém mais quem pode transformá-lo no que ele desejaria ser. Ele sabe que tem toda a eternidade diante de si para vencer as suas dificuldades, e por isso ele sabe com absoluta certeza que tais dificuldades serão vencidas, por mais insuperáveis que elas possam parecer sob seu atual ponto de vista.

Ele sabe que qualquer mal que tenha praticado no passado deve, apesar de tudo, ter sido finito em sua extensão e, consequentemente, seus resultados também deverão ser finitos; enquanto que ele próprio é uma força viva de infinitas possibilidades capaz de absorver ilimitadamente da Divindade da qual ele é uma expressão. A atitude do teósofo é, então, uma de perfeita confiança e de perfeita filosofia, e o objetivo de sua vida é tornar-se, na máxima extensão de sua capacidade, um cooperador[3] da Deidade. Desempenhando este papel, ele não pode ser senão um homem feliz, porque se sente uno com a Deidade, que é felicidade. Se ele puder apenas reconhecer que toda a Natureza é a vestimenta de Deus, ele será capaz de ver nela sua beleza e glória ocultas. Tudo isso poderá ser dele, mas somente sob a condição de que ele realmente viva sua Teosofia, que permita que ela o permeie e o inspire. Sabeis como nos tem sido dito que aquele

---

2 O autor fez uso da palavra "depressão" no seu sentido coloquial,como um estado geral de desânimo. Na época da primeira edição de sua obra, a depressão ainda não era classificada como patologia. Também o autor utilizou, no original inglês, a palavra "crime", talvez pela gravidade deste caminho, porque algumas pessoas chegaram ao suicídio trilhando-o, porém não parece haver sentido jurídico na expressão do autor, mas obviamente apenas sentido figurado. Preferiu-se, portanto, traduzir o termo por "erro", porque esta é a expressão consagrada que o Bispo Leadbeater parece estar comentando em *Aos Pés do Mestre*, como segue: "Nunca te permitas sentir triste ou deprimido. A depressão é um erro, porque contamina os outros e torna suas vidas mais difíceis, o que não tens o direito de fazer. Portanto, sempre que ela vier a ti, rechaça-a imediatamente." (KRISHNAMURTI, J. *Aos Pés do Mestre*. Brasília: Teosófica, 1999. p. 59.) Isso parece significar que a depressão é mais facilmente rechaçada quando ainda no início, por meio da plena atenção, quando ela ainda é como uma pequena faísca, sendo neste ponto o valor do alerta do autor. Evidentemente, por analogia, depois que se tenha permitido que o fogo se alastre, e se tenha instaurado o incêndio, a situação pode sair do controle e necessitar da ajuda do corpo de bombeiros, ou por analogia, exigir tratamento médico. (N. E.)

3 *Co-worker with the Deity,* no original em inglês, significando literalmente "cotrabalhador" com a Deidade. (N. E.)

que deseja trilhar a Senda deve se tornar ele mesmo a própria Senda, o que significa que trilhá-la deve se tornar tão absolutamente natural para ele que não possa fazê-lo de outro modo. Um homem pode estar intelectualmente convencido da verdade do ensinamento teosófico, embora saiba que de muitas maneiras ele não alcançou a sua plena realização, mas o homem que é capaz de viver o ensinamento obtém muito mais do que a convicção intelectual; por sua própria experiência, cresce dentro dele uma certeza e um conhecimento vivos de sua verdade, que nunca poderão ser abalados. Aqueles que fazem a vontade do Pai que está nos Céus conhecerão a doutrina como verdadeira. Somente vivendo a vida teosófica alcançar-se-á a verdadeira atitude teosófica.

(Extraído da revista *The Theosophist,* de março de 1914.)